François Heisbourg

Cet étrange nazi qui sauva mon père

L'odyssée du baron von Hoiningen

Stock

Ouvrage publié sous la direction de François Azouvi

Photo : Collection particulière
Couverture : Le petit atelier

ISBN 978-2-234-08355-4

Rien ne rehausse l'autorité mieux que le silence, splendeur des forts et refuge des faibles, pudeur des orgueilleux et fierté des humbles, prudence des sages et esprit des sots.

Charles de Gaulle, *Le Fil de l'épée*, 1932

Prologue

Septembre 1944. Des nuages empêchent enfin la lune d'éclairer la vallée. À quelques kilomètres au sud se déroule un échange sans entrain d'obus de mortier qui rappelle aux protagonistes qu'il vaut mieux se tenir à distance du no man's land séparant les patrouilles de l'avant-garde américaine des troupes allemandes en retraite. Après une semaine de cavale dont deux jours caché dans les roseaux du côté allemand de la Moselle, l'homme a faim et froid. Âgé de cinquante-sept ans, il en paraît dix de plus, d'autant que sa vieille blessure au ventre de la guerre précédente se manifeste dangereusement.

Fuir la Gestapo n'est pas un jeu pour des vieillards. Pourtant, il sait qu'il en réchappera encore une fois. Il n'a peut-être pas fait autant qu'il aurait voulu pendant sa vie, mais il a toujours eu de la chance, qu'il sait reconnaître et saisir. Elle l'a conduit sans encombre jusqu'ici depuis son évasion de son lieu de détention à Berlin, capitale du Grand Reich livrée depuis plusieurs semaines à la répression sauvage de tous ceux qui, comme lui, sont soupçonnés d'avoir un lien avec l'attentat du 20 juillet. «Ici», ce sont les ruines du château familial, le *Schloss Thorn*, à un jet de pierre de la rivière.

La chance, toujours elle, a fait en sorte qu'il arrive sur les lieux au moment même où les arrière-gardes allemandes talonnées par les troupes de Patton quittaient dans la précipitation la rive luxembourgeoise après une course-poursuite de cinq cents kilomètres depuis la percée des forces alliées en Normandie trois semaines plus tôt. Une Wehrmacht en débandade et des forces américaines encore trop faibles pour constituer une ligne de front continu ; quoi de mieux pour un officier en fuite qui n'a pas l'intention d'échapper à la Gestapo simplement pour se retrouver pendant un temps indéfini dans un camp de prisonniers allié au milieu de compatriotes pour lesquels il serait un traître ?

À la mi-septembre, le débit de la Moselle est au plus bas et l'eau pas trop froide : cent mètres à peine séparent les deux rives et il a eu le temps de choisir son point de passage. Les Romains déjà se servaient de celui-ci comme gué, qu'ils faisaient surveiller par une tour qui donnera à l'époque médiévale son nom au *Schloss Thorn*. Sur la tête, un baluchon de vêtements militaires et civils dans une toile imperméable : ce n'est pas la peine, faute d'uniforme, de se retrouver collé au mur comme franc-tireur ou espion en cas de capture par les alliés. La plongée silencieuse dans le cours d'eau. Pas de cris, pas de coup de feu. Porté par un courant complice, il aborde la rive luxembourgeoise près d'une maison qu'il connaît bien, près de la bourgade de Remich, encore tenue par les Allemands. Il gratte à la porte pour ne pas apeurer les habitants de la demeure : les patrouilles de l'occupant, elles, ont pour habitude de frapper à grand bruit aux portes, quand elles ne les enfoncent pas. Une femme, la veuve Moes, finit par ouvrir. C'était bien cette femme qu'il espérait trouver là.

Dès le lendemain matin, il fait prévenir sa famille de sa présence : son épouse, de nationalité luxembourgeoise, vit à vingt-cinq kilomètres de là, dans la capitale du grand-duché libérée le 10 septembre précédent. Encore deux jours de patience et de danger, rendus plus supportables par la soupe chaude et le « café » aux glands, en attendant le véhicule et son conducteur qui le ramèneront chez lui. L'exfiltration de notre homme redevenu un civil résidant au Luxembourg se passe sans drame : pour les patrouilles américaines, ce sont de braves Luxembourgeois parmi vingt mille autres quittant une zone promise dans les jours suivants aux combats les plus violents après l'arrivée des renforts...

Pour le *Major* (commandant) *Freiherr* (baron) *Franz von Hoiningen genannt Hüne*, la guerre était finie : alors que le Troisième Reich allait s'enfoncer dans son « Crépuscule des dieux », le baron chanceux pouvait remettre ses pantoufles dans l'agréable *Schloss Limpertsberg*, « Gibraltar » pour les intimes, surplombant, alors comme de nos jours, une bourgeoise banlieue de la ville de Luxembourg. Il y restera jusqu'à une mort paisible en 1973 sans plus jamais faire parler de lui. Si la chose vous intéresse, au moment où ces lignes sont écrites, cette résidence admirable est à vendre. Vous ne vous trouverez alors pas trop loin du caveau familial du bon baron.

Pendant que le baron taiseux se remet de ses émotions, toutes les polices du Reich continuent de rechercher l'officier félon. Un point est régulièrement fait à Berlin sur l'état de l'enquête. Le 20 avril 1945, alors que les troupes soviétiques entament déjà la bataille de Berlin, il se trouvera encore un de ces fonctionnaires zélés, sans lesquels il ne saurait y avoir de dictature efficace, pour une ultime mise à jour du dossier de recherche du sieur Hoiningen. C'était pourtant un jour férié : le vendredi 20 avril 1945, c'était le dernier anniversaire d'un Adolf Hitler tapi au fond de son bunker.

Introduction

Au départ, la question qui se posait à mon frère et moi paraissait simple et directe : comment honorer un homme, en l'occurrence un officier allemand, dont j'avais appris sur le tard qu'il avait permis à mon père, parmi bien d'autres, d'échapper aux griffes de la Gestapo *. Il s'agissait, sur la foi de témoignages précis et circonstanciés, de donner son nom à une rue dans la ville de Luxembourg où cet être bienveillant avait agi et, au-delà, d'obtenir sa reconnaissance comme Juste parmi les nations à Yad Vashem.

Je savais que ce serait difficile, et le fait est que ces objectifs n'ont pas encore été atteints : un officier de la Wehrmacht, prussien de surcroît, n'est pas un candidat naturel pour de telles distinctions dans un pays qui, pour être de culture germanique, se défie d'autant plus des

---

* En fonction du contexte, le terme de *Gestapo* désignera, comme ici, l'ensemble des services de renseignements intérieurs du Reich, ou de façon spécifique la *Geheimestaatspolizei* (police secrète d'État).

porteurs des projets hégémoniques passés de la Grande Allemagne. C'est un phénomène que connaissent bien aussi les Alsaciens et les Lorrains. Yad Vashem allait, pour sa part, et de manière tout à fait justifiée, appliquer de manière particulièrement stricte ses critères de sélection s'agissant d'un homme issu des rangs de la machine de mort hitlérienne, d'autant que planait l'ombre d'au moins un précédent malheureux en la matière[1]. Il faudrait du temps et de l'énergie pour convaincre les uns et les autres, mais le chemin paraissait balisé d'autant que j'étais loin d'être seul, au contraire : la communauté juive de Luxembourg ne m'avait pas attendu pour ouvrir un chantier qui s'annonçait sous des auspices favorables. Le gouvernement luxembourgeois n'y était nullement hostile et Yad Vashem venait de statuer positivement sur un cas assez similaire[2].

Explorer les archives, réunir les témoignages et conduire un travail de pédagogie pour ne pas dire de lobbying, voilà dans quoi nous devions nous engager. J'allais pouvoir continuer de consacrer ma plume aux sujets qui sont habituellement les miens : les sujets de défense et de sécurité internationale. Ce qui s'est passé est assez différent. J'ai été aspiré par une exploration de plus en plus prenante de territoires historiques et humains de moins en moins ordinaires.

D'abord, je découvre au fur et à mesure que le personnage principal de ce récit, le baron Franz von Hoiningen dit Hüne n'est pas simplement un sauveur d'âmes digne d'être honoré. Il se révèle être un personnage de roman, mélange improbable, complexe et parfois détonant, du rusé Rouletabille de Gaston Leroux, d'«homme sans qualités» Ulrich de Robert Musil, ou de chanceux Mister Magoo, ce vieillard myope qui passe à travers les catastrophes les plus invraisemblables dans les dessins animés de John Hubley.

Ce n'est ni le colonel Stauffenberg de l'attentat contre Hitler incarné par Tom Cruise dans *Walkyrie* ni Oskar Schindler joué par Liam Neeson dans le film *La Liste de Schindler* de Steven Spielberg. Le baron appartient, cependant, à chacun de leurs univers. Cette spécificité est rare. Les pas des conjurés contre Hitler ne croisaient guère ceux des hommes et femmes qui tentaient de sauver leur prochain : à chacun ses risques, en quelque sorte. Hoiningen sera à sa manière à la fois sauveteur et conspirateur.

Conséquence de ses traits de caractère comme de ses choix personnels, ce mélange des genres aurait dû le conduire à une fin précoce : tenter doublement le sort en conspirant contre Hitler et en exfiltrant Juifs et non-Juifs n'était pas recommandé dans les circonstances de l'époque. Mais ce sont aussi ces traits de caractère qui vont contribuer à assurer sa survie.

Traduit en termes cinématographiques cela donnerait une sorte de «en même temps». Il y aurait place pour un traitement hollywoodien mais avec un héros ayant vingt ans de moins, échappant aux sbires de la Gestapo lancés à ses trousses dans l'Allemagne en feu. Ce serait aussi un remake de *La Vache et le Prisonnier* avec, en tête d'affiche, un hobereau moins drôle mais tout aussi taiseux et malin que Fernandel, voire une version teutonne des *Vacances de M. Hulot* dans laquelle notre héros passerait un an au chaud en train d'écrire un livre savant, logé, chauffé, nourri et blanchi par le contribuable teutonique, au lieu de finir dans le crématoire auquel le destinait son inculpation pour atteinte à la force de combat (*Wehrkraftzersetzung*) du Reich millénaire.

Ce curieux personnage et sa trajectoire inhabituelle appelaient l'attention d'un biographe, et telle est la fonction de la première partie de ce livre. Cette surprise-là était intéressante et agréable, le travail de recherche et d'écriture s'annonçant facile : après tout, qui allait refuser de faciliter le recueil de données sur un tel homme, à la fois admirable de par ses actes, et sympathiquement hors normes quant à sa façon de se comporter dans un monde devenu infiniment menaçant ?

C'est là que les choses commencent à se compliquer. Certes, je savais que je me heurterais au silence caractéristique des hommes et des femmes de la génération ayant traversé la guerre, et qui ont souvent attendu le soir de leur vie pour commencer à se raconter. C'était le cas de mon père : fort heureusement, il avait eu le réflexe pendant la guerre de retranscrire immédiatement ses conversations avec Hoiningen, textes qu'il avait pu sauver pendant la tourmente et qui sont maintenant entre mes mains. Le beau titre du livre de Jorge Semprun, *L'Écriture ou la Vie*, illustre cette tension extrême entre le vécu et le raconté.

Je ne pouvais être davantage surpris par les ravages que la guerre a directement causés dans les fonds documentaires, qu'il s'agisse des destructions opérées par les combats ou de l'élimination de pièces jugées potentiellement compromettantes par les nazis en pleine déroute.

À cet égard, l'objet de mes recherches a été épargné : le dossier ouvert à la fin 1942 contre Hoiningen par la justice militaire allemande avait échappé aux flammes tout comme la correspondance surréaliste échangée au sein du parti national-socialiste sur le cas Hoiningen. Comme on le verra, ces archives, tout comme celles de l'Église évangélique allemande, sont extraordinairement riches.

J'ai aussi bénéficié du fait que Trèves, localité où étaient situés les services de renseignements nazis responsables pour le Luxembourg, est une des rares villes allemandes où les archives de la Gestapo n'ont pas été détruites avant l'arrivée des forces d'occupation françaises. Sans le délire bureaucratique du Troisième Reich et sans l'excellence des archives fédérales allemandes et du service historique de la défense en France, je n'aurais pu reconstituer le parcours extravagant du baron.

D'autres silences, plus inattendus, allaient malheureusement surgir. Celui d'abord de Franz von Hoiningen lui-même, qui ne paraît avoir laissé rigoureusement aucune trace de son odyssée, sauf à admettre qu'elles se soient perdues ou qu'elles soient cachées. Les mots employés ici ne le sont pas à la légère : l'homme deviendra auteur dans des circonstances qui seront relatées plus loin, rendant d'autant plus surprenant un silence sur lui-même allant bien au-delà du « silence du survivant ». Surtout, il y eut le silence assourdissant de sa famille la plus proche sur tout ce qui composait la personnalité de Franz von Hoiningen.

Ce silence est certes révélateur des difficultés que connaissent encore un certain nombre d'Allemands à « dompter » leur histoire, pour employer une traduction libre de la *Vergangenheitsbewältigung* à laquelle l'Allemagne dans son ensemble s'est astreinte de façon admirable. Ce mutisme est cependant particulièrement difficile à expliquer dès lors que le baron n'est soupçonné d'aucun épouvantable forfait, mais qu'il est question d'honorer sa mémoire.

Silence impressionnant aussi des archives luxembourgeoises, qui m'a d'autant plus étonné, du moins au premier abord, que les fonds français concernant l'Alsace et la Lorraine ne connaissent pas le même degré de fermeture. Pourtant, les départements de l'Est français avaient connu les mêmes horreurs, les mêmes déchirements que le grand-duché, tous les citoyens étant confrontés au péril existentiel que représentait l'annexion et chaque famille étant déchirée par le drame qu'était l'enrôlement forcé des jeunes envoyés vers le front de l'Est.

Si l'on s'en tient aux archives luxembourgeoises actuellement accessibles, on peut arriver à la conclusion que Franz von Hoiningen, officier et ressortissant allemand, a vécu un demi-siècle au Luxembourg sans y laisser d'autres traces documentaires grand-ducales que les données d'état civil, quelques échanges avec le fisc et le registre du cimetière où il est enterré. Le Luxembourg officiel continue apparemment de vivre sa version du « passé qui ne passe pas », pour reprendre la formule qu'appliquait Henry Rousso à la France de Vichy il y a déjà quelques dizaines d'années.

Ces silences appellent explication, tant par souci de vérité historique que pour comprendre ce qu'ils nous disent sur l'état actuel de nos sociétés façonnées par les guerres du XXᵉ siècle en Europe.

L'odyssée de Hoiningen m'a amené aussi à me pencher sur ce que je qualifierai de «banalité du bien», en reprenant par antiphrase le concept de «banalité du mal» forgé par Hannah Arendt il y a près de soixante ans. Dans la trajectoire du baron et son interaction avec ceux auxquels il avait affaire, force m'a été de constater que des ressorts assez voisins avaient joué en faveur du bien. Ce constat est contre-intuitif car, à première vue, ce qui rend possible et redoutable la banalité du mal des *Schreibtischverbrecher*, les criminels de bureau, c'est la réalité du pouvoir totalitaire qui impose ses normes et qui rend psychologiquement et matériellement faciles l'indifférence coupable et la complicité mortifère : cette force-là pèse contre les bienveillants dont faisait partie le baron.

De surcroît, les faiseurs de bien qui jalonnent le récit sur Hoiningen n'étaient pas tous, loin de là, spontanément et immédiatement opposés au pouvoir hitlérien, à commencer par le baron lui-même qui va adhérer de son plein gré au parti nazi dès 1933 et s'inscrire pendant plusieurs années dans l'acceptation des idées maîtresses du Troisième Reich.

Pourtant, au fil des ans, il se trouvera au cœur d'une sorte de nébuleuse des bienfaisants, au contact de laquelle des personnages feront le bon choix alors que leur intérêt personnel et leurs préférences idéologiques pouvaient les prédisposer à céder à l'attraction puissante du champ gravitationnel de l'État totalitaire porteur du mal absolu. Certains appartiennent d'ailleurs aux deux mondes. Le terme de « club » rend mieux compte de ce caractère informel que celui de « conjuration », entreprise fermée qui sépare le monde en deux parties clairement tranchées, à l'instar de la conspiration qui visait la mort de Hitler, notamment lors de l'attentat du 20 juillet 1944.

La conjuration fait certes aussi partie du parcours de Hoiningen mais elle n'en est pas l'élément le plus singulier ni le plus marquant. Ce qui surprend, et qui m'a inspiré l'idée de banalité du bien, c'est la manière dont les mécanismes explicatifs de la banalité du mal ont pu jouer en sens inverse, dans des circonstances appelant une analyse. Cette banalité du bien peut, le cas échéant, s'appliquer à d'autres sociétés humaines placées devant le défi totalitaire.

C'est aussi cette banalité du bien qui permet à ce récit historique de bien se terminer pour une grande partie de ses protagonistes. Il leur a certes fallu beaucoup de chance, comme pour d'autres parcours de survie pendant la dernière guerre mondiale. La chance n'aurait pas été aussi souvent au rendez-vous et la bonne fortune n'aurait pas suffi en l'absence de la sorte d'écosystème de la bienveillance dans lequel a pu opérer Hoiningen.

Au lecteur* de rejoindre maintenant le baron dans son surprenant périple.

---

* Il pourra se reporter à la fin du livre (« Sources ») pour trouver les références archivistiques et bibliographiques qui ont nourri mes recherches.

EUROPE 1er septembre 1939

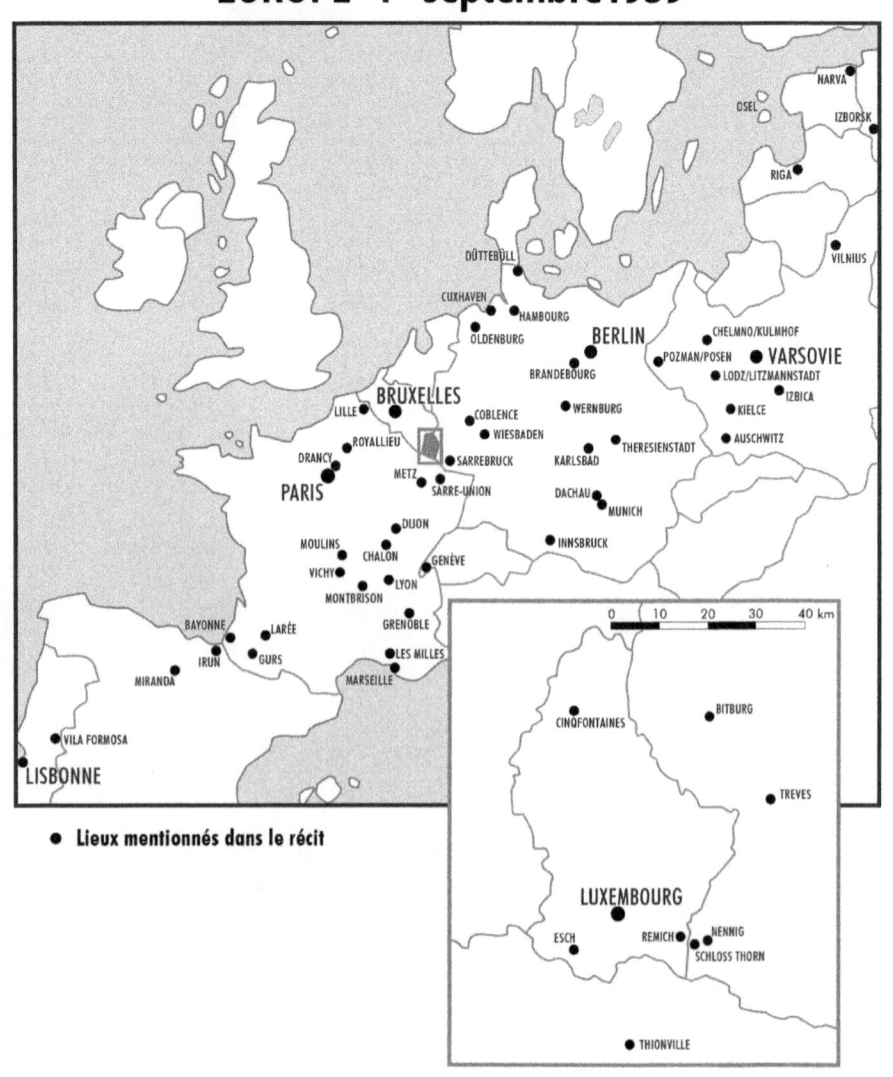

NARVA

OSEL
IZBORSK

RIGA

VILNIUS

DÜTTEBÜLL

CUXHAVEN

HAMBOURG

OLDENBURG

BERLIN

CHELMNO/KULMHOF

POZMAN/POSEN

VARSOVIE

BRANDEBOURG

LODZ/LITZMANNSTADT

IZBICA

BRUXELLES

LILLE

COBLENCE

WERNBURG

KIELCE

ROYALLIEU

WIESBADEN

THERESIENSTADT

AUSCHWITZ

DRANCY

METZ

SARREBRUCK

KARLSBAD

PARIS

SARRE-UNION

DACHAU

MUNICH

DIJON

INNSBRUCK

MOULINS

CHALON

GENÈVE

VICHY

LYON

MONTBRISON

BAYONNE

LARÉE

GRENOBLE

IRUN

GURS

LES MILLES

MIRANDA

MARSEILLE

VILA FORMOSA

LISBONNE

● Lieux mentionnés dans le récit

0 10 20 30 40 km

CINQFONTAINES

BITBURG

TREVES

LUXEMBOURG

ESCH

REMICH

NENNIG

SCHLOSS THORN

THIONVILLE

GRAND-DUCHÉ DU LUXEMBOURG

PREMIÈRE PARTIE

Un étrange baron

1888 – 1973

CHAPITRE 1

Bon Aryen, bon à rien ?

Un berceau lourdement chargé

Franz Johannes Wilhelm von Hoiningen genannt Hüne naît le dimanche 15 avril 1888 dans la bourgade de Sarre-Union (*Saarunion** en allemand), étant enregistré le lendemain par l'état civil de cette commune alsacienne alors allemande. Quand on connaît la suite de l'histoire, le lieu n'est pas neutre. Née de la décision de la Convention de réunir en 1794 les communes de Bouquenom et Neuf-Sarrewerden, Sarre-Union est certes sise dans le Bas-Rhin, dans ce que les géographes de la région appellent l'Alsace bossue (*Krumme Elsass*), mais appartient au plateau lorrain. Le territoire correspondant a été tiraillé politiquement et religieusement au XVIIIe siècle entre le duché de Lorraine et le royaume

---

* Les mots en langue étrangère sont systématiquement transcrits en italique lors de leur premier emploi.

de France. La ville se trouve bien au bord de la rivière Sarre (*Saar*) mais n'appartient pas au territoire de la Sarre (*Saarland*) occupé et administré par les Français de 1918 à 1935 et à nouveau de 1945 à 1957.

Sarre à laquelle appartient désormais le château du dernier des descendants en ligne directe de Franz von Hoiningen alors que tel n'était pas le cas avant 1945. Et tout cela sur toile de fond de la poussée allemande qui annexera l'Alsace-Moselle de 1871 à 1918 pour en faire un *Reichsland*, une terre d'empire, en remettant le couvert en 1940-1945, ainsi que le Luxembourg et les «cantons de l'Est» belges. En attendant, rien n'explique pourquoi Mme la baronne Adelheid von Hoiningen née Hagen a accouché à Sarre-Union, à près de cent kilomètres du domicile familial, dans la ville alors allemande de Metz.

D'ailleurs, Franz est-il vraiment né à Sarre-Union? Ses papiers militaires font état d'une naissance à *Saarbuckenheim*, ville inconnue dans les atlas contemporains. Il faudra quelques recherches pour s'apercevoir que c'était là une forme de revanche du nationalisme allemand sur la Révolution française: pas question d'«union» (fût-elle intercommunale) pour Guillaume II et, plus tard, pour les nazis, qui feront disparaître Sarre-Union de la carte pendant les deux guerres mondiales. En tout cas, le nouveau-né ne sera pas resté suffisamment longtemps à Sarre-Union pour s'imprégner d'une des caractéristiques prêtées à ses habitants, les *Klarbes* ou *Grossmaul*, c'est-à-dire forts en gueule.

Identités multiples et incertaines, frontières mouvantes, toponymies volatiles et absence d'explication des faits apparemment les plus simples : voilà de quoi peser sur le devenir d'un homme et ce que le bébé Franz aura dans son berceau, par ailleurs lourdement chargé.

Il y trouvera ainsi toute une famille, au sens sicilien du terme, c'est-à-dire un vaste clan, voire une tribu avec ses multiples rameaux. Si les racines de la tribu se situent du côté de la Hesse, il y a près de mille ans, la lignée des Hoiningen/Hoyningen* naîtra à la fin du xve siècle dans les forêts de ce qui n'était alors que la principauté de Russie. En 1480, peu après l'annexion de Novgorod par la Moscovie, Ivan III dit le Grand rejette la tutelle des Tatars. Cette naissance symbolique de la Russie moderne se heurte aux positions des chevaliers teutoniques, ordre militaro-religieux issu des croisés revenus en force en Europe après la perte des États chrétiens d'Orient au xiiie siècle.

Pendant plus de trois siècles, ces moines-guerriers bâtiront châteaux et monastères fortifiés sur le territoire des actuels États baltes et en Pologne du Nord, combattant pour l'Église catholique et la Germanie contre les tribus et proto-États baltes et autres Slaves, tant païens qu'orthodoxes. Lors d'une bataille autour du grand château fort russe d'Izborsk, un certain Jobst von Hoyngen (*sic*) dit Hüne va trouver la mort. Son descendant Johann von Hoynge (*sic*), dûment anobli, se voit attribuer un fief dans cette brumeuse Courlande connue pour sa production assidue de barons au cours des siècles suivants. L'arbre généalogique se développe rapidement et, a son

---

* L'orthographe varie suivant les branches du clan.

apogée, comptera trois grandes branches, ou maisons baronniales (*Freiherrliche Haüser*)[4].

Ainsi, on trouvera des rameaux impressionnants de Hoiningen/Hoyningen dans les actuels États baltes, d'où certains partiront tantôt pour servir la Russie des tsars à Moscou ou dans la « Novorossia » conquise par Potemkine à la fin du XVIIIe siècle dans l'actuelle Ukraine. Les barons baltes demeurés en Livonie, Courlande ou l'île d'Ösel partiront pour la plupart vers le Reich en 1939-1940 lorsque le pacte germano-soviétique organisera le transfert des Allemands de la Baltique vers le Reich. D'autres branches s'établiront en Prusse-Occidentale au milieu du XVIIIe siècle : le jeune Franz en sera issu, descendant en ligne directe à la douzième génération de Jobst von Hoyngen.

Comme d'autres clans de la noblesse, de l'*Adel* germanique, le clan Hoyningen/Hoiningen fournira aux États allemands puis à l'Allemagne impériale nombre de cadres militaires, judiciaires, diplomatiques. Un Hoyningen trouvera ainsi la mort en combattant les rebelles de la révolution américaine à la tête des mercenaires que la Hesse avait « loués » aux Britanniques. Plus récemment, certains poursuivront des carrières moins orthodoxes en Amérique, notamment le grand photographe de mode George Hoiningen-Huene (1900-1968) – qui abandonnera le *von* – qui contribuera à lancer le magazine *Vogue*. C'est probablement le plus connu des membres du clan. Un autre, Armin Hagen von Hoyningen-Hüne (né en 1942), se fera également connaître comme photographe et surtout comme star du porno gay sous le pseudonyme de Peter Berlin : aux dernières nouvelles il coule des jours tranquilles à San Francisco[5]. Nous croiserons certains des membres de la tribu dans ce récit, notamment le diplomate Oswald von Hoyningen, ministre plénipotentiaire du Reich à Lisbonne, mais leur interaction avec notre Ulysse sera fugace.

De fait, et en faisant abstraction de la notoriété acquise dans des milieux spécialisés, la tribu ne s'est pas suffisamment distinguée dans son demi-millénaire d'existence pour que le nom d'un seul Hoiningen/Hoyningen ait, jusqu'à présent, frappé la mémoire collective de manière large ou durable, que ce soit dans les arts, les lettres, les armes ou la vie publique. Cela ne les empêche pas de se prendre très au sérieux. Ils ont créé un *Familienverband*, une association familiale avec son site web, son chat et ses réunions annuelles dont les photos me font au demeurant plus penser aux Tuche qu'aux Le Quesnoy, sans que ce soit le but recherché. Peut-être est-ce mon fond républicain français qui me fait réagir ainsi.

La solidarité du sang et du rang paraît au demeurant être plus symbolique qu'efficiente dans la tribu : ces « cousins » sont trop nombreux et ont des intérêts trop divergents pour que Franz puisse aisément y trouver un réseau fort et structuré au moment des coups durs. Néanmoins, comme nous le verrons, les symboles comptent aussi.

La branche dite prussienne n'est pas la plus réussie du clan. On y trouve Ernst von Hoiningen (1790-1858), le grand-père de Franz, responsable de la construction de l'immense forteresse d'*Ehrenbreitstein* qui domine encore de nos jours Coblence, face au *Deutsches Eck*, le «coin allemand» où la Moselle se jette dans le Rhin. Cette grande œuvre patriotique se révélera d'une absolue inutilité au plan militaire puisqu'elle a été achevée à une époque où ce n'était plus la France qui allait envahir la Prusse, mais la Prusse, puis l'Allemagne, qui franchiraient à trois reprises la frontière française. Pendant la Première Guerre mondiale, l'Empire wilhelminien se fera un plaisir particulier d'y emprisonner des Alsaciens et Lorrains francophiles. Cependant cet encombrant bijou – *Ehrenbreitstein* signifie littéralement «grande pierre noble» – de l'architecture militaire vaudra à la branche prussienne du clan de s'appeler la *Haus Ehrenbreitstein* jusqu'à nos jours.

Le père de Franz, appelé Hans (1856-1918), a fait des études de droit qui lui vaudront de porter le titre très allemand de *Geheimjustizrat* (littéralement: conseiller juridique secret). Cependant, son activité professionnelle consistera à gérer avec sa seconde épouse, Adelheid (1851-1918), un vignoble à Sainte-Ruffine à la limite de l'agglomération de Metz[6]. Ils y produisaient un vin de Moselle, boisson qui sera un des marqueurs de leur lignée jusqu'en ce début de XXIe siècle. Dans cette partie du clan Hoiningen, on est catholique, ce qui n'est pas la règle générale dans la noblesse prussienne. Cependant, Franz dira pendant la guerre avoir perdu tout lien institutionnel avec l'Église depuis une trentaine d'années.

En résumé, le rameau prussien est plus proche des hobereaux de province de la France prérévolutionnaire que de la grande noblesse de cour. Le petit Franz vivra avec les ombres du passé teutonique et du présent impérial marqués tous les deux par le sentiment de vulnérabilité propre aux familles nobles des marches orientales et occidentales de l'aire germanique : celles-ci doivent être défendues l'épée à la main par ceux qui ont hérité de la dignité de la porter. Le nationalisme fait partie de l'héritage.

La symbolique nationale va se glisser partout, et jusque dans la date de la mort du père, qui décède à Metz le 23 novembre 1918, trois jours avant l'entrée triomphale de l'armée française dans la capitale de la Moselle recouvrée.

Noblesse d'épée et de mitrailleuse lourde

Le jeune Franz n'est pas *a priori* un sujet exceptionnel en termes académiques. Il fait ses humanités au *Gymnasium* de Sarrebruck, où il aurait passé son *Abitur* (le baccalauréat allemand). Vu la distance qui le sépare de la résidence familiale à Metz, il devait être pensionnaire et donc largement livré à lui-même dans le huis clos d'une éducation autoritaire. On ne devait guère y être incité à exprimer ses sentiments ou à faire preuve de créativité. Il fera deux semestres d'études universitaires, en mathématiques et en sciences naturelles à Leipzig et à Strasbourg. Il retiendra de ses études une bonne connaissance du grec ancien, un bon coup de crayon et un goût de la technique. S'y ajoute, par le biais de son entourage familial, la connaissance pratique du travail de la terre, spécialement dans le domaine viti-vinicole.

Très vite, il entre dans la carrière militaire comme il sied à un représentant de la noblesse d'épée : le

1er octobre 1908, il devient aspirant (*Fahnenjunker*) servant dans la 2e compagnie du *Königlich-Preussisch Kaiser Franz Garde-Grenadier – Regiment Nr. 2*. Il restera dans cette unité jusqu'au début de la Première Guerre mondiale. Basée à Berlin, c'est une division d'élite, dont l'histoire depuis sa création en 1814 se confond avec celle de la Prusse : campagne de France de 1815, répression dans les rues de Berlin de la révolution de 1848, guerre du Schleswig contre le Danemark en 1864, rôle éminent dans la bataille décisive de Königgrätz contre l'empire d'Autriche en 1866, siège de Paris en 1870-1871 avec les durs combats du Bourget. Franz vivra entouré de jeunes hommes d'ascendance noble comme lui, y compris son frère Hans, né en 1891, qui l'y rejoindra : leurs destins se croiseront à nouveau pendant les années 1940.

Franz se trouvera dans son élément et sera breveté sous-lieutenant (*Leutnant*) en août 1909[3], alors que, en ces temps de paix, les promotions sont lentes et incertaines. Comme son arrière-grand-père, son grand-père et son oncle avant lui, il se spécialise dans le génie. Cependant, rien ne permet de penser qu'il était destiné ou qu'il se destinait à suivre la filière du Grand État-Major général, accessible aux sujets les plus prometteurs. La piste aux étoiles ouverte aux «flamants roses» – les officiers d'état-major portant une bande rouge le long du pantalon –, ce ne serait pas pour lui. En temps de paix, il ne pouvait pas espérer dépasser le grade de colonel lui permettant, certes, de commander un régiment, de se voir doter, avec un peu de chance, d'une retraite de brigadier en accédant au généralat le jour de son départ du service actif. Il n'y aurait rien eu là de déshonorant, mais rien de brillant non plus.

Il va très vite connaître l'épreuve du feu après la déclaration de guerre de l'Allemagne contre la Russie et la France au début du mois d'août 1914. Il est affecté dans une unité de mitrailleuses lourdes du service du génie (*Pionierdienst*) envoyée sur le front français. Après les violents combats offensifs de Saint-Quentin, le 29 août, à l'occasion desquels il détruit une section cycliste française à coups de rafales de mitrailleuses, il obtient, le 24 septembre 1914, la croix de fer de deuxième classe (*E.K. II*), dès la première distribution de cette distinction dans son régiment depuis le début des hostilités : si la décoration, largement octroyée, perdra rapidement de son lustre – de l'ordre de 5,2 millions de ces croix seront décernées pendant la Première Guerre mondiale –, il l'obtient suffisamment tôt pour que l'on puisse en déduire un comportement courageux sur le champ de bataille.

D'autres décorations militaires viendront s'y ajouter, dont l'une est difficile à expliquer puisqu'il s'agit du « croissant d'acier » (*Eiserner Halbmond*), normalement décerné aux militaires ayant contribué à l'effort de guerre de l'Empire ottoman. Le 27 janvier 1915, il est promu au grade de lieutenant (*Oberleutnant*).

Il semble parti pour la gloire, à condition que la faucheuse ne le rattrape pas. Le 14 mai suivant, toujours sur le front français, il subira une grave blessure à l'abdomen : à l'époque, il n'y avait ni sulfamides ni antibiotiques pour lutter contre l'infection massive qu'entraîne la déchirure des viscères. Il s'en sort quand même. Mais la mention *Bauchschuss* (coup de feu au ventre) suivra son dossier militaire pendant des décennies, mettant fin à tout espoir de bâtir une carrière militaire sur le champ de bataille.

Si les séquelles de sa blessure l'empêcheront de se livrer à de longues marches à pied, elles n'entravent en rien sa capacité de monter à cheval ou de conduire un véhicule. Aussi reprend-il du service, passant au grade de capitaine (*Hauptmann*) en juin 1917. Cependant, il sera surtout affecté à des emplois de bureau, au service de presse des armées (*Kriegspresseamt*) puis à la Kommandantur de Bruxelles. Au moment de l'armistice du 11 novembre 1918, il fait partie du *Grenadier-Regiment Königin Olga (1. Württembergisches) Nr. 119* qui faisait retraite devant l'offensive alliée dans le nord de la France. Le régiment est démobilisé dès le mois suivant.

Pour Franz, comme pour d'autres Hoiningen/ Hoyningen, la guerre n'était pas finie. Pendant que certains parmi les barons baltes vont faire le coup de feu contre les bolcheviks en Estonie et en Lettonie, Franz rejoint aussitôt le plus important des corps-francs (*Freikorps*) engagés par le gouvernement de la jeune République allemande contre les révolutionnaires pro-soviétiques. Il aurait pu ne pas faire ce choix : aucune contrainte ne pesait sur lui et sa blessure n'en faisait pas un participant idéal pour les combats de rue.

C'est donc en toute connaissance de cause qu'il sera l'un des officiers encadrant le *Kavallerie-Schützen-Kommando 11*, l'un des trois régiments de cavalerie du *Garde-Kavallerie-Schützen-Korps* (GSK) dont la vingtaine de milliers de soldats va écraser l'insurrection des spartakistes à Berlin en janvier 1919 et mettre fin à la république des conseils de Bavière en avril-mai.

Nous n'avons pas d'indications selon lesquelles Hoiningen aurait participé aux opérations à Berlin et donc rien n'autorise à penser qu'il ait pu jouer un rôle actif dans la capture et l'assassinat de Rosa Luxemburg et Karl Liebknecht. Nous savons qu'il a été engagé dans les opérations dans le Brunswick et surtout à Munich quatre mois plus tard, dans la répression sanglante de la république des conseils de Bavière. Outre les pertes au combat dans les deux camps, ce sont près de 400 personnes, réputées communistes, qui seront passées par les armes dans les jours qui suivront la fin des opérations à Munich en mai 1919[7].

L'écrasement de la révolution allemande n'avait certes rien d'une promenade de santé, et ceux qui y participaient n'étaient généralement pas de francs démocrates, mais ces hommes suivaient les ordres d'un pouvoir à majorité sociale-démocrate et chrétienne-démocrate, issu d'élections libres au niveau national comme dans les *Länder*. Dans ces élections, les communistes peinaient à atteindre les 10 %. La réalité historique est ici nettement plus complexe que le récit communisant hérité de la guerre froide selon lequel les gentils rouges auraient été écrasés par les vilains noirs proto-fascistes. Certains Freikorps penchaient d'ailleurs à gauche, notamment en Bavière, et ne seront pas spécialement antisémites. L'un des chefs de Freikorps sera Juif, le lieutenant Robert Löwensohn, décoré de l'E.K. I, la croix de fer de première classe. Au moins 158 Juifs figureront sur les rôles des Freikorps munichois[8]. Peut-être le baron y a-t-il croisé Robert Löwensohn ? Les zigzags de l'histoire amèneront en tout cas le lecteur à rencontrer dans la suite du récit cette famille juive de Fürth (qui est aussi la ville natale de Henry Kissinger, qui fréquentera le Gymnasium).

Rien ne permet de penser que Franz ait participé, ou voulu participer, à la tentative de putsch de l'extrême droite, dite *Kapp-Putsch*, contre la république de Weimar en mars 1920. Franz était un fieffé réactionnaire, mais un légitimiste plutôt qu'un factieux.

Au printemps de 1920, la situation se stabilise. Franz, en grand uniforme, va assister à Stuttgart à la dissolution du régiment Königin Olga. Avec sa blessure, il n'avait aucune chance d'être intégré dans la nouvelle *Reichswehr* limitée à un effectif de 100 000 hommes par le traité de Versailles. Il est retiré du service actif le 31 mars 1920, devenant *Hauptmann a.D.* (*Ausser Dienst*, hors service). Le militaire de carrière ne l'était plus à l'âge de trente-deux ans. Il avait survécu à cinq ans de combats, alors que dix Hoiningen/Hoyningen étaient morts du fait de la guerre.

Le beurre, le lait du beurre, la crémière et le sourire de la crémière

Impossible de savoir ce qu'il fait pendant les deux années suivantes. Ses deux parents sont morts à Metz en 1918 et il y a peu de chances pour que le vignoble familial soit resté entre les mains d'Allemands du Reich

34

installés en Moselle seulement après l'annexion, aussi n'avait-il pas de point de chute évident. Au vu de son adresse – 61, Blücherstrasse dans Berlin-Mitte –, il ne paraît pas avoir été dans le besoin. Il quitte Berlin pour s'installer au Luxembourg en mars 1922, épousant, le 2 mai, Marie-Amelie (Mia) de la Fontaine.

La famille de la Fontaine a fait fortune au XIXᵉ siècle dans l'industrie luxembourgeoise dopée par l'intégration du grand-duché dans le *Zollverein*, l'union douanière de l'espace germanique, de 1842 à 1918. Beau mariage en vérité, qui va non seulement redorer financièrement le blason privé des atours lorrains de Franz von Hoiningen, mais aussi faire un joli triplé. Sa femme est l'unique héritière de la belle propriété dite Gibraltar à Luxembourg, avec ses 1 200 mètres carrés de plancher et plus de trois hectares de forêt quasiment en pleine ville. Mia y a vécu, Franz en fera autant. De même, il trouvera dans l'escarcelle un petit mais charmant château à Palzem, commune de Nennig, sur la rive allemande* de la Moselle, transmis par la mère de Mia, la baronne Marie de Musiel, en 1892 : non seulement le blason est redoré mais il ne perd pas en quartiers de noblesse.

Un miracle ne venant jamais seul, ce Schloss Thorn est au centre d'un bel élevage de bétail (dont 80 vaches) et surtout d'un vignoble produisant un excellent vin de Moselle : comme celui des parents de Franz avant la guerre à Sainte-Ruffine. Enfin, cette femme si

---

* Jusqu'en 1815, ce qui s'appelle aujourd'hui la Sarre mosellane appartenait au duché du Luxembourg avant d'être rattaché à la Prusse puis à la Sarre après 1945.

magnifiquement dotée est tout sauf un laideron : un visage un peu espagnol, un sourire plaisant, un regard de braise sous des cheveux de jais. Le portraitiste, au demeurant talentueux, n'a pas eu à forcer sur la palette pour en dresser le plus ravissant des tableaux à l'époque.

Pour cet homme d'ordre qu'est Franz, il ne reste plus qu'à établir une routine régulière. Pendant le demi-siècle suivant, avec le fâcheux hiatus des années 1940-1945, le baron sera réglé comme une horloge. Après le sommeil du juste à Gibraltar et le petit déjeuner, il prend le plus souvent la route pour le Schloss Thorn afin de s'assurer de la bonne marche de l'exploitation agricole, puis il rentre en fin de journée sur Luxembourg, soit au total un aller-retour d'une petite cinquantaine de kilomètres sur de bonnes routes et un poste de douane qui le connaît rapidement comme le loup blanc. Il est vrai que, pour les douaniers grand-ducaux, il est résident au Luxembourg et chef d'une famille dont la femme est une Luxembourgeoise respectée, et, pour les douaniers allemands, c'est un concitoyen.

Au septième jour, il se repose sur ses terres luxembourgeoises. Lorsque les travaux agricoles lui en laissent le loisir, il s'essaie à l'invention de procédés de navigation. Ainsi, il met au point un bateau à voile pliant léger donc facile à transporter. Peut-être cette marotte est-elle une conséquence de son passage dans les troupes du génie, arme à laquelle il a été rattaché pendant une partie de la Grande Guerre et spécialité qui le suivra dans son dossier de réserviste en cas de mobilisation. Si cette vie peut paraître quelque peu ennuyeuse, elle satisfait visiblement Franz qui passera d'ailleurs les années d'après la guerre de 1939-1945 à peu près sur le même modèle que les années d'avant-guerre.

La famille ne vivra pas pour autant en vase clos : Franz fréquente quelques membres de l'élite locale et des membres de la petite colonie diplomatique installée à Luxembourg, notamment le ministre plénipotentiaire allemand et, dans les derniers temps de l'avant-guerre, le chargé d'affaires américain. Mia, en tant que la Fontaine, est plus sociable, évoluant dans un cercle de Luxembourgeois de la haute bourgeoisie et de la noblesse, qu'elle conservera après la guerre.

Culturellement, l'ambiance sera allemande sur l'ensemble du demi-siècle. Le baron reste allemand et n'acquiert pas la double nationalité, ce qui était possible et fréquent au Luxembourg avant 1940. Mia porte un patronyme à consonance française, mais la famille de la Fontaine n'est pas systématiquement tournée vers la France. L'oncle de Mia, Hyppolit de la Fontaine, sera membre du côté allemand de la Commission d'armistice franco-allemande de Wiesbaden en 1940, et Gustav Simon, le *Gauleiter* du *Moselland* et chef de l'administration civile du Luxembourg, proposera en 1942 qu'il soit fait commandeur de l'ordre de l'Aigle allemand[9]. Bien que l'on parle le français chez les Hoiningen, c'est en allemand que l'on échangera en famille et c'est en allemand que sera élevée leur fille Marie-Henriette (« Marita ») née le 27 mai 1923. Il en ira de même de leur petit-fils allemand, le baron von Hobe-Gelting (né en 1944), qui a élu domicile au Schloss Thorn et repris la culture de la vigne.

Hoiningen nazi

Lorsque Hitler devient chancelier du Reich, le 30 janvier 1933, aucune pression ni aucun lien d'intérêt n'obligeait, du moins à court terme, le baron à changer ses habitudes – d'ailleurs il ne les changera pas – ou à rejoindre les rangs des nazis. Sa carrière était derrière lui, son affaire se suffisait à elle-même sans dépendre notablement des commandes publiques, il était résident à l'étranger cependant que ses origines et ses états de service n'en faisaient pas une victime d'éventuelles persécutions.

Cela dit, le nouveau gouvernement avait un certain degré de légitimité, et entretenir des rapports avec lui ne posait pas de problèmes à Hoiningen. De là à se jeter dans ses bras, il y avait cependant plus qu'une nuance. Or il rejoint le parti nazi, le NSDAP, le 1er mai 1933 avec le matricule 2036167 alors que le parti cherchait à l'époque à freiner les ardeurs, craignant l'afflux d'adhésions purement opportunistes après son arrivée au pouvoir[10]. Pendant un temps, Franz dirigera aussi l'organisation agricole du Reich (*Ortsbauernführer*) de la localité de Kreutzweiler à côté de Palzem à proximité du Schloss Thorn. Le slogan de cette organisation était certes *Blut und Boden*, le sang et le sol, mais la fonction était essentiellement honorifique.

Mia, pour sa part, va assumer les fonctions de trésorière de la section féminine du *Landesgruppe Luxemburg* de l'*Auslandsorganisation* (*AO*), le bras du NSDAP pour l'étranger. Cet organisme basé à Hambourg jouait un rôle important d'organisation en dehors du Troisième Reich des minorités allemandes, pour constituer ce que l'on qualifiera plus tard de cinquième colonne. Mme la baronne sera, au demeurant, mise à l'écart au bout d'environ un an, les autorités du Troisième Reich refusant l'adhésion de citoyens étrangers au NSDAP. En effet, la législation luxembourgeoise en vigueur en 1934 prévoyait que les Luxembourgeoises ayant épousé un étranger pouvaient conserver leur nationalité d'origine, ce qu'avait fait Mia de la Fontaine. « Excès de zèle » est un euphémisme pour décrire cet épisode-là.

Franz et Mia s'ennuyaient-ils tous les deux au point de faire n'importe quoi ? Comment Franz, comme tant d'autres membres de la noblesse militaire, aurait-il pu se reconnaître facilement dans le caporal autrichien à la généalogie approximative qu'était Adolf Hitler ? Soutenir un gouvernement qui allait jeter le traité de Versailles aux orties était une chose, tout comme pouvait l'être la participation aux œuvres sociales du NSDAP, mais entrer de plain-pied au parti était alors un acte politique et idéologique lourd de sens.

Il y aura pire. Le 16 mars 1935, le Troisième Reich remplace la *Reichswehr* de la république de Weimar, dont les effectifs et l'équipement sont strictement limités en droit par le traité de Versailles, par une nouvelle armée, la *Wehrmacht*, qui fait fi de ces restrictions. Le service militaire universel et obligatoire est réintroduit et le réarmement naguère clandestin s'effectue au grand jour. L'ancien militaire d'Empire qu'est Franz s'enthousiasme à cette initiative qui plaît aux nationalistes et conservateurs, fussent-ils antinazis. Son soutien va plus loin.

Le 7 avril 1935, il écrit au commandement de la région militaire (*Wehrkreis*) de Trèves pour demander son rappel sous les drapeaux afin de participer à un exercice militaire pendant l'été dans une unité motorisée[11]. Il précise que sa blessure de guerre ne l'avait pas empêché de faire partie des meilleurs cavaliers de son régiment à la fin de la dernière guerre et qu'il est un conducteur d'auto accompli, ayant 65 000 kilomètres à son actif au cours des quatre dernières années (on admirera la précision des chiffres qui correspondent exactement à ses allers-retours quotidiens entre Luxembourg et Palzem). Il rappelle ses états de service militaires et ceux de ses ancêtres, il évoque même son bateau pliant. Et il explique que ses affaires ne souffriront pas d'une absence de deux mois pendant l'été, époque des grandes vacances.

Jusque-là, le zèle du baron reste dans les bornes d'un patriotisme allemand largement répandu et qui n'était pas le monopole des nazis. Sentait-il que tous ces arguments ne suffiraient pas à emporter la décision? En tout cas, il franchit à pieds joints et en deux temps le Rubicon idéologique. Il écrit: «Ma femme comme moi sommes de purs Aryens [*Reinarisch*] de souche [*Abstammung*]», ajoutant qu'il est «membre de la DAG [*Deutscheadelgenossenschaft*, l'association de la noblesse allemande] et inscrit à l'Edda». La mention de la DAG était *a priori* anodine, et pouvait servir si le récipiendaire de la lettre avait lui-même le sang bleu.

Il m'a fallu procéder à quelques investigations pour identifier cette mystérieuse Edda. Ce nom ne désigne pas ici les contes et chants de l'Edda, l'équivalent germanique des sagas nordiques, même si le renvoi n'est pas fortuit. Il s'agit d'un acronyme qui signifie *Eisernes Buch Deutschen Adels Deutscher Art*, «le livre de fer de la noblesse allemande à la manière allemande», ce qui reste relativement obscur. Il s'agit en fait d'un mouvement ultranationaliste et antisémite créé avant la Première Guerre mondiale par des membres de la noblesse allemande. Ceux-ci trouvaient que l'*Almanach de Gotha*, l'ouvrage allemand faisant autorité en matière de désignation des membres des maisons nobles, prenait des libertés inacceptables. À leurs yeux d'antisémites impénitents, des Juifs et autres métèques avaient pollué le sang bleu de la noblesse par mésalliances, se glissant ainsi dans les pages du Gotha : le danger d'une noblesse enjuivée (*Verjudetes Adel*) menaçait... Je ne force pas le trait de ces élucubrations.

Ce mouvement antisémite était particulièrement vivace dans la noblesse de religion catholique en Allemagne du Sud-Ouest : le rameau Ehrenbreitstein des Hoiningen cochait ces cases.

Devant cet activisme, la DAG jugera dès 1920, donc treize ans avant l'arrivée au pouvoir de Hitler, qu'il fallait être Reinarisch en remontant jusqu'à 1800 pour être réellement noble. Nous ne savons pas quand Franz s'est fait inscrire à l'Edda. Il n'évoque pas son appartenance au NSDAP, mais cela ne témoigne pas à ce stade d'une quelconque prise de champ, que dément la lettre. Il ne conclut cependant pas sur un «Heil Hitler!» et signe en tant que capitaine de l'armée royale prussienne.

La bureaucratie militaire allemande, rapide et décisive, répond dès le 10 avril : c'est non. Les officiers de réserve ne peuvent participer à des exercices que jusqu'à l'âge de quarante-cinq ans (il allait en avoir quarante-huit). De plus: «vous n'êtes pas totalement apte au service en rase campagne» (*nicht voll Felddienstfähig*).

Nous ne savons pas comment il a réagi sur le moment, et lorsque le sujet est évoqué après son arrestation en 1942, il en parle de manière purement factuelle. Mais voilà un bon Aryen à qui l'on vient de dire qu'il n'est plus bon à rien. Cette fin de non-recevoir décevante sinon humiliante ouvrira-t-elle la première fêlure dans l'armure nationaliste pour ne pas dire national-socialiste du baron?

CHAPITRE 2

Une insaisissable conversion

Nazi, moi?

Lorsque le baron devient membre du NSDAP en 1933, il le fait en tant qu'Allemand censément établi sur le territoire du Reich. Son lieu de rattachement sera donc la section (*Ortsgruppe*) du NSDAP de la localité la plus proche du Schloss Thorn, à savoir la petite ville de Nennig, bordant la Moselle à quelques kilomètres du point où se rejoignent les frontières de l'Allemagne, du Luxembourg et de la France. Nennig fait partie du *Gau* Coblence-Trèves : le *Gau* est un terme dérivé de vieilles racines teutonnes et que les nazis avaient adopté pour désigner leur découpage territorial du Reich, qui lui-même ne coïncidait pas de façon systématique avec les circonscriptions administratives ou les régions militaires. Dans ces interstices de l'organisation passablement poly-archique du Troisième Reich, pourront le cas échéant se glisser ceux qui verront un avantage à contourner le système.

Franz von Hoiningen n'est pas domicilié en Allemagne mais réside au Luxembourg, étant régulièrement immatriculé au consulat allemand du grand-duché. Quelqu'un finit par s'en apercevoir, vraisemblablement au siège de l'Auslandsorganisation (AO) du parti nazi à Hambourg, par le biais du recouvrement de sa cotisation de membre. Le 31 janvier 1935, le trésorier de l'AO saisit le service du fichier central (*Karteiabteilung*) de la direction du parti nazi établie à Munich pour demander des détails sur le «*pg.* [pour *Parteigenosse*, camarade membre du parti] *Baron v. Hoiningen-Hyne* [*sic*]» dont le transfert a été demandé à la direction du Gau Coblence-Trèves pour cause de résidence au Luxembourg. Sans des données tels le prénom, la date de naissance ou l'adresse postale, il était impossible de collecter la cotisation.

Le 14 février le siège de Munich répond qu'il ne dispose pas de ces informations. Est-ce l'orthographe défaillante du nom, la mauvaise volonté de Munich à voir les «camarades» de Hambourg bénéficier de ce transfert ou l'incapacité de l'AO de s'adresser au consulat de Luxembourg du fait de la guéguerre que se livraient l'Auslandsorganisation du parti et la *Wilhelmstrasse* (le Quai d'Orsay allemand), siège du très aristocratique *Auswärtiges Amt*? Toujours est-il que l'on n'entendra plus parler du baron comme membre du parti : il n'a pas rompu mais il s'est laissé glisser dans les interstices du système[12]. Nous savons qu'il s'agissait d'une attitude délibérée, car il en sera question pendant l'enquête en cour martiale à l'automne 1942. Il dit alors avoir été au courant de la confusion. Alors qu'il lutte à ce moment-là pour sa survie, il dit qu'il n'avait pas rejoint l'AO pour éviter de créer des problèmes, cela sur les conseils de son beau-père Henry de la Fontaine, homme animé d'un « esprit très allemand » (*sehr deutsch gesinnt*), décédé en 1938. Et il rappelle l'épisode pendant lequel sa femme avait été trésorière de la section féminine de l'AO au Luxembourg.

Au moment où le baron se fait barrer la route par la Wehrmacht renaissante, il a glissé hors du NSDAP sans l'avoir jamais formellement quitté : cette capacité d'être et de ne pas être en même temps, à l'instar du « chat de Schrödinger » de la physique quantique, est une marque de fabrique de Franz. Il ne s'agit pas, ou pas encore, du début de ce que les Allemands appellent *Innere Wanderung*, l'« émigration intérieure », la prise de conscience accompagnée de la prise de champ par rapport au régime hitlérien ; mais cela en crée une des conditions.

Ils sont partout !

Pendant ce temps-là, l'antisémitisme d'État du Troisième Reich fleurit et prospère. Aux mesures prises en 1933, notamment contre la présence des Juifs dans l'appareil d'État, s'ajoutent en septembre 1935 les lois raciales de Nuremberg qui priveront les Juifs des droits de la citoyenneté et les écarteront de la société, au nom « de la protection du sang allemand et de l'honneur allemand ». Le Luxembourg, avec sa frontière de cent trente-huit kilomètres avec le Reich, était aux premières loges pour en subir les contrecoups. La population juive étrangère, de 1 526 personnes en 1930, augmente de près de 750 personnes pendant les cinq années suivantes, soit une croissance quasi de moitié et un nombre voisin de celui des Juifs de nationalité luxembourgeoise (716 en 1930). S'y ajoutaient des réfugiés allemands fuyant les persécutions politiques : l'exode n'est pas encore essentiellement juif.

En mars 1935, le retour de la Sarre au Reich * est un fait accompli, entraînant le départ de près des neuf dixièmes des quelque 4 600 Juifs de ce territoire, et les lois de Nuremberg entrent en vigueur à la fin de la même année, accélérant les entrées au Luxembourg et singularisant l'exode des Juifs : 651 Juifs étrangers, dont de nombreux Sarrois, arrivent au Luxembourg en 1935, dont 304 auront le droit de résider dans le grand-duché, rejoints par 199 autres en 1936. Surtout, avec l'*Anschluss* au printemps 1938 et la Nuit de cristal en novembre, 1 135 Juifs, dont de nombreux Autrichiens, arrivent officiellement d'Allemagne au Luxembourg à la veille de la guerre. Pendant la Nuit de cristal, la communauté juive de Trèves, ville allemande proche de la frontière, est violemment prise à partie, avec une centaine de personnes arrêtées[13].

Aux entrées légales s'ajoutent les arrivées clandestines, notamment via les Ardennes luxembourgeoises. De nombreux réfugiés ne font que passer, soit de leur plein

---

* Aux termes du traité de Versailles, la France gouvernait la Sarre et en exploitait les ressources. Un plébiscite devait en fixer le sort définitif. En janvier 1935, la Sarre opte à plus de 90 % pour l'intégration au Reich.

gré avec l'assistance de passeurs juifs et non-juifs luxembourgeois, soit expulsés, vers la France ou la Belgique. À travers le centre de prévoyance sociale ESRA (ce qui signifie « secours » en hébreu), et l'aide financière de sa maison mère, l'HICEM *, organisation philanthropique américaine installée à Paris, la communauté juive luxembourgeoise jouera un rôle majeur dans l'accueil des réfugiés. En liaison avec le ministère luxembourgeois de la Justice, l'ESRA organisera aussi les transits semi-clandestins vers les démocraties voisines. À la veille de l'offensive allemande du 10 mai 1940, 3 997 Juifs, dont les trois quarts sont étrangers, sont présents sur le territoire grand-ducal, contre 2 242 dix ans plus tôt.

Rapporté à la population française de l'époque (quelque 40 millions d'habitants contre 300 000 au Luxembourg), l'accroissement aurait été de 222 000. Or le nombre de Juifs présents en France passe d'environ 290 000 en 1933 à 330 000 au moment de la débâcle de mai-juin 1940, 40 000 Juifs de plus.

Le Luxembourg, tout compte fait, n'a donc pas démérité par rapport à sa grande voisine française, bien au contraire... De plus, le Luxembourg n'avait même pas été invité à la triste conférence d'Évian pendant l'été 1938. Certes rien de concret n'y avait été décidé en matière d'accueil des réfugiés juifs en provenance du Grand Reich, mais il fallait au moins faire semblant. L'antisémitisme existait au grand-duché comme ailleurs. La fameuse scène dans *Jours tranquilles à Clichy*

---

* L'acronyme HICEM est issu de la fusion de trois associations juives, l'Hebrew Immigrant Aid Society (HIAS), la Jewish Colonization Association (ICA) et Emigdirect.

47

de Henry Miller, dans laquelle de jeunes Américains tombent sur un bistro luxembourgeois qui affiche « Pas de Juifs ici » avant la guerre, correspond à une réalité : le café qui proclamait sa douteuse qualité de *Judenfreieslokal* avait bel et bien pignon sur une rue du centre de la capitale. Il faut cependant ajouter que la vitrine fut promptement brisée...

Le Luxembourg était un pays aussi divisé politiquement et socialement que les autres démocraties des années 1930 frappées par la crise économique. L'antisémitisme des membres de la cinquième colonne proallemande et d'une frange fascisante de la jeunesse était réel mais marginal, cantonné au domaine des graffitis ou des tracts plutôt que capable de pousser les gens à organiser des pogroms. Un clergé puissant et traditionaliste, pétri de culture germanique, n'échappait pas à la judéophobie traditionnelle du catholicisme ultramontain. La xénophobie en ces temps de chômage de masse était largement répandue. Cependant, des partis ouvriers importants et une bourgeoisie volontiers libre-penseuse faisaient contrepoids.

Le Luxembourg ressemblait somme toute à la Belgique ou à la France. Les coalitions politiques inclusives au pouvoir, notamment dans les dernières années de l'avant-guerre, appliqueront une politique relativement souple, prêtant secours aux réfugiés autorisés à séjourner au grand-duché et fermant les yeux sur l'organisation d'arrivées et de transits non officiels. Comme la France à la même époque, le Luxembourg aura « son » Blum, également socialiste, avec René Blum, ministre de la Justice.

Le château allemand de Hoiningen était bâti sur la frontière germano-luxembourgeoise. Franz a-t-il hébergé et secouru des Juifs, a-t-il facilité leur passage au Luxembourg, et si oui, qui et quand? Je n'ai trouvé aucun témoignage circonstancié qui étaie cette théorie et le récent rapport remis au gouvernement luxembourgeois par l'historien Vincent Artuso sur l'accueil des Juifs par le Luxembourg n'en fait nullement état [14]. Restent des affirmations positives du type «Untel m'a juré que» portées par des personnes respectables: il est possible qu'elles soient exactes. Elles sont parfois reprises par les journaux locaux ou les publications sarroises. Il y a surtout une logique de situation: le baron ne pouvait ignorer la réalité des passages et des tentatives de passage, et son cercle de connaissances était suffisamment large pour qu'il soit plausible que des réfugiés soient passés par son château.

Par ailleurs, d'après au moins un témoignage, il connaissait un certain nombre de collectionneurs d'art allemands, dont des Juifs qui n'auraient pas manqué de l'informer sur la dégradation de la situation dans le Reich. Mais à ce stade et en l'absence d'éléments circonstanciés probants, tout jugement doit être suspendu: ce n'est pas parce que nous connaissons la suite de l'histoire du baron comme sauveur de Juifs que nous pouvons affirmer qu'elle a commencé avant la guerre.

Espion à l'occasion

En attendant, le baron poursuit sa routine. Cela lui permet de constater quotidiennement l'évolution des installations à vocation sécuritaire ou militaire le long de la frontière. Le grand-duché ne pouvait évidemment prétendre résister à une invasion allemande, mais la neutralité qui avait été la sienne depuis le traité de Londres de 1867 ordonnant la destruction de la puissante forteresse de Luxembourg et le retrait de sa garnison prussienne entraînait quelques devoirs en termes de gestion de la frontière.

Il fallait au moins ne pas en rendre le passage trop aisé, d'autant plus que la France n'avait pas oublié comment certains, au Luxembourg, avaient accueilli avec complaisance les armées du Kaiser en août 1914. Cela fera partie d'un contentieux qui vaudra au Luxembourg de ne pas être invité aux négociations du traité de Versailles en 1919, alors que même la Suisse y avait été conviée. Aussi, au moment de la drôle de guerre, le Luxembourg installe des blocs de béton, des barrières d'acier et autres obstacles aux points de passage de la frontière avec l'Allemagne, l'ensemble formant la « ligne Schuster » [15].

Dans le mécanisme d'horlogerie qu'allait être le *Blitzkrieg* en mai 1940, le moindre imprévu, le délai le plus infime au départ devait être proscrit sur le chemin des blindés qui atteindraient les côtes de la Manche dix jours après le top départ. Pour limités que pussent être les obstacles luxembourgeois, leur élimination immédiate s'imposait d'autant plus que l'ensemble de la frontière allemande avec le Luxembourg est constitué de cours d'eau : pour ne pas perdre de temps, il fallait que les panzers passent sur des ponts intacts ou puissent contourner les obstacles par des moyens de franchissement adaptés. Hoiningen, officier du génie passant constamment la frontière s'y intéressait, alliait le coup d'œil du professionnel à la connaissance intime du terrain.

Certes, il va subir quelques avanies. À partir du 28 août 1939, quelques jours avant l'ouverture des hostilités, le Schloss Thorn est réquisitionné par la Wehrmacht qui va y installer une ou deux compagnies de soldats. Nous sommes en effet dans la zone du glacis qui sépare la puissante ligne Maginot des Français, au sud, de la *Westwall* allemande encore en travaux et plus connue sous le nom de ligne Siegfried. Les civils et le bétail sont évacués de part et d'autre de cette zone à portée de l'artillerie des belligérants.

Les soldats cantonnés au château familial laisseront un souvenir détestable chez les Hoiningen, et spécialement chez Franz : la troupe allemande qui prend ses aises avec le mobilier ne se contente pas de pendre son linge sur la ligne Siegfried. Une partie des collections d'art romain et de pièces de monnaie anciennes disparaîtra. De surcroît, le Luxembourg contrôle avec plus de rigueur les quelques passages qu'il autorise sur une frontière pratiquement fermée. Franz parvient à la franchir occasionnellement, afin d'assurer l'entretien du vignoble, tout ce qui reste après le départ du bétail et le saccage du château.

Hoiningen fournira des renseignements « importants au plan militaire » à ses compatriotes, selon son témoignage de novembre 1942 devant les autorités militaires qui sont appelées à le juger. Il précise qu'il transmettait ces informations tantôt au *Kreisleiter* Eibes (le commissaire politique du NSDAP, en quelque sorte) de Sarrebourg, tantôt à l'antenne de l'*Abwehr* contrôlant la frontière depuis Nennig. On peut le croire, car ces faits pouvaient être vérifiés par ses interrogateurs au moment où il en parle. Il connaissait bien l'organisation locale de l'Abwehr, service de renseignements grosso modo comparable à l'actuelle Direction du renseignement militaire en France. Les archives exploitées par les Français qui occupent Trèves à partir de 1945 montrent qu'il existait bien une telle antenne de l'Abwehr basée au poste des gardes-frontières (*Grepo*) de Nennig, rattachée à la *Stapostelle* (siège de la police d'État) de Trèves qui hébergeait les services régionaux de l'Abwehr [16].

Rien ne permet d'affirmer que Franz von Hoiningen ait été un fonctionnaire ou un «honorable correspondant» (on dit « *V-Mann* », *Vertrauensmann*, dans les services allemands) de l'Abwehr ou d'un autre service allemand : son nom est totalement absent des listes pourtant très fournies compilées par les Français après la guerre. L'aurait-il été que la logique de situation eût été de l'intégrer à, ou de le faire dépendre de l'*Einsatzkommando Luxemburg* qui s'installera dans le grand-duché après l'entrée de la Wehrmacht le 10 mai 1940.

Ajoutons qu'un lien formel avec l'Abwehr n'aurait pas été en soi déshonorant, comme en témoigne l'action de certains de ses responsables les plus importants dans la conspiration contre Hitler. Mais là encore, Franz est et, en même temps, il n'est pas : il renseigne tout en n'étant pas un agent de renseignements.

Le 10 mai 1940 à l'aube naissante, la Wehrmacht pourra passer la frontière sans anicroche et pratiquement sans un coup de feu.

Les Allemands de 1940 ne sont pas ceux de 1914

Avec la fin de l'hiver 1940, il devient clair que le Blitzkrieg va succéder au *Sitzkrieg*, la guerre assise, le nom que les Allemands donnaient à la drôle de guerre. La légation allemande au Luxembourg, qui fait aussi office de consulat, est saisie par la Wehrmacht, qui souhaite connaître les aptitudes militaires des ressortissants du Reich recensés au consulat. Le 28 mars, la légation reçoit de la région militaire pour les Allemands de l'étranger (*Wehrbezirkskommando Ausland, WBK*) basée à Berlin une demande de renseignements sur l'état actuel des connaissances de Hoiningen concernant le génie, et cherche à savoir si l'homme est physiquement robuste et apte aux efforts. En l'occurrence, Franz est en déplacement à Berlin, et nous ne connaissons pas sa réponse. Cependant, quand, à la même époque, il demandera à la WBK son intégration dans les forces armées, il lui sera répondu qu'il doit rester en place au Luxembourg et attendre la suite des événements.

Rien de tout cela n'est ni surprenant ni particulièrement infamant : Hoiningen se comporte comme si le Reich de 1940 était celui de 1914. À l'époque, et avant même la déclaration de guerre de l'Allemagne du 3 août 1914 contre la France, les troupes du Kaiser s'installèrent au Luxembourg, qui servit en septembre 1914 de siège

53

du haut commandement allemand. Les Allemands se cantonnaient strictement aux affaires militaires, ne touchant ni aux institutions de l'État ni aux organisations politiques et syndicales. Pour eux, le Luxembourg avait un intérêt purement militaire, en tant que plaque tournante permettant d'assurer la logistique du front, situé à une petite centaine de kilomètres plus au sud, aux portes de Nancy.

Les Allemands étaient sans doute convaincus que le Luxembourg, déjà membre du Zollverein, deviendrait sans y être forcé un État princier parmi les autres de l'Empire allemand après la victoire. Ils ne pressaient pas le mouvement. D'ailleurs, ils avaient quelques raisons d'espérer : alors que la neutralité du pays avait été spectaculairement violée, cela ne troublait pas outre mesure la grande-duchesse Marie-Adelaïde (1894-1924) qui régnait à l'époque. Les puissances de l'Entente ne lui pardonneront d'ailleurs pas la façon dont elle avait reçu Guillaume II dans son château de Berg en septembre 1914. En 1919, la grande-duchesse Marie-Adelaïde doit abdiquer. Sa sœur Charlotte (1896-1985) lui succède, sauvant ainsi la dynastie et peut-être l'existence même du Luxembourg comme État indépendant.

C'est ce précédent que les Luxembourgeois auront en tête au début de l'occupation en 1940. Pour certains Luxembourgeois, il s'agira à juste titre de ne pas répéter l'erreur coûteuse qu'avait été l'excès de complaisance vis-à-vis de l'occupant allemand en 1914-1918. Pour d'autres, il y aura l'espoir que l'Allemand, cette fois encore, se comporterait comme un voisin plus encombrant que malveillant, qui finirait par partir. Si cette illusion-là se dissipa rapidement, nous verrons qu'elle aura quand même eu le temps de faire beaucoup de dégâts. Tel était peut-être aussi l'état d'esprit de Franz von Hoiningen au moment de l'invasion. Cela n'allait pas durer.

CHAPITRE 3

Le temps du sauvetage

Une invasion de velours

Dans la nuit du jeudi 9 au vendredi 10 mai, la machine de guerre allemande se met en mouvement, de la mer du Nord à la frontière suisse. Les Ardennes sont le centre de gravité du Blitzkrieg, ce qui, en termes géographiques, signifie que le fer de lance blindé doit passer par la moitié septentrionale du Luxembourg et les cantons de l'Est belges. En premier échelon, ce sont quatre divisions blindées et dix divisions d'infanterie qui franchiront la frontière germano-luxembourgeoise, soit près de 250 000 soldats qui trouveront sur leur chemin 300 soldats luxembourgeois de la «compagnie des volontaires», 255 gendarmes et 269 douaniers.

Pour employer un vocabulaire contemporain, l'offensive commence par des opérations hybrides. Pendant que, derrière des écrans de fumée, des préparatifs plus ou moins bruyants de franchissement de la frontière sont perceptibles du côté luxembourgeois dans la soirée du 9, des membres de la cinquième colonne censés faire diversion et des commandos de ce que l'on appellerait aujourd'hui des forces spéciales se mettent en route dans la nuit. Des civils allemands et des agents luxembourgeois prennent consignes ou armes à la légation allemande à partir de 22 heures. Vers 3 heures du matin, des *Sonderkommando** militaires mais opérant « sans insigne » – pour reprendre le néologisme de l'invasion de la Crimée en 2014 – se glissent sur la rive luxembourgeoise pour empêcher la mise en place des obstacles de la ligne Schuster. À l'aube naissante, 125 soldats sont acheminés par 25 petits avions Fieseler Storch qui se posent près des carrefours-clés des routes qui relient en une trentaine de kilomètres la ville de Luxembourg à la frontière française. Le but de ces forces spéciales est d'entraver le mouvement des forces françaises pour le cas où elles entreraient au Luxembourg.

Les troupes françaises quitteront le confort bétonné de la ligne Maginot pour occuper pendant plusieurs jours la région sidérurgique luxembourgeoise sur une profondeur de cinq kilomètres environ. Les soldats allemands chargés de bloquer l'avancée timide des spahis français auraient pu tenter d'empêcher le départ de la famille grand-ducale et du gouvernement, qui commencent à quitter la capitale à partir de 3 h 30, mais les commandos n'avaient pas reçu cette mission : heureusement, car

---

* Le terme est employé ici dans son sens originel de « force spéciale » (et non l'atroce euphémisme utilisé par les SS dans les camps d'extermination).

certaines voitures en ont croisé. Même si ce départ de la capitale avait été préparé, la souveraine et les officiels n'entendaient pas forcément partir loin ou longtemps : ils espéraient que les armées françaises contre-attaqueraient rapidement. Ce ne sera évidemment pas le cas. Les responsables politiques passent sans encombre en France vers 8 heures. La leçon de 1914-1918 avait été bien apprise : ne pas se placer entre les mains de l'occupant. Malgré la petite taille du pays, le Luxembourg ne connaîtra pas le sort de la Belgique – dont le roi se livrera à l'envahisseur et dont le gouvernement prendra le chemin de l'exil dans le désordre, le tout débouchant sur une violente crise dynastique et politique à la Libération. Ce choix luxembourgeois ne sera pas neutre dans notre récit.

Le 10 à partir de 4 h 35 (5 h 35 heure allemande), alors que le soleil est sur le point de se lever, le passage en force commence, mais sans préparation d'artillerie ni tirs offensifs : il s'agit d'éviter le combat pour ne pas perdre de temps et ce but sera dans l'ensemble atteint. Les panzers arriveront comme prévu à Sedan le 12 mai au soir. Un régiment, détaché de la 34e division d'infanterie, entrera paisiblement dans la capitale luxembourgeoise, se présentant à la gare dès le 10 au matin à temps pour le petit déjeuner (7 h 35) et défilant dans le centre-ville dans le courant de la journée. Le colonel Kurt Schmidt, qui commande le régiment, devient le responsable militaire de la ville de Luxembourg, le *Stadtkommandant*. Nous le croiserons à nouveau plus loin.

Franz von Hoiningen se manifeste immédiatement auprès du régiment, vraisemblablement à la

Feldkommandantur fraîchement installée dans les locaux de Radio Luxembourg à la villa Louvigny. Trois jours après l'entrée des troupes allemandes, le voilà réintégré *de facto* à son grade de capitaine dans les rangs de la Wehrmacht pour la durée des hostilités, situation qui sera formalisée en juillet. Signe d'une politique intelligente de gestion des ressources humaines, Franz est affecté à Luxembourg, sous les ordres directs du colonel Schmidt. En octobre, Franz devient le responsable en titre de la *Passierscheinstelle V*, le bureau des laissez-passer, régissant la circulation des hommes et des femmes qui entrent ou sortent du Luxembourg occupé, spécialement en direction de la Belgique et de la France. Il assume ces fonctions en pratique dès le début de l'Occupation.

Sous une apparence étroitement technique, c'est un poste-clé dans un système où l'interdiction de circuler est la règle, toute autorisation étant précaire et révocable : les occasions de s'y enrichir sont comparables à celles dont pouvaient bénéficier en ces temps troubles les personnes chargées d'établir des certificats d'« aryanité » ou les consuls en situation de délivrer des visas. Le pouvoir de nuire ou d'aider y était immense. Indépendamment de ces considérations tenant à la nature humaine, mieux valait posséder une excellente connaissance des personnes potentiellement concernées : Franz vivait au Luxembourg depuis dix-huit ans et sa famille pouvait le conseiller le cas échéant.

Voilà donc une occupation apparemment faite sur mesure pour un homme pleinement qualifié, correspondant à son rang, n'exigeant pas d'efforts physiques excessifs, lui donnant un assez grand degré de liberté d'appréciation. Cerise sur le gâteau, tout cela était parfaitement compatible avec le style de vie qui était le sien depuis son mariage luxembourgeois. Même si son château en Allemagne est encore réquisitionné par la Wehrmacht en cet été 1940, il a toujours son Gibraltar luxembourgeois, sa femme et sa fille, qui va terminer ses études secondaires. Il pourra continuer de voir les quelques personnes de son entourage d'avant-guerre qu'il aimait fréquenter.

De plus, les affaires luxembourgeoises de sa femme, et peut-être aussi celles de son vignoble allemand, continuent de prospérer, car, pendant l'hiver 1940-1941, le couple achètera pour 94 000 francs luxembourgeois (environ 50 000 euros en pouvoir d'achat actuel) d'actions de solides entreprises luxembourgeoises comme les ARBED (Acieries réunies de Burbach, Eich et Dudelange), l'une des principales aciéries d'Europe, et leur filiale brésilienne, la Belgo-Mineira. Le fait d'être placées sous l'autorité de l'occupant n'empêche pas les ARBED de bénéficier des commandes de l'économie de guerre allemande.

Les services fiscaux luxembourgeois chargés de saisir et séquestrer les biens ennemis après la Libération (Hoiningen étant allemand) ne trouveront pas d'autres valeurs mobilières à se mettre sous la dent. On notera en passant qu'une fois venus ces temps d'après-guerre, le baron signera certaines de ses pièces de correspondance avec les services fiscaux en bon français: «Le baron François», par exemple.

Hoiningen, par ailleurs, n'est pas corrompu et il délivrera ou retiendra ses laissez-passer sans égard pour les bénéfices personnels qu'il pourrait assez aisément en retirer dans une capitale encore prospère, peuplée de candidats potentiels à l'émigration : à en juger d'après les témoignages des exilés en puissance ou des règlements de comptes fiscaux après la Libération, il n'a, pour la corruption, ni besoin ni inclination.

Franz reçoit de la visite de sa famille éloignée. Son cousin, au sens où l'on emploie ce mot dans les familles nobles, Heinrich Freiherr von Hoyningen-Huene, mobilisé comme lieutenant dans la Wehrmacht, passe chez lui au Schloss Limpertsberg le 23 mai avant de participer à l'invasion de la France : depuis la terrasse de Gibraltar, ils assistent à un combat entre deux bombardiers anglais et la *Flak* allemande. Un avion est abattu, « comme au cinéma », écrit Heinrich à sa femme américaine Aimee, l'autre avion s'enfuit. Visiblement, la grande vadrouille de mai-juin 1940 a enchanté le jeune Heinrich : il bivouaquait pratiquement tous les soirs dans un château différent dont ses camarades officiers français en déroute venaient d'être chassés quelques heures plus tôt [17]. Heinrich, issu du rameau russo-balte de la tribu des Hoyningen qui avait fui la révolution bolchevique, participera à l'opération Barbarossa contre l'URSS. Il sera tué du côté de Moguilev en Biélorussie, à l'âge de trente-huit ans le 23 juillet 1941.

Point de risque de ce type pour le baron Franz dans son affectation de cocagne, protégé par sa blessure de tout service combattant. Combien de soldats mobilisés dans les armées européennes de l'époque pouvaient prétendre à un sort aussi doux que le sien ? Il n'avait qu'à continuer de se la couler douce sans prendre de risques ni faire parler de lui.

Le sauvetage entre clarté et ambiguïté

Pour Hoiningen, les premiers temps de l'Occupation ne paraissent pas devoir poser de problèmes de conscience. Le grand-duché est placé sous administration militaire comme en 1914, la priorité étant donnée au soutien à la campagne de France, dont personne ne pouvait prévoir le 10 mai qu'elle s'achèverait seulement six semaines plus tard.

Cependant, la Stapostelle de Trèves, qui héberge l'ensemble des services de renseignements de la région, a dépêché au Luxembourg l'Einsatzkommando Luxemburg (EKL) organisé pendant les mois précédents. Les responsables du parti nazi mettent en place des « maisons brunes » dans les principales villes avec les Luxembourgeois du mouvement annexionniste naissant, la *Volksdeutsche Bewegung* (VdB), vers lequel allaient affluer les opportunistes : les initiales de ce mouvement étaient rapidement détournées en luxembourgeois pour signifier *versuerg däi Brout* (assure ton gagne-pain). Le temps de la mise au pas n'est cependant pas encore venu : la Chambre des députés tient séance, les associations de la société civile poursuivent leurs travaux, une messe est dite pour commémorer le traité fondant l'indépendance du grand-duché en 1839[18].

Nous verrons plus loin que cette quiétude apparente masquait des fêlures profondes dans le corps social.

Début juin, le grand rabbin de Luxembourg, Robert Serebrenik (1902-1965), est convoqué sans drame par le général Walter von Reichenau en personne, l'homme qui commande alors la 6ᵉ armée allemande, fer de lance du Blitzkrieg victorieux. Ce militaire, que l'on imagine par ailleurs tout à sa tâche d'organiser l'occupation des pays qu'il venait d'envahir, trouve le temps d'expliquer, en présence du colonel Schmidt, le chef de Hoiningen, qu'aucun mal ne sera fait aux Juifs du Luxembourg, qu'il se porte garant de leur liberté du culte. Certes, il ajoute qu'il considère le grand rabbin comme responsable de la bonne conduite des Juifs [19]. Reichenau, qui sera promu *Generalfeldmarschall* par Hitler le mois suivant en récompense de la défaite des armées alliées à l'Ouest, était connu depuis les débuts du Troisième Reich pour être un des généraux les plus pro-hitlériens, mais n'avait pas à cette époque la réputation d'être particulièrement hostile aux Juifs. C'est sur le front de l'Est l'année suivante qu'il manifestera son inhumanité, fournissant le soutien logistique nécessaire aux massacres perpétrés par les Einsatzkommandos, se plaignant seulement que ceux-ci gaspillaient trop de munitions. En attendant, l'heure était à l'apaisement.

C'est pourtant pendant ces semaines d'euphorie pour l'Allemagne victorieuse, au moment où la guerre paraissait gagnée grâce à une Wehrmacht ayant triomphé « à la régulière » contre l'armée française, censément la plus forte du monde, et ses alliés de l'Empire britannique, que Hoiningen se détache en actes du régime nazi. Nous avons vu qu'il n'était pas possible de savoir pourquoi ni quand il a basculé. Nous savons que ce basculement est un fait accompli au moment où rien ne paraît pouvoir arrêter Hitler. Franz entretient des liens d'amitié avec le grand rabbin : Franz l'informe sous le sceau du secret de l'intention de Berlin de remplacer l'administration militaire par un Gauleiter du parti nazi, comme cela se fera aussi en Alsace et en Moselle. Pour le Luxembourg, ce sera chose faite le 1er août.

Le Gauleiter Gustav Simon (1900-1945), qui dirige déjà le Gau Coblence-Trèves, est un médiocre produit du nazisme de caniveau, avec un intellect développé en proportion inverse de son fanatisme. L'une des forces du nazisme sera hélas d'avoir su recruter aux deux extrêmes du spectre des compétences : d'un côté les brutes menacées de déclassement, profil largement répandu chez les Gauleiter, de l'autre les surdiplômés, notamment dans les disciplines juridiques, qui auraient réussi dans n'importe quel système et que l'on trouvera souvent chez les SS, spécialement dans les Einsatzkommandos exterminateurs sur le front de l'Est.

À ce stade de la guerre, il n'était cependant pas encore évident que l'antisémitisme d'État du Troisième Reich allait systématiquement s'appliquer tel quel et sans délai dans l'ensemble des territoires occupés par les armées allemandes. Il était encore moins clair que des pays non occupés choisiraient de suivre voire de précéder l'Allemagne dans son antisémitisme d'État comme le fit de son propre chef la France de Vichy. Ce qui était connu, c'étaient les mesures prises par le Troisième Reich sur son territoire, qui avaient privé les Juifs de leurs droits civiques, sociaux et économiques. Dès lors qu'un Gauleiter allait gouverner le Luxembourg, il devenait certain que de telles persécutions y seraient rapidement entreprises. Il était donc urgent d'organiser le départ des Juifs désormais clairement menacés.

Le départ des Juifs avait commencé comme une partie intégrante de l'immense exode des populations civiles fuyant par millions l'avance allemande en Belgique, au Luxembourg et en France. Ce sont plus de 45 000 Luxembourgeois, soit près d'un sixième de la population, qui se retrouvent dans le centre et le sud de la France au moment du cessez-le-feu (la plupart d'entre eux retourneront au pays dans les mois suivants). Si l'on peut estimer aux alentours de 4 000 le nombre des Juifs étrangers et luxembourgeois (environ 900 sur ce total) présents au grand-duché à la veille de l'invasion, nous ne connaissons pas le nombre exact de ceux, dont une majorité d'étrangers, souvent sans domicile fixe, qui ont quitté le Luxembourg en profitant de la brève présence des armées françaises.

Le chiffre de 1 100 Juifs repliés derrière les lignes françaises cité par Robert Serebrenik après la guerre est un minimum, et un nombre de l'ordre de 1 600 est assez vraisemblable (cf. tableaux en Annexe). Un demi-millier de Juifs citoyens luxembourgeois sont recensés en France après l'exode de mai-juin 1940 par les autorités consulaires luxembourgeoises encore présentes dans l'Hexagone, soit 285 en zone occupée et 200 à 300 en zone dite libre. Ces Juifs et d'autres qui rejoindront la France depuis le Luxembourg par la suite subiront le sort des quelque 330 000 autres Juifs présents en France à l'époque. Le

9 août 1940, le Gauleiter Simon, à la tête de son ressort territorial élargi baptisé Moselland, interdira le retour au Luxembourg de Juifs réfugiés en France pour le cas où ils auraient pu le souhaiter. Ce sont plus de 100 Juifs du Luxembourg qui décéderont en France pendant la guerre et jusqu'à 370 qui seront déportés de France vers les camps de la mort.

Ce sont donc 2 300 Juifs qui résident encore au Luxembourg au début de l'Occupation et dont il devient urgent d'organiser le départ. Deux convois de 104 personnes munies en général de visas pour les États-Unis quitteront ainsi le pays les 8 et 14 août pour le Portugal. Le transfert était facilité par le fait que l'HICEM, déjà engagé dans le départ des Juifs du Luxembourg, s'était replié à Lisbonne depuis la France à partir du 20 juin 1940, de même que le *Joint Distribution Committee* (*Joint*) aux moyens financiers importants. L'HICEM, pour ce qui concerne les démarches liées aux déplacements, et le Joint, pour le soutien financier aux réfugiés, assureront ensemble la prise en charge des Juifs tentant de quitter de façon organisée le Luxembourg. Ce double départ groupé d'août 1940 impliquait le franchissement de plusieurs frontières, nécessitant donc l'autorisation des autorités d'occupation. Si Hoiningen était responsable des laissez-passer, il n'allait sans doute pas pouvoir agir sans en référer au Gauleiter fraîchement débarqué à Luxembourg comme *Chef der Zivilverwaltung* (CdZ). En l'occurrence, cela ne posait pas forcément de problèmes, puisque le Gauleiter, comme le Troisième Reich, était désireux de voir partir les Juifs le plus loin possible : c'était l'époque où il était question de les expédier jusqu'à l'île de Madagascar.

Donc, ce premier départ officiel vers Lisbonne était certes heureux pour les Juifs qui allaient quitter l'Europe en guerre, mais il nous pose un problème quant à notre capacité à juger du rôle des différents acteurs, et notamment de Hoiningen : celui-ci n'était-il pas simplement un exécuteur des basses œuvres du régime nazi ?

C'est là une difficulté à laquelle se heurte aussi Yad Vashem lorsqu'il s'agit d'instruire les dossiers de personnes ayant permis le départ de Juifs avant les débuts de la Shoah, qui commence sur le front de l'Est à partir de l'été 1941 et qui se mettra en place à l'Ouest après l'interdiction de l'émigration des Juifs hors des territoires contrôlés par le Reich après le 15 octobre 1941. Non seulement il n'y avait, *a priori*, aucun danger à faire partir les Juifs, or le risque couru est un des critères de la reconnaissance comme Juste parmi les nations, mais c'était une politique suivie par le Reich lui-même : tant qu'à faire, pourquoi ne pas honorer le Gauleiter lui-même plutôt que son porte-plume ? Cette ambiguïté fondamentale appelle une réponse circonstanciée qui tient en trois considérations : le mobile, les conditions et le risque. S'y ajoute le bilan des opérations d'exfiltration comparé à ce qui se passe dans d'autres États.

Le mobile est transparent dès le début de l'Occupation à en croire le grand rabbin à l'époque, et il le restera jusqu'au terme de la présence de Hoiningen au Luxembourg à la fin de l'été 1941 : Hoiningen était mû par le besoin d'aider son prochain[20]. Le grand rabbin Robert Serebrenik aurait pu être la victime de ce que l'on appelle le syndrome de Stockholm, dans lequel un lien affectif positif s'établit pendant un temps entre des otages et ceux qui les ont capturés (le syndrome doit son nom à une prise d'otages accompagnée de sévices qui avait duré six jours dans une banque de Stockholm en 1973). Mais le grand rabbin s'exprimait sur Hoiningen longtemps après la guerre, notamment en 1961 et 1963. Serebrenik était par ailleurs un homme posé qui ne faisait pas de déclarations à l'emporte-pièce : nous le croiserons plus loin quand il sera question d'Adolf Eichmann. Mon père fera un constat similaire sur les mobiles du baron quand il aura affaire à lui en 1941, à en juger d'après les notes qu'il rédige après chacun de ses entretiens.

Le chargé d'affaires américain auprès du grand-duché, George Platt Waller, devenu consul après la fermeture des représentations diplomatiques par l'occupant, évoquera dans les notes qu'il rédigera en 1942 après son retour aux États-Unis, et sans connotation ironique, son ami militaire allemand, *my military friend*, en parlant de Hoiningen. Ce dernier informe le consul sur les projets du Gauleiter à l'encontre des Juifs et sur la manière dont le baron entend les contrer. Platt Waller n'hésitera pas à bousculer les consignes d'un département d'État faisant à l'époque tout pour bloquer l'attribution de visas, tant par xénophobie de la part du responsable en charge de ces questions à Washington, Breckinridge Long, que par la crainte du FBI de voir des éléments de la cinquième colonne se glisser dans les rangs des candidats au départ (cf. chapitre 11). Autrement dit, Platt Waller, défenseur actif des victimes du nazisme, faisait une différence fondamentale entre un Hoiningen et un Simon (le Gauleiter) s'agissant de la question du départ des Juifs. Nous verrons que ce sera aussi le cas des interlocuteurs juifs du baron, au-delà de la personne du grand rabbin Serebrenik.

Les conditions des exfiltrations auxquelles Hoiningen va contribuer n'ont quant à elles rien à voir avec celles que souhaitaient mettre en œuvre les nazis soucieux de rendre le Luxembourg *judenrein*, littéralement « nettoyé de tout Juif ». Là où le consistoire juif, en liaison avec le Joint, le consul américain et Hoiningen voulaient organiser un sauvetage humanitaire des Juifs, les nazis voulaient chasser les Juifs de manière aussi brutale, spoliatrice et humiliante que possible.

Dans un premier temps, le Gauleiter Gustav Simon, en tant que chef de l'administration civile, va étendre l'intégralité des lois de Nuremberg à l'ensemble des Juifs résidant au Luxembourg, dès le 5 septembre 1940, prenant une longueur d'avance sur tous les autres territoires conquis par l'Allemagne en Europe occidentale. Le temps suivant sera l'annonce par les services du Gauleiter, le 12 septembre, de l'expulsion de tous les Juifs sous quinzaine. Les autorités du Gau et la Gestapo du cru veulent faire du Luxembourg la première partie judenrein du Reich...

Devant l'impossibilité matérielle de tenir le délai, leur départ fut repoussé et devait avoir lieu lors du Yom Kippour fixé cette année-là le 12 octobre. Les passeports des Juifs sont collectés et Hoiningen reçoit l'ordre de préparer les laissez-passer correspondants. Des opérations de ce type se déroulent d'ailleurs les 22 et 23 octobre lorsque les 7 500 Juifs de Sarre, du Palatinat, du pays de Bade et d'Alsace-Moselle sont sommairement expulsés par les Gauleiter Wagner et Bürckel vers la zone alors libre de la France. Les convois ferroviaires ont été organisés par les services d'Adolf Eichmann ; 6 500 seront internés par les autorités de Vichy au camp de Gurs en zone libre. Plusieurs centaines y perdront la vie à cause des conditions sanitaires déplorables. Lorsque commencera la Shoah, ceux qui n'auront pas trouvé le chemin de l'émigration seront ensuite remis par Vichy aux nazis, qui en extermineront environ 4 000 à Auschwitz. Circonstance aggravante, pour la plupart Vichy les livrera aux nazis dès l'été 1942, avant même que les armées de l'Axe n'occupent la zone dite libre en novembre 1942 ; ce sont au total environ 10 000 Juifs réputés étrangers ou apatrides internés par l'« État français » qui subiront ce sort à cette époque.

Gustav Simon, contrairement à ses collègues des régions voisines, fait l'erreur de télégraphier son coup. Hoiningen indique au Gauleiter Simon qu'il ne peut signer les laissez-passer tels quels car l'expulsion serait contraire aux accords d'armistice franco-allemands, ce en quoi il avait évidemment raison. Vichy poussera d'ailleurs des hurlements lorsque les Juifs expulsés des régions voisines franchiront sans autorisation la ligne de démarcation à Chalon-sur-Saône.

Le baron fera plus fort : étant militaire et appartenant à une chaîne hiérarchique, il est fondé à prendre l'avis de commandants militaires potentiellement concernés par l'arrivée de Juifs luxembourgeois, en France et en Belgique. Il se rend donc à Paris et à Bruxelles. Les autorités militaires ainsi consultées, et notamment le général baron Alexander von Falkenhausen qui administre la Belgique et les départements du Nord et du

Pas-de-Calais, ne sont évidemment pas ravies de se voir charger de quelques milliers de bouches supplémentaires et le font savoir avec éclat. Circonstance aggravante, Falkenhausen s'était attendu à recevoir le grand-duché parmi les territoires soumis à son autorité et la nomination d'un Gauleiter mettait fin à cet espoir. Le baron von Falkenhausen va jusqu'à annoncer la fermeture de la frontière dont il a la responsabilité aux personnes venant du Luxembourg, l'annulation rétroactive des laissez-passer déjà délivrés, et le triplement du nombre de gardes-frontières : c'est ce que Hoiningen confiera au chargé d'affaires américain Platt Waller sur le ton du triomphe à son retour de Bruxelles[21].

Le passage en force ayant échoué, le Gauleiter tentera de procéder de manière plus progressive. Il expulse sans préavis 22 Juifs vers la France de Vichy le 22 octobre 1940, à nouveau 32 Juifs le 7 novembre et encore 56 en trois groupes, en décembre. Mais les plaintes de Vichy sur le passage non autorisé de Juifs en zone non occupée finissent par porter.

Le Gauleiter essaie un coup nettement plus important en direction du Portugal, également le 7 novembre : 293 Juifs du Luxembourg, dont 29 citoyens luxembourgeois, sont expédiés dans la hâte et la précipitation vers le Portugal dans huit autobus, avec un agent armé de la Gestapo dans chaque véhicule. La traversée de la France occupée se déroule sans encombre. À la frontière espagnole, les passagers sont transférés sur un train spécial. L'Espagne pour sa part refoule 18 réfugiés sans papiers. Pour les autres, elle avait délivré des visas de transit y compris aux 273 porteurs de visas de destination finale factice délivrés contre espèces par des responsables consulaires cubains.

Une incident sérieux opposera les gardes-frontières portugais aux agents allemands au poste frontière de la joliment nommée Vila Formosa : trois gestapistes sont arrêtés par les Portugais. Les policiers portugais avaient regimbé devant la présence d'Allemands armés qui prétendaient accompagner le train jusqu'à Lisbonne. Le convoi restera bloqué à la frontière pendant dix jours, avec interdiction aux réfugiés de descendre du train : les malheureux ne pourront se laver qu'au bout d'une semaine et se nourriront de pain sec et d'eau apportés par les habitants du lieu. Finalement, le train devra faire demi-tour, pour se retrouver en zone occupée à Bayonne. Cela fera monter une tension désagréable entre gestapistes : ceux du train, ceux de Bordeaux et ceux de Luxembourg se rejetant la responsabilité du pataquès*.

Après des semaines, et parfois des mois, d'un internement sordide, 51 Juifs finissent par pouvoir rejoindre Marseille puis Saint-Domingue – où le dictateur Trujillo accueillera un demi-millier de Juifs dans la localité côtière de Sosua –, et 140 autres trouveront le salut aux États-Unis via Marseille [22]. Les gestapistes poussent les malheureux par petits groupes à travers la ligne de démarcation sans prévenir les autorités de Vichy. Une centaine de réfugiés atterriront ainsi dans les camps français de Gurs et des Milles, antichambres pour nombre d'entre eux de la Solution finale.

---

* Les détails de cet épisode et les démarches infructueuses faites par les réfugiés auprès de Salazar, le dictateur portugais, nous sont connus depuis peu par les archives de Marcel Salomon (cf. Sources).

Cet épisode avait porté atteinte aux relations de l'Allemagne avec le Portugal qui était le premier et vital fournisseur de tungstène pour les blindages et les obus des panzers. Les Portugais avaient particulièrement peu apprécié les visas de complaisance cubains que les émigrants du convoi avaient dû acheter à prix d'or (plus de 3 000 francs belges chacun soit de l'ordre de 1 500 euros en monnaie actuelle). L'affaire avait semé la zizanie entre le Gauleiter Simon et ses camarades et rivaux en zone occupée française. Court-circuiter Hoiningen n'était visiblement pas payant. Celui-ci allait pouvoir user de ses marges de manœuvre.

Ce faisant, le baron continuerait à prendre des risques. Il était l'informateur du consul américain, représentant d'un État certes neutre mais pas vraiment ami du Troisième Reich et visiblement prêt à aider ceux qui voulaient quitter le pays. Franz allait travailler étroitement avec un Juif luxembourgeois, Albert Nussbaum, ancien secrétaire de l'ESRA et représentant du Joint, organisateur du départ des Juifs vers le Portugal et depuis le Portugal. Nussbaum fera des allers-retours entre Lisbonne et Luxembourg en 1940 et 1941, muni de laissez-passer délivrés par Hoiningen ; à l'automne 1941, il saura ne pas revenir du Portugal quand les portes du Troisième Reich se fermeront aux départs et s'ouvriront vers les camps de la mort.

En attendant, Nussbaum conseillera le grand rabbin, et l'aidera, lorsque sa vie sera menacée, à quitter le Luxembourg avant qu'il ne soit trop tard. Ces risques étaient certes calculés, mais dans le système totalitaire nazi caractérisé par une lutte darwinienne pour le pouvoir, chacun de ces éléments pouvait donner prise aux accusations mortifères de ses ennemis. D'autant plus que Hoiningen, conformément à ce qui est une de ses marques de fabrique, multipliera les initiatives risquées, notamment lorsqu'il aidera mon père, résistant et non juif. Le miracle est qu'aucune de ces prises de risque ne le fera tomber pendant son activité sous l'uniforme au Luxembourg.

Il y prend d'ailleurs du galon dans la hiérarchie militaire : il est promu au grade de *Major* (commandant) le 22 mars 1941. Ce n'est pas mal, même si le grade est assorti de deux initiales : *ZV* (pour *zu Verfügung*) qui signifient qu'il ne peut pas être engagé au combat.

Combien de vies sauvées ?

Ce n'est pas au nombre de vies sauvées que l'on peut juger des mobiles, de la façon d'agir et des risques encourus. Ces facteurs-là se suffisent à eux-mêmes lorsqu'il s'agit de décider s'il convient ou non d'honorer une personne. « Sauver une vie c'est sauver l'humanité entière » : le Talmud et le Coran le disent en termes comparables avec une éloquence commune. Il n'en reste pas moins que l'ampleur d'une entreprise de sauvetage ne saurait laisser quiconque indifférent, notamment les personnes et les familles concernées...

Nous tenterons ici de mesurer ce qui relève au moins en partie de l'intervention de Hoiningen, en abordant certaines des modalités de cette action. Nous avons vu que, lorsque Hoiningen entre en scène à la Passierscheinstelle, environ 2 300 Juifs luxembourgeois et étrangers se trouvent sur le territoire du grand-duché[23].

Lorsque le chemin de l'émigration sera coupé à la mi-octobre 1941, soit deux mois environ après le départ de Franz von Hoiningen du Luxembourg, il en reste 730 (cf. tableaux en Annexe), ceux qui n'ont pas pu partir.

Que sont devenus les près de 1 600 autres Juifs ? Environ 400 ont été expulsés *manu militari* par les services du Gauleiter, notamment les 293 personnes du convoi avorté du 7 novembre 1940. En tenant compte des décès dans la communauté juive restée au Luxembourg, ce sont presque 430 personnes pour lesquelles Hoiningen ne pouvait pas intervenir. Restent ainsi près de 1 200 personnes dont le sort a pu théoriquement dépendre des initiatives de la communauté juive, en liaison avec la Passierscheinstelle de Hoiningen et, le cas échéant, de Platt Waller.

Sur ces quelques 1 200 personnes, 120 ont pu quitter le Luxembourg pour le Portugal le 15 octobre 1941, donc après que le baron ait quitté le Grand-Duché à la fin de l'été. Il peut certes être tentant de le mettre au crédit de Hoiningen, la préparation de tels transports, assortis de l'obtention de visas de transit et de destination, étant à ce stade de la guerre une affaire de plusieurs mois ?

Cependant, les conditions de déroulement de ce convoi – sous escorte de la Gestapo, avec plusieurs étapes en zone française occupée et avec des passagers partant sans passeports (qui leur seront remis à Paris) ni visas de transit (qui seront éventuellement obtenus à Biarritz), ni visas de destination finale que certains n'obtiendront qu'après plusieurs semaines d'attente en Espagne avec parfois des destinations baroques, ainsi le Panamá (132 visas plus ou moins factices) voire l'île de São Tomé en Afrique équatoriale portugaise – nous sont totalement inconnues. Le train ne franchira la frontière à Irún que le 5 novembre 1941. À cette date, plusieurs centaines de milliers de Juifs ont été tués en URSS* dans la Shoah par balles, et des centaines de Juifs luxembourgeois et de l'*Altreich* (l'Allemagne d'avant l'Anschluss) ont déjà pris le chemin de la Pologne.

Tout cela fleurait l'improvisation. Le fait est qu'il s'agissait aussi du convoi de la dernière chance, probablement l'ultime train quittant l'ensemble de l'Europe occupée avec des réfugiés juifs, avant que les portes du Troisième Reich se referment, définitivement, le 16 octobre 1941. Ce transport était-il le dernier coup de dés de Hoiningen pour sauver les Juifs ou une expulsion organisée par la Gestapo avant la date d'interdiction du départ des Juifs?

En tout cas, il était clair, depuis le printemps 1941 (cf. chapitre 12), que les portes de la liberté ne tarderaient pas à se fermer.

La fermeture de la synagogue de Luxembourg en mai, la mise sur pied d'un ghetto pour vieillards à l'abbaye de Cinqfontaines à partir de la fin de l'été, la réquisition début septembre de 97 hommes (un dixième de

---

* Spécialement dans les territoires polonais et baltes annexés par l'URSS à la suite du pacte germano-soviétique.

l'ensemble de la communauté encore présente) pour effectuer des travaux forcés dans les carrières de Nennig et sur le chantier de l'autoroute de l'Eifel en étaient les signes les plus tangibles.

Rien ne donne à penser que Franz von Hoiningen ait pu bénéficier d'une aide ou d'une complaisance quelconque de la part de son cousin éloigné, Oswald von Hoyningen, ministre plénipotentiaire du Reich au Portugal. Ce diplomate n'était apparemment pas antisémite. Jusqu'en 1938, il entretient notamment des rapports très suivis avec le président de la communauté juive de Lisbonne Moses Amzalak. Mais à l'Auswär-tiges Amt, ces relations étaient connues et approuvées ; en effet, Amzalak évitait toute forme de critique de la politique antisémite du Reich[24]. Par ailleurs, Oswald ne s'intéressait apparemment pas aux Juifs qui cherchaient à quitter l'Europe via Lisbonne. En fonctionnaire zélé, compétent et loyal, il avait mieux à faire : tenter d'em-pêcher les Alliés de s'installer dans l'archipel portugais des Açores, lieu stratégique crucial de la lutte contre les sous-marins de l'Axe (il y parviendra jusqu'en août 1943 alors que la bataille de l'Atlantique était déjà perdue pour les Allemands), et mettre la main sur le précieux tungs-tène portugais indispensable à la machine de guerre allemande (il y arrivera jusqu'à l'été 1944).

Le dictateur portugais, Salazar, adorait ce diplomate, et sera très déçu au début des années 1950 quand la nouvelle République fédérale d'Allemagne ne pourra pas l'envoyer comme son premier ambassadeur au Portugal : les Alliés trouvaient cela un peu fort de café[25]…

L'autre Hoiningen, Franz, est fait d'un autre bois.

En ligne de résultat : Franz von Hoiningen a contribué à tirer au moins 574 Juifs (694 avec le « dernier convoi ») des griffes des nazis au Luxembourg, dont de l'ordre de 470 vers un sauvetage définitif hors d'Europe. Les recherches les plus récentes estiment à 890 le nombre total des Juifs du Luxembourg qui ont pu quitter l'Europe occupée pendant la guerre[26] : plus de la moitié de ces sauvetages définitifs doivent être attribués, au moins entre autres, au baron.

Restent 500 personnes environ qui ont pu quitter le Luxembourg mais le plus souvent à titre individuel et sans qu'on sache vraiment dans quelles conditions. Nous ne pouvons donc pas les imputer *a priori* à Hoiningen. Cependant nous avons la preuve de son intervention dans un cas poignant, et qui sera développé lorsque nous évoquerons la banalité du bien (cf. chapitre 11).

Il a entrepris de sauver ces gens parce qu'il était animé par des mobiles humanitaires et malgré les risques encourus. Telle est aussi la conclusion du grand rabbin Serebrenik qui était en charge de la communauté juive jusqu'à son propre sauvetage en mai 1941. Il écrira en 1963 à propos de Franz von Hoiningen que « son courage digne était sans égal » et que son nom « mérite d'être gravé dans l'histoire [...] des Juifs pendant la grande catastrophe comme l'un de ces vrais "Justes parmi les nations du monde" »[27]. Franz von Hoiningen, désormais, n'avait plus ses faiblesses coupables d'antan.

Nous avons vu que, le 15 octobre 1941, le dernier convoi de 120 personnes était parti *in extremis* pour le Portugal. Le 17 octobre 1941 à 0 h 16 précises, le premier convoi part « pour l'Est », quittant la gare de Luxembourg avec 333 personnes à bord. Après avoir embarqué les Juifs de Trèves, il traverse le Reich jusqu'au ghetto de *Litzmannstadt* (le nom que les nazis avaient donné à la grande ville polonaise de Łódź)[28]. Ceux qui n'y mourront pas de faim et de maladie seront gazés à Chelmno (*Kulmhof*) ou Auschwitz : il y aura 11 rescapés à la Libération. Le 17 octobre, le principal quotidien du pays, le *Luxemburger Wort*, sous contrôle allemand, publiera une « brève » sur ce départ en indiquant qu'il contribuera à rendre le pays *judenrein*. Au total, 695 Juifs seront déportés vers les usines de la mort. Seuls 47 d'entre eux reviendront.

Au tour des non-Juifs ?

Hoiningen était un philanthrope tous azimuts. Je ne sais pas combien de non-Juifs il a aussi aidés à se sauver. Outre des sources non étayées qui évoquent une aide en faveur de religieuses, je connais personnellement au moins deux non-Juifs pour lesquels il est intervenu : mon père et son ami Léon Lefort. Mon père, Georges Heisbourg (1918-2008) était un rejeton assez typique de la petite bourgeoisie commerçante de la ville de Luxembourg, peu sujette aux influences marxisantes ou libérales du bassin minier et sidérurgique près de la frontière de la France, porteuse du désordre intellectuel et social aux yeux du « Luxembourg profond ». Dans la capitale, on était volontiers conservateur et clérical. Georges, fils d'un père peintre-décorateur et d'une mère

au foyer, baigna dès son plus tendre âge dans le catholicisme ultramontain de cette terre concordataire.

Parvenu à l'âge d'homme, il sera un militant clérical
et conservateur au point de se retrouver, à vingt-deux
ans, président de l'association des étudiants catholiques
du Luxembourg, au moment de l'invasion. Il récusait
certes l'antisémitisme racial des nazis, suivant en cela
davantage la doctrine de Pie XI et de son encyclique
de 1937, *Mit brennender Sorge*, écrite en allemand à la
grande fureur des nazis, plutôt que la ligne moins claire
de son successeur Pie XII. Cependant, il partageait les
stéréotypes de la droite de l'époque sur l'existence d'une
question juive. Nous en reparlerons.

Il allait se trouver immédiatement en opposition
frontale avec les occupants, pour plusieurs raisons. Un
conservateur luxembourgeois, c'est d'abord quelqu'un
qui soutient l'existence même du grand-duché et de la
dynastie grand-ducale. Nonobstant l'influence cultu-
relle allemande et la langue allemande dans le pays,
et spécialement à travers une Église alors puissante, ce
nationalisme est davantage antiprussien et antiallemand
qu'antifrançais ou antibelge. L'épisode de 1914-1918
avait eu pour effet de conforter ce positionnement. Mon
père avait par ailleurs pris goût pour la culture et la
langue françaises, d'où son choix d'entamer ses études
supérieures à Grenoble et à la Sorbonne : à l'époque, il
n'y avait pas d'université au grand-duché, et les bache-
liers pouvaient choisir de poursuivre leurs études en
Belgique, en France ou en Allemagne. Réactionnaire,
il l'était, mais démocrate aussi et il affichera donc ses
sentiments pro-Alliés pendant la drôle de guerre[29].

Pour ne pas arranger les choses, c'était un homme de conviction et de caractère, voire un brin psychorigide. Excellent sportif, il avait fait partie de l'équipe nationale de football du Luxembourg avec ses footballeurs amateurs – ce qui est toujours le cas aujourd'hui (avec un honorable classement FIFA de 83ᵉ en février 2018). Mon père avait été approché par l'équipe reine française de l'époque, le Stade de Reims. Heureusement pour la suite de ce récit, il avait refusé de la rejoindre. Son caractère et son aisance physique le rendront peu sensible aux tentatives d'intimidation ou de séduction des Allemands.

Enfin, il avait fait deux longs voyages à vélo en Allemagne en 1935 et surtout en 1936 pour assister aux jeux Olympiques de Berlin, avec haltes dans les auberges de jeunesse, mêlé aux Jeunesses hitlériennes. Il a probablement assisté à la déroute aux J.O. de l'équipe luxembourgeoise de football, éliminée en huitième de finale par la sélection allemande, sur un score de 9 à 0… L'énergie conquérante de cette jeunesse allemande exaltée par un régime totalitaire le marquera. Pour lui, ce n'est pas un remake de l'Allemagne de 1914.

Au début de l'Occupation, il prétend continuer à faire vivre son association, imprimer et distribuer des tracts, et publier sa revue. Les militaires ne l'en empêchent pas, et les gestapistes surveillent en attendant de sévir. Ces derniers sont parfaitement au courant de ses sentiments nationalistes, dynastiques et pro-Alliés. Avec l'arrivée début août du Gauleiter Simon les choses se gâtent. À deux reprises, en partie sous l'impulsion de mon père et de ses amis, sur la place d'armes du centre la capitale, on manifeste, on entonne une chanson de 1859 – dont le refrain connu de tous les Luxembourgeois est : *Mir wëlle bleiwe wat mir sin* (« Nous voulons rester ce que nous sommes ») –, on distribue des tracts et de nombreux habitants arborent à leur boutonnière un insigne représentant le lion rouge, le *Rou'de Le'w*, symbole héraldique du grand-duché, tout cela sous l'œil des forces occupantes. Il s'agit probablement d'une des premières démonstrations populaires contre l'occupant allemand en Europe de l'Ouest. Les nazis sont embêtés : après tout, les Luxembourgeois sont à leurs yeux des Allemands de souche que l'on doit convaincre de se jeter dans les bras de Germania et non des ennemis à réprimer ou des sous-hommes à détruire.

Cependant, devant l'autorité bafouée, le Reich se doit de réagir, de préférence sans coups de feu, et avec l'aide de nazis luxembourgeois : le 14 août 1940, lors d'une de ces manifestations de la guerre des insignes (le *Spéngelskrich* des Luxembourgeois), mon père est arrêté par des membres de l'Einsatzkommando et embarqué au siège de la Gestapo, la redoutable villa Pauly. Résidence magnifique construite en 1923 pour un respectable chirurgien, le Dr Norbert Pauly, je confirme que le lieu est authentiquement sinistre, tout spécialement l'escalier menant aux sous-sols : la Gestapo ne pouvait faire de meilleur choix pour ses tortures et sévices pendant les quatre années où elle s'y installera. Le passage à tabac sera brutal, je ne saurai jamais exactement à quel point, mais le souvenir hantera mon père jusqu'à ses dernières années. Il s'agissait d'une punition, d'une intimidation qui ne précédait pas des interrogatoires poussés. Les Allemands procèdent plutôt à des monologues et à des débuts de conversation, pour montrer que les services allemands en savent déjà suffisamment long. Le tout est assorti de menaces de trois ou quatre années de détention.

Ensuite, Georges Heisbourg croupira pendant quinze jours dans la prison du Grund, une ancienne abbaye bénédictine du XVIIe siècle transformée en lieu de détention pendant la Révolution française. Les bâtiments se trouvent au fond d'une gorge dans laquelle le soleil, denrée déjà trop rare dans le pluvieux grand-duché, ne pénètre guère. Ce séjour se passe apparemment sans drames. Le 28 août, il est libéré après que le chef du *Sicherheitsdienst* (*SD*, le service de renseignements de la SS) à Luxembourg, le *Sturmbannführer* (commandant) SS Nölle, a fait acter la dissolution de l'association des étudiants catholiques. Comme les autres étudiants luxembourgeois, mon père est prié de s'inscrire dans une université allemande s'il veut poursuivre ses études, en attendant que les autorités du Reich statuent de façon définitive sur son sort. Il décide donc de s'inscrire à l'université d'Innsbruck, où il arrivera le 21 septembre : il croyait, au demeurant bien à tort, que l'Autriche annexée au Reich seulement deux ans et demi plus tôt serait moins nazifiée que l'Altreich d'avant 1938.

Au préalable, il doit démontrer son « aryanité ». Il se procure donc un « passeport ancestral » (*Ahnenpass*) qu'il remplira après avoir consulté les registres municipaux ou baptismaux : ses trente-deux quadriaïeuls sont impeccablement « aryens », pas une « tache » de « sang juif »... Il aurait pu entrer dans les SS, s'il en avait eu le mauvais goût. Au moins, je dispose de mon arbre généalogique du côté paternel jusqu'à la Révolution française.

Dans ce processus de mise aux normes nazies, Georges Heisbourg, avec quelque 210 autres étudiants luxembourgeois, est contraint de suivre, du 31 octobre au 3 novembre, un stage dans un camp d'endoctrinement (*Einführungslager*) sis au château de Stahleck, sur les bords du Rhin. Ça se passe mal : dans un rapport au Gauleiter[30], le responsable SS du stage se plaindra des chahuts, des « paroles de haine » à l'encontre du Reich, la manie qu'ont les Luxembourgeois de se plonger dans leur sabir national, le *Lëtzerbuergesch*, pour éviter que les *huere Preis* (putain de Prussiens) ne puissent les comprendre… Le rapport conduira à la fin de l'année à l'interdiction faite à vingt Luxembourgeois, dont mon père, de poursuivre des études universitaires. Par ailleurs, les universités du sud du Reich, jugées trop catholiques, sont fermées aux autres étudiants. De ce séjour, Georges Heisbourg ne retiendra qu'une chose : l'un des conférenciers invitait les stagiaires qui ne se sentiraient pas dignes de porter les couleurs du Reich millénaire à demander à quitter le pays.

Mon père, renvoyé au Luxembourg, reçoit l'ordre en mars 1941 de se présenter dans un camp de travail (*Arbeitslager*) composé de travailleurs censément « libres », sur le chantier de l'autoroute en construction dans les froides collines de l'Eifel, dans le Palatinat. Il parvient à s'y soustraire en se faisant embaucher comme « ouvrier agricole auxiliaire » au sud de la ville de Luxembourg. Mais il devient urgent de partir…

Avec son ami Léon Lefort, mon père fait des sondages concernant un éventuel départ via son ancien professeur d'allemand au lycée, Damien Kratzenberg, devenu chef du mouvement proallemand VdB, et par les services en charge de l'enseignement supérieur : les résultats sont négatifs. Kratzenberg sera condamné à mort et fusillé à la Libération.

Reste à tenter le tout pour le tout en se présentant aux autorités allemandes. Ils prennent le risque d'écrire ensemble une lettre à l'administration allemande le 16 avril 1941, dans laquelle ils expliquent qu'ils n'ont pas les aptitudes pour devenir des Allemands et qu'il serait donc souhaitable qu'ils puissent s'installer en France non occupée... Naturellement, ils ne concluent pas avec le « Heil Hitler ! » de rigueur dans les échanges avec l'occupant. Mon père joint à ce courrier une lettre à la Commission franco-allemande d'armistice à Wiesbaden, demandant l'autorisation à se rendre en zone française non occupée.

Au lieu de se retrouver dans un wagon pour Dachau, ils sont reçus le 29 mai 1941 par un homme qui leur était jusqu'alors inconnu, le commandant (il a été promu au grade de Major deux mois plus tôt) Franz von Hoiningen, auquel ils demandent l'autorisation de se rendre en zone non occupée française. Le commandant leur répond qu'il transmettra leur requête via les canaux allemands pour examen par la Commission d'armistice franco-allemande à Wiesbaden. Il ajoute, fort utilement, que, en attendant, les deux demandeurs peuvent entamer les démarches auprès des services allemands spécialisés en matière de transfert de devises et de marchandises.

À cette fin, il leur remettra le lendemain une note indiquant que, à ses yeux, rien ne s'oppose en principe à un départ – note qu'ils pourront montrer aux services allemands.

Pour sa part, Vichy, guère enclin à accueillir en son sein ce qui ressemble furieusement dans son système de valeurs à deux métèques, rejette la demande quelques semaines plus tard : « De tels éléments ne sont pas désirés en France non occupée », est-il précisé aux autorités allemandes.

Hoiningen aurait pu en rester là : après tout, il était interdit à des *Volksdeutsche* (les « Allemands ethniques » et mobilisables des territoires occupés par l'Allemagne comme le Luxembourg) de quitter les territoires contrôlés par le Reich. De plus, le Service national du travail (*Reichsarbeitdienst*), antichambre du service militaire, venait d'être rendu obligatoire le 23 mai… Au lieu de cela, Hoiningen convoque les deux jeunes le 30 juin et se lance dans un long soliloque au cours duquel il annonce que l'entrée des troupes allemandes en Russie le 21 juin remet leur situation en question. Il les prend à témoin des derniers « événements » en Lettonie – d'où filtraient les nouvelles des premières atrocités contre les civils. Il ajoute que, puisque les Juifs pouvaient rejoindre la zone non occupée française, pourquoi pas eux ? Il insiste sur la portée de l'obligation du Reichsarbeitdienst. Le message est clair : il faut partir.

Le lendemain, 1er juillet, nouvel entretien pendant lequel il leur donne des conseils : « N'allez pas à Paris ou à Lille, optez plutôt pour Dijon, puis Chalon-sur-Saône, la ligne de démarcation n'est pas trop difficile à franchir de ce côté-là de la Saône-et-Loire : vous êtes jeunes et vous pouvez encore courir vite.» Mon père note : «Il prend un air malicieux.» Franz conclut : «J'espère que vous y arriverez.»

Les deux jeunes hommes partent le 12 juillet, bardés d'autorisations officielles qui leur permettent de pousser jusqu'à la sous-préfecture de Saône-et-Loire à vélo puis en camionnette gazogène. Avec la complicité d'un plombier disposant d'un «gazo», ils franchiront la ligne de démarcation clandestinement et en bleu de chauffe le 16 juillet 1941 [31].

Une fois arrivé dans la zone dite «libre», Georges Heisbourg s'installe pendant un peu plus d'un an sous son propre nom. Sa citoyenneté luxembourgeoise est toujours reconnue par Vichy. Les États-Unis assurent la protection consulaire des Luxembourgeois. Mon père bénéficie aussi de l'utile lettre de recommandation qu'a rédigée le consul américain Platt Waller quelques jours avant leur départ début juillet 1941. Nous suivrons bientôt mon père dans d'autres aventures [32].

Plus de 11 000 jeunes Luxembourgeois seront envoyés sur le front de l'Est. Au moins 2 684 d'entre eux y perdront la vie sur les champs de bataille (1 476 tués et 988 disparus présumés morts) ou dans les camps de prisonniers de guerre en URSS (environ 220 morts sur 1 892 soldats capturés ou déserteurs) [33]. Rapporté à la population actuelle de la France, c'est l'équivalent d'une perte de 600 000 personnes, soit plus que l'ensemble des morts civils et militaires français pendant la Seconde Guerre mondiale. Mon père ne courra donc pas ces risques-là, il en assumera d'autres, en France.

Hoiningen de son côté quittera le Luxembourg à la mi-août 1941, pour prendre la direction de la Passierscheinstelle de Lille, compétente pour le Nord et le Pas-de-Calais, départements relevant de la responsabilité des autorités militaires allemandes de Bruxelles. Le baron y connaîtra une nouvelle mue, aussi surprenante que celle qui l'a fait passer d'activiste de la nouvelle Allemagne à sauveur de persécutés.

CHAPITRE 4

Où le baron découvre que s'en prendre au Führer peut valoir une promotion

Dans le courant d'août 1941, Hoiningen rejoint Lille pour y faire essentiellement le même travail qu'au Luxembourg. Il y reste moins de six mois et semble ne pas faire de vagues : rien de notable à son sujet n'a été mentionné dans les archives centrales allemandes, françaises ou belges. Sans histoires donc, *a priori*. Le départ pour Lille n'était probablement pas tout à fait volontaire : Hoiningen dira que sa femme avait appris de la femme de l'adjoint du Gauleiter Simon qu'il devait être incessamment remplacé par le capitaine Witzig, le numéro deux de la Passierscheinstelle.

Lille n'est pas un lieu neutre. Il se trouve dans une zone administrée par la Wehrmacht, elle-même commandée par le baron von Falkenhausen à Bruxelles, que Hoiningen connaît déjà. Le parti nazi et la Gestapo n'y font pas encore la loi ouvertement. En dehors des fonctionnaires de l'administration française, les interlocuteurs de Franz sont principalement des militaires. Cela n'a pas dû lui être désagréable de pouvoir échanger avec des pairs, sans avoir à craindre qu'un Gauleiter ou un gestapiste ne soit à l'affût de ses propos. Cela le rend-il imprudent ? Se languit-il de sa famille et de ses habitudes luxembourgeoises au point de se plaindre auprès du premier venu ?

Le baron se lâche

La bureaucratie militaire allemande était aussi friande de séminaires qu'une entreprise du XXIe siècle soucieuse de la cohésion de ses cadres et de la cohérence de ses *process*. Tous les semestres, l'ensemble des membres des bureaux des laissez-passer des territoires occupés étaient supposés se réunir, et cela faisait du monde. Il fallait du personnel pour gérer l'instruction, la délivrance et le suivi des *Ausweis* et autres *Passierscheine* permettant de franchir dans l'un ou l'autre sens la ligne de démarcation avec la zone non occupée, la zone interdite courant de la baie de Somme jusqu'aux Vosges, la frontière entre la zone occupée et les départements du Nord et du Pas-de-Calais rattachés à Bruxelles, sans parler des limites d'un Reich embrassant un Luxembourg et une Alsace-Moselle en cours d'annexion.

Dans ces réunions de travail, auxquelles assistaient les manitous du grand état-major à Berlin – dont un certain professeur et capitaine Jens Peter Jessen dont nous aurons à reparler –, étaient soulevés tous les aspects managériaux concernant ce dispositif monstrueux coupant les unes des autres des populations se comptant en millions de personnes. On y parlait en somme de retours d'expérience et de courbes d'apprentissage, de *reporting* et de *benchmarking*. Et tout comme aujourd'hui, les organisateurs ménageaient les espaces de temps pour permettre aux participants d'échanger, de faire du *schmoozing* comme on dit en anglais. Les restaurants étaient sympathiques et les hôtels parisiens excellents, une bonne partie du parc ayant été requise par les services de l'occupant à partir de juin 1940. Tout cela était bon pour le moral et la motivation, et donc pour la productivité du système.

Le désormais Lillois Hoiningen avait déjà assisté à plusieurs séminaires de ce type avant de se rendre à celui qui allait se dérouler à Paris, du mercredi 10 au vendredi 12 décembre 1941, vraisemblablement dans les locaux du commandement militaire allemand pour la zone occupée, à l'hôtel Majestic (l'actuel hôtel Mandarin avenue Kléber). La date du 10 décembre joue un rôle causal important dans les événements car nous sommes le surlendemain du jour où les Européens prennent connaissance de l'attaque japonaise contre Pearl Harbor, qui allait entraîner sans doute aucun l'ouverture des hostilités entre les États-Unis et l'Allemagne (ce sera chose faite le 12).

Par ailleurs, les informations se précisent sur les premiers succès de la contre-offensive soviétique lancée la semaine précédente pour dégager Moscou. Pour tous, c'est un des grands tournants de la guerre mondiale en cours. L'espoir d'une éventuelle victoire prend enfin un début de consistance chez tous ceux qui souhaitent la défaite de l'Axe, même si cela prendra forcément des années. En l'occurrence, il faudra encore près de trois ans et demi pour écraser le Troisième Reich.

Hoiningen quitte la salle de réunion en compagnie d'un autre capitaine, le Dr Bruno Peyn, principal d'une école dans le civil, auteur d'ouvrages régionalistes, et représentant l'important bureau des laissez-passer de Moulins – la Passierscheinstelle XV –, installé du côté non occupé de la ligne de démarcation et le plus proche de Vichy. Il avait croisé cet homme lors de précédents séminaires de ce type mais c'était la première fois qu'ils avaient l'occasion de se parler en tête à tête. Hoiningen du fait de son grade et de ses états de service a clairement la préséance sur son compagnon. Ils ont sensiblement le même âge.

Ils parlent beaucoup et marchent lentement. Lorsqu'ils arrivent au café-restaurant prévu pour le dîner, à savoir le Victoria, installé alors comme aujourd'hui au 64, rue Pierre-Charron dans le 8ᵉ arrondissement, pratiquement toutes les tables sont prises. Tous les commensaux sont allemands, l'établissement étant réservé aux ressortissants du Reich. Ils parviennent à débusquer une petite table pour deux, à proximité immédiate d'autres convives et notamment d'un médecin militaire qui lit son journal mais qui est en mesure de suivre leur conversation. D'après le rapport[34] établi par son dénonciateur, Hoiningen va ratisser large, en évitant cependant un sujet, celui du sort des Juifs. Nous reprendrons ci-dessous le récit du capitaine Peyn.

Le baron commence par le Luxembourg, dont les habitants «vivaient heureux naguère». Maintenant, ils ressentent un état de crise permanent. Il s'attaque ensuite à son successeur Witzig à Luxembourg, qui aurait subtilisé les tableaux que Hoiningen avait accrochés aux murs du bureau des laissez-passer. Il élargit ce propos un peu mesquin : son successeur est par ailleurs un pasteur proche de la branche national-socialiste du protestantisme, les tenants du *Deutscher Christ* (un Jésus non pas juif mais aryen).

Quand des officiers en rajoutent dans le nazisme, c'est qu'ils ont quelque chose à cacher, dit-il. Il dénonce vivement le Gauleiter Simon, typique d'un mouvement national-socialiste formé de déclassés, précisant «comme Hitler et les criminels autour de lui». Il accuse Ribbentrop, le ministre des Affaires étrangères du Reich, de se faire de l'argent dans le développement d'un nouveau carburant.

Peyn, soucieux selon ses dires d'écourter un tel discours qui le met mal à l'aise, propose alors de retourner à l'hôtel Ambassador, sis 16, boulevard Haussmann alors comme aujourd'hui, où sont logés les participants du colloque. Mais il n'y avait pas moyen de briser l'élan de Hoiningen : il revient aux affaires luxembourgeoises, expliquant que le comte d'Ansembourg, dont la famille possède un magnifique château, avait été emprisonné, sa femme se voyant proposer la libération de son époux si celui-ci cédait le palais aux œuvres sociales (la *NSV*) du parti nazi. D'autres Luxembourgeois, disait-il, étaient raflés par la Gestapo, qui leur offrait la liberté contre le paiement de 10 000 *Reichsmark* (environ 70 000 euros en monnaie actuelle) : ces «criminels se les mettaient dans la poche», ajoutant que cela ne se passait pas autrement à l'autre bout du

Reich, dans le *Warthegau* (l'actuelle Poznanie annexée par l'Allemagne en 1939) où les «mêmes criminels» s'étaient enrichis grâce à la confiscation des biens.

Selon Franz, ces accusations avaient en leur temps été portées à l'attention de Rudolf Hess (adjoint de Hitler pour tout ce qui touchait au NSDAP) qui avait saisi le *Führer*; celui-ci aurait répondu : «C'est la guerre» (*Es is jetzt Krieg*), et qu'il avait d'autres soucis. (Cette référence à Hess n'est pas innocente, puisque celui-ci s'était spectaculairement envolé pour un aller sans retour vers l'Écosse le 10 mai précédent dans des circonstances dont les tenants et les aboutissants demeurent difficiles à cerner aujourd'hui encore.)

Le baron se lance ensuite dans une dénonciation du comportement de la Gestapo en Pologne, qui expliquerait le caractère désespéré du combat des Russes défendant le sol sacré de leur patrie. «Mais maintenant ça va mal… Tant que le succès était au rendez-vous, alors Hitler était le chef de guerre génial.» (*Hitler der geniale Feldherr.*) (Ici, Peyn n'avait peut-être pas osé reprendre l'abréviation moqueuse de *GROFAZ* – pour *grösster Feldherr aller Zeiten*, «le plus grand chef de guerre de tous les temps» – que les militaires utilisaient volontiers derrière le dos de leur Führer et que Hoiningen ne pouvait ignorer.) Quand ça va moins bien, souligne le baron, on congédie Rundstedt. (Sans avoir demandé l'accord de Hitler, ce maréchal prestigieux avait autorisé à la fin novembre le repli des troupes allemandes face à la contre-offensive soviétique à Rostov sur le Don.)

Après l'Europe, le monde. Franz affirme concernant l'entrée en guerre du Japon : «Nous ne pouvons désormais pas gagner la guerre. » Pour couronner le tout, il dit que ça rentre bien dans les plans de la Gestapo que l'armée se fasse saigner en Russie : cela préparera le règlement de ses comptes avec l'armée. En conclusion, le monde n'accorde aucun crédit aux propos de l'Allemagne, ses explications ne sont crues par personne. Fin de la tirade.

Même si les propos de Hoiningen sont parfois décousus, on en admirera rétrospectivement la clairvoyance sur le déroulement de la guerre comme sur la confrontation annoncée entre militaires et gestapistes. On sera davantage encore surpris de cette soudaine explosion verbale du baron, habituellement si discret. Finalement, les deux hommes se rendent à l'hôtel Ambassador, pour s'y séparer aussitôt, chacun dans sa chambre. Après un tel feu d'artifice de propos séditieux, l'ombre du bourreau plane.

La dénonciation comme instrument de survie

Il serait tentant de considérer le dénonciateur Peyn comme une franche crapule, se faisant délateur pour obtenir un bénéfice ; un zélote national-socialiste, dénonçant par devoir ; ou un cas psychiatrique, mû par la recherche d'une jouissance sadique. Longtemps, par principe, je penchai pour la première hypothèse : après tout, qu'avait-il besoin de paraître en rajouter des tonnes contre le baron, sinon l'envie de maximiser la valeur de ses révélations aux yeux des autorités ? Je crois que son cas est plus compliqué, et malheureusement d'application plus générale dans un système totalitaire. Il dénonçait pour assurer sa survie.

Deux faits complémentaires mais de nature assez différente m'ont amené à cette appréciation. Peyn expliquera à plusieurs reprises qu'il a rédigé sa dénonciation « pour sa propre sécurité » : partant du principe que les propos subversifs du baron avaient été entendus par le médecin militaire assis à la table voisine, il se serait mis en danger en ne les dénonçant pas.

Cette rationalisation de son rôle de corbeau aurait pu n'être qu'une façon d'exonérer sa conscience si Peyn n'avait pas fait le service minimum pour faire cheminer son rapport de délation. Il rapporte d'abord à son collègue, le capitaine Kutz (*sic*) à Moulins, qui saisit oralement la section idoine (1c) du commandement militaire (MBF) à Paris : ce dernier répond qu'il faut envoyer un rapport écrit, d'autant que l'un des responsables de cette section, le capitaine de cavalerie Adler, dit qu'il avait eu vent de certains propos de Hoiningen notamment au sujet de la situation au Luxembourg. Peyn adresse donc le 16 décembre un rapport écrit au commandant Humm, chef de la section 1c au MBF. Le commandant Humm va s'empresser de s'asseoir sur ledit rapport. Peyn s'est couvert, et il ne paraît pas s'intéresser à la suite de l'affaire.

Cette interprétation du comportement de Peyn est peut-être trop charitable. Hoiningen dira plus tard que son dénonciateur a pu agir de manière concertée pour relancer l'affaire contre lui en actionnant plus tard un autre personnage du bureau de Moulins, le sinistre capitaine Anders, dont nous parlerons le moment venu. De fait, l'affaire aurait pu en rester là si n'était intervenu cet autre délateur, plus conforme à l'archétype : veule, lâche, idéologique, psychiatrique…

Promotion et subversion du dénoncé

En attendant, tout va bien pour Franz qui retourne à Lille. Après un passage d'environ deux mois au commandement militaire de Bruxelles dont relève la cité du Nord, il est envoyé à Berlin le 10 mai 1942 pour prendre le commandement du bureau des laissez-passer de l'ensemble du haut commandement de l'armée (*Oberkommando des Heeres, OKH*), dirigé depuis la crise de Munich en 1938 par le général Franz Halder. Hoiningen est au sommet du domaine qui est le sien depuis son retour sous les drapeaux. Le nom de son service est désormais la *Passierscheinhauptstelle* Q6, le *haupt* venant s'ajouter au reste. Le baron a la haute main sur l'ensemble des déplacements des membres du Grand État-Major dans l'ensemble de l'Europe contrôlée par le Reich.

Dans les locaux du *Bendlerblock*, le pâté d'immeubles berlinois dans lequel est installé l'OKH, l'atmosphère est au désenchantement : les années de triomphe ont fait place aux combats acharnés et sans issue décisive de l'hiver 1941-1942 sur le front de l'Est. Après Pearl Harbor, la guerre va se dérouler sur deux fronts, devenant ingagnable au plan militaire. Comme l'avait prévu Hoiningen d'après le rapport de son dénonciateur, la saignée de la Wehrmacht en Russie allait ouvrir les portes au grand règlement de comptes entre les services relevant du parti et de l'armée. Hitler avait pris le commandement de l'OKH au moment de la contre-offensive soviétique de décembre 1941, Franz Halder devenant dès lors son subordonné, jusqu'à ce que celui-ci soit limogé en septembre 1942.

Depuis le recul des Britanniques et des Français devant l'Allemagne lors des accords de Munich en 1938, la résistance antihitlérienne en Allemagne s'était délitée. Avec l'invasion allemande de l'URSS, elle se reconstituait, regroupant de manière plus ou moins cohérente des militaires (en grande partie issus de la noblesse), des politiciens conservateurs et parfois sociaux-démocrates ainsi que des fonctionnaires dissidents. Hoiningen se trouve de par ses fonctions au cœur du système permettant aux conspirateurs militaires de se rencontrer aux quatre coins du continent. Ce n'était évidemment pas par le courrier, soumis à la censure, ou par des moyens de transmission officiels que les conjurés pouvaient mettre au point leurs projets.

Or le baron va retrouver dans son service le capitaine et surtout *Professor-Doktor* Jens Jessen, responsable du bureau des passeports (*Passamt*) et l'un des pivots intellectuels de la conspiration. Les conjurés laissaient par définition peu de traces écrites et nous ne savons rien sur l'activité spécifique de Franz, d'autant que Jens Jessen sera pendu dans des conditions atroces à la prison de Plötzensee le 30 novembre 1944. Mais son fils, Uwe Jessen, né en 1925, était engagé tout jeune dans la conspiration et avait pu échapper à la mort après l'attentat contre Hitler le 20 juillet 1944 : il témoignera longtemps après la guerre de l'activité générale de la Passierscheinhauptstelle au service des conjurés à partir de 1942. Le baron évoquera plus tard avec son petit-fils Georg von Hobe les transferts en catimini de serviettes remplies de laissez-passer.

Jens Jessen était un conjuré assez typique dans son évolution par rapport au régime[35]. Il avait fait plus que flirter avec les concepts et les milieux nationaux-socialistes pendant les années 1930. En tant qu'économiste, il dirigeait l'Institut d'économie mondiale et de sciences de l'État (*Institut für Weltwirtschaft und Staatswissenschaft* à Berlin), très en cour. Il a comme assistant Otto Ohlendorf, qui fera partie de ces « surdiplômés » qui deviendront des tueurs de masse. Ohlendorf dirigera en Ukraine un de ces *Einsatzgruppen*, le « D », qui mèneront la Shoah par balles en URSS : dans la ville criméenne de Simferopol, il dirigera l'extermination de 14 300 personnes dans la seule journée du 13 décembre 1941. Les Alliés le pendront en 1951.

Jens Jessen pour sa part rompra avec le nazisme au tout début de la guerre, rejoignant la conjuration anti-hitlérienne alors exsangue en 1940. C'est dans le courant de 1942 que Ludwig Beck, ancien chef d'état-major de l'armée et chef de la conspiration militaire, et Jens Jessen concluront ensemble à la nécessité de tuer Hitler.

Dans ce contexte, Hoiningen aurait dû être exceptionnellement prudent. Tel ne paraît pas avoir été le cas. Vers la fin de l'été 1942, il invite dans un restaurant italien de Berlin un Luxembourgeois monarchiste, Auguste Collart, cousin de la femme de Hoiningen, Mia de la Fontaine. Collart avait été libéré du camp spécial de la SS

(*Sonderlager-SS*) de Hinzert dans l'Eifel : ce camp, très dur, servait généralement de sas avant l'envoi vers le système concentrationnaire ou, pour les plus chanceux, vers des lieux de relégation (pour Collart et sa femme ce sera Leubus en Silésie). Près de 1 800 Luxembourgeois seront déportés à Hinzert soit l'équivalent de 200 000 personnes en rapportant ce chiffre à la population française. Il ne s'agissait pas d'un camp d'anéantissement par le travail (ce rôle étant dévolu au système concentrationnaire) mais les conditions de survie et de mort y étaient sensiblement les mêmes qu'à Dachau ou à Buchenwald. Les armes à feu, les injections de poison, les morsures des chiens d'attaque contribueront à la mise à mort de plusieurs centaines de prisonniers, dont de nombreux « *NN* » (*Nacht und Nebel*), les déportés « nuit et brouillard » disparus aux yeux de leurs proches.

Collart se savait surveillé par la Gestapo pendant son passage à Berlin.

Au restaurant, Franz lui confie que l'Allemagne va bientôt perdre la guerre « mais auparavant la Bête va se débattre encore un coup ». On notera pourtant que la fortune des armées allemandes connaissait à ce moment-là un regain exceptionnel, avec Rommel aux portes d'Alexandrie, les panzers en route vers Bakou et Stalingrad et les *U-Boote* paraissant encore en mesure de gagner la bataille de l'Atlantique : mais Hoiningen voyait plus loin.

Le restaurant italien (une espèce rare à Berlin à l'époque) que mentionne Collart faisait l'objet d'une surveillance particulière de la Gestapo. La « Taverne Willy Lehmann » se présentait comme un « restaurant germano-italien», bien que la patronne fût belge, vantant sa *beste internationale Küche* et sa sélection de vins italiens. C'était un des lieux les plus cosmopolites[36] d'un Berlin qui n'en comptait plus beaucoup à ce moment de la guerre : la publicité du restaurant précise qu'il est «le point de rencontre des grosses pointures [*Prominenten*] de la terre entière, diplomatie, presse, littérature, arts, science... comme cinéma, scène et sport». Le maître-espion soviétique Alexander Zarubin et le grand journaliste américain William Shirer y avaient chacun eu à un moment donné leur *Stammtisch*, leur table d'habitués. En d'autres temps, Willy Lehmann, l'Allemand de l'affaire, avait été réalisateur de cinéma, mettant en piste les reines du muet Pola Negri et Lya de Putti. Le numéro de téléphone de l'établissement est à lui seul un programme : Barbarossa-2300.

Combien de temps pouvait tenir le baron à qui la fréquentation des tavernes paraissait dénouer la langue, surtout si les séides du régime le surveillaient de près ? En tout cas, ce n'est pas le hasard qui explique la présence conjointe de la carte du restaurant et de la carte de visite du baron dans le dossier ouvert sur Hoiningen[37].

Comment expliquer cette apparente insouciance de Franz ? Un réflexe de caste a pu jouer : les militaires, aristocrates de surcroît, vivaient encore à ce stade dans leur bulle. La conjuration visant à tuer Hitler est largement militaire et noble : sur 214 conspirateurs de premier plan, 101 sont des militaires, 76 sont des nobles et 43 les deux en même temps[38]. Comme nous l'avons vu, Hoiningen, de par son caractère, vivait aussi dans sa propre sphère, dans son monde, avec une sorte de fatalisme, un advienne-que-pourra. Cela pouvait l'amener à agir de manière imprudente, mais cela va aussi lui permettre de passer avec calme et aplomb à travers les situations les plus dangereuses et les plus incertaines.

Finie, la tranquillité

À partir du 30 juin 1942 se met en route la mécanique qui devait en toute logique envoyer Hoiningen chez le bourreau. Un des membres du bureau des laissez-passer de Moulins, le capitaine Kurt Anders, pasteur dans le civil, est affecté au printemps 1942 à Narva, à l'actuelle frontière entre l'Estonie et la Russie, et à une centaine kilomètres de Leningrad dont les Allemands font alors le siège. En se rendant vers sa nouvelle affectation dans l'*Ostland* (l'administration territoriale allemande dans les États baltes et autour), il passe par Berlin où il travaillera pendant plusieurs semaines à la Passierscheinhaupstelle dirigée par Hoiningen. Il prétend avoir pris connaissance du rapport de Peyn sur le baron avant son départ de Moulins. Après un entretien avec Hoiningen à Berlin, Anders se serait cru obligé de saisir la Gestapo de Potsdam, compétente pour les affaires militaires, sur le rapport de Peyn. On notera l'adresse de la Stapostelle de Potsdam : 11-12 rue des Prêtres *(Priesterstrasse)*. Un point de chute logique pour un pasteur... Il écrit que le commandant « von Hühne [*sic*]... a fait il y a six mois des remarques haineuses devant ses camarades sur la situation du Parti au Luxembourg, sur le Gauleiter de l'endroit, sur les combats… concernant l'Est et bien d'autres choses[39] ».

Il dit que son message peut avoir des conséquences graves pour lui (Anders) puisqu'il est le subordonné de Hoiningen, et qu'il espère que le commandant est devenu plus « optimiste ». Mais, conclut-il, « nous ne devons reculer devant rien lorsqu'il s'agit du bien et de la victoire de notre Reich ». Voilà un délateur qui ne cache pas sa vilaine couleur brune.

À partir de ce moment, la Wehrmacht ne pourra plus prétendre ignorer le dossier de dénonciation de Peyn rapportant les propos du baron le 10 décembre 1941. L'Abwehr, qui relève encore à cette époque de la seule autorité militaire, ouvre une enquête administrative, le commandant Hoiningen quittant la Passierscheinhaupstelle le 1er août. Il ne s'agit pas encore d'une mesure disciplinaire, simplement d'une précaution dont le sens est théoriquement masqué aux yeux de Franz : le changement de poste est expliqué par l'évolution de la situation sur le front de l'Est. Hoiningen est censément mis à la disposition du Grand État-Major (OKH) pour une durée de quatre mois, du 1er août au 30 novembre 1942.

Pour le moment donc, sa vie se poursuit sans drame apparent. Le baron peut profiter de l'été berlinois dans une maison au 51, Lessingstrasse dans une verte banlieue aux confins de Wilhelmsruh et de Pankow, apparemment louée à, ou partagée avec un juriste, un certain Dr Röhle. Berlin est d'autant plus agréable que l'année 1942 ne connaît aucun bombardement important. Des âmes plus ou moins charitables ont peut-être laissé entendre au baron qu'il était en grand péril : mais n'était-ce pas le cas depuis longtemps ? Pourquoi s'inquiéter ?

Portrait d'un délateur psychopathe[40]

Les salauds peuvent se présenter en différentes nuances de noir. Le pasteur Anders est à l'extrême du spectre, de type « noirceur du goudron », avec en plus une dose de folie au sens clinique du terme. L'homme que la Gestapo va utiliser pour coincer le baron est hors norme même dans son monde de brutalité sans nom. On est dans un mal pas du tout banal. C'est peut-être un des facteurs qui va paradoxalement servir Hoiningen par la suite. En attendant, c'est le rapport d'Anders qui provoquera l'arrestation du baron.

Kurt Adolf Anders naît le 18 septembre 1898 à Tilsit en Prusse-Orientale. Il est ordonné pasteur de l'Église évangélique en 1930, recevant la charge d'une paroisse à Wernburg en Thuringe. Quatre ans plus tard, le consistoire de Magdebourg dont relève Wernburg constate des irrégularités dans les comptes de la paroisse depuis l'installation d'Anders. Celui-ci, dûment chapitré, répond par des mensonges. Surtout, il commence à fréquenter les réunions du NSDAP et assiste notamment à la grande réunion annuelle du parti à Nuremberg en 1935, à l'issue de laquelle seront promulguées les lois antisémites dites de Nuremberg.

Il prétend qu'il est persécuté par le consistoire évangélique pour ses idées et son activité politiques. En 1936, il rallie le Mouvement des chrétiens allemands évoqué plus haut (*Kirchenbewegung Deutsche Christen*), ce qui le protégera pendant un temps. Anders en profite pour faire chanter l'hymne des Jeunesses hitlériennes dans son église et fait remplacer le crucifix par une *Schlageter Kreuz*, une croix honorant Leo Schlageter. Celui-ci était un membre des corps-francs exécutés pour espionnage et sabotage par les troupes françaises occupant la Ruhr en 1923 ; les nazis en firent un martyr.

Le consistoire, constatant des dérèglements psychiatriques, fait examiner le pasteur par un spécialiste à Halle, qui conclut que l'intéressé est « psychiquement malade et se comporte comme s'il avait un trouble psychique paranoïaque. Cet état est chronique et incurable. Cela exclut toute poursuite de services sacerdotaux ».

Vu son état mental, l'Église évangélique lui retire sa paroisse, lui interdit toute fonction pastorale, puis le pensionne d'autorité (*Zwangspensionniert*) à la fin de 1936. En mai 1938, la Gestapo de Potsdam, déjà elle, demande au consistoire pourquoi cet homme est ainsi traité : visiblement, Anders avait fait connaître à qui de droit ses sympathies national-socialistes, à moins qu'il n'ait déjà été un informateur de la police politique. Sans se laisser démonter, l'Église évangélique répond en juin en envoyant les rapports psychiatriques effectués sur l'homme. Pour enfoncer le clou, de nouvelles expertises sont faites à la demande du consistoire à la *Nervenklinik* de l'hôpital de La Charité à Berlin en juillet et Anders est placé en observation pendant deux semaines. La correspondance s'arrête là. La Gestapo de Potsdam sait ainsi parfaitement qui est Anders lorsqu'elle utilise son témoignage pour provoquer l'arrestation de Hoiningen.

Avec l'arrivée de la guerre, l'ex-pasteur passe sous les drapeaux. Après sa dénonciation de Hoiningen, cet antipathique individu à qui personne, pas même les accusateurs du baron, ne trouve de vertus, continuera d'agiter le secteur en 1943. En 1944, on perd sa trace dans les archives tant administratives qu'ecclésiales. Cependant, il se passera quelque chose qui, en d'autres circonstances, aurait pu susciter de la compassion pour cet individu. Un dossier est ouvert à une date non connue pour sa stérilisation d'office, comme en pratiquait systématiquement le Reich à l'encontre des personnes supposées souffrir de maladies génétiquement transmissibles. Si cette pratique existait hélas aussi dans d'autres pays, les nazis avaient pour elle une prédilection si grande qu'il leur fallait deux mots pour désigner la stérilisation forcée : *Unfruchtbarmachung* et *Zwangssterilisation*. Lorsque le tribunal militaire, devant lequel il avait témoigné contre Hoiningen en 1943, s'enquiert du cas Anders en matière de stérilisation en juillet 1944, les autorités sociales de Potsdam répondent que les fiches médicales correspondantes ont été détruites dans les bombardements alliés[41]. Nous ne savons donc pas si Anders a été castré ou non.

Lorsque les Alliés occuperont Berlin, le procureur du tribunal du Land (*Landgericht*) de Berlin recherchera Anders pour qu'il réponde de sa dénonciation à l'encontre de Hoiningen. En 1946, ces recherches n'auront rien donné. Plus tard, la femme du pasteur défroqué cherchera à bénéficier de la réversion de la pension que l'Église évangélique versait à Anders depuis 1938. En

108

1955, celle-ci adresse à Waltraud Soeder les documents concernant son mari disparu.

Face à un faux témoin de ce calibre, Hoiningen n'aurait pas eu trop de souci à se faire dans un État de droit, même plongé dans un conflit existentiel. Or, derrière la délation de Kurt Anders, il y avait la dénonciation précise et circonstanciée de Bruno Peyn. Et Franz vivait au cœur du Troisième Reich.

CHAPITRE 5

Le droit est-il soluble dans le nazisme?

Justice et injustice militaires

La justice militaire prussienne était réputée brutale, et comme elle a été à la base de la justice militaire de l'Allemagne unifiée après 1871, le présupposé est demeuré tenace. Surtout, les statistiques de la Seconde Guerre mondiale paraissent justifier cette opinion au-delà de toute contestation. De septembre 1939 à novembre 1944, plus de 9 400 peines de mort ont été prononcées en cour martiale à l'encontre de militaires allemands. À en juger d'après le bilan de la seule Cour martiale suprême du Reich (le *Reichkriegsgericht*), la plupart des condamnations à mort ont été suivies d'effet (1 049 exécutions sur 1 189 condamnations à mort pour cette juridiction).

S'y ajoutent des exécutions sommaires sur le champ de bataille et surtout des milliers de victimes, civiles et militaires, exécutées à la suite des jugements sommaires de cours martiales volantes. Au total, un chiffre se situant entre 17 000 et 22 000 exécutions paraît réaliste, et peut-être même en dessous de la réalité. C'est plus que les effectifs d'une division militaire que le Troisième Reich a ainsi liquidés, sans que l'ennemi ait eu à faire feu sur eux.

Hoiningen n'aurait dû avoir aucune chance d'échapper à ce sort, au regard du caractère séditieux des propos qui lui étaient reprochés, d'autant que le Code pénal militaire avait été « enrichi » par les nazis d'innovations telle l'incrimination attrape-tout d'« atteinte à la force de combat » (*Wehrkraftzersetzung*) introduite en 1938. Ce récit aurait pu s'arrêter là.

Les choses étaient heureusement plus compliquées. Pendant la Première Guerre mondiale, la même justice militaire allemande, avec son code pourtant bien prussien, fait fusiller dix fois moins de soldats (50 exécutions) que les cours martiales françaises. Même sous les nazis, le code de justice militaire permettait d'assurer des droits à la défense, du moins jusqu'à l'attentat du 20 juillet 1944 contre Hitler. Lorsque Hoiningen va être inculpé (automne 1942), les cours martiales ont certes sévi – environ 2 600 condamnations à mort pendant les trois premières années du conflit, de septembre 1939 à septembre 1942 – mais on est encore loin du massacre des trente derniers mois du conflit. L'abandon des formes judiciaires, surtout si l'accusé est un officier, n'était pas encore un fait accompli. Pour le dire autrement, l'armée restait encore maîtresse chez elle. Elle pouvait encore, dans certaines limites, protéger les siens.

Le processus dans lequel va être entraîné le baron montre qu'il bénéficie de plus qu'un semblant de respect des normes judiciaires du temps de paix. La lenteur est un des éléments frappants de cette affaire, conduite à un train de sénateur, ce dont ne saurait se plaindre Hoiningen.

La première phase, discrète et censément conduite à l'insu de sa cible à ce stade, est celle de l'enquête des services : Gestapo sûrement, Abwehr officiellement, le tout coordonné par le service d'inspection (*Prüfstelle*) du Grand État-Major (OKH). Elle s'achève vers la mi-octobre. Pour le cas où Hoiningen aurait eu des doutes sur sa situation, ceux-ci auront été levés au plus tard le 10 septembre 1942, quand il reçoit l'ordre de rendre son livret militaire, le *Wehrpass*.

Suit à partir de la mi-octobre un mois d'enquête préliminaire pendant laquelle l'intéressé et ses dénonciateurs sont interrogés, à la manière de ce qui se passe dans une enquête menée par des officiers de police judiciaire chez nous. L'acte d'accusation sera dressé le 18 novembre et un dossier d'instruction est aussitôt ouvert, sous la référence St.L. X 290/42. Ce dossier a deux particularités fort sympathiques pour le chercheur que je suis. D'une part, il a eu le bon goût de survivre à toutes les avanies de la guerre, même si le papier « qualité guerre » résiste mal au temps de paix. D'autre part, tout, mais absolument tout, ce qui peut avoir le moindre rapport à l'affaire se retrouve en copie dans le dossier : non seulement la procédure elle-même mais les courriers de la Gestapo, les demandes de renseignements sur la castration du « pasteur » Anders, l'évasion du baron, autant d'éléments qui précèdent ou qui suivent l'affaire proprement dite.

La troisième phase, celle de l'instruction va se dérouler à un rythme qui ne doit rien à l'urgence, de la fin novembre 1942 à la fin mars 1943, avec l'élargissement du champ des investigations à divers témoins sur le fond de l'affaire ou sur la moralité de l'accusé et des accusateurs. Suit la brève phase de jugement et le verdict le 19 avril 1943. Et enfin, une phase de confirmation de la peine, par le chef de l'OKH, alors le *Generalfeldmarschall* Wilhelm Keitel (1882-1946), le 14 juillet 1943. Surnommé *Lakeitel* (le laquais-Keitel) par ses nombreux détracteurs qui moquaient ainsi sa servilité à l'égard de son Führer bien-aimé, cet individu atterrira dans le box des accusés à Nuremberg et finira pendu au bout d'une solide corde : son cas faisait l'unanimité chez les Alliés.

Comment éviter une incrimination mortifère

Hoiningen va être sauvé par la logique bureaucratique. Après tout, la dénonciation dont il a fait l'objet est connue par les autorités militaires depuis décembre 1941 : Peyn avait eu un entretien oral avec le responsable du service compétent du commandement militaire à Paris (MBF) dès le 15 décembre et à la suite duquel il avait présenté, à la demande du MBF, son rapport écrit, le 16, suivi d'une lettre le 21 adressée au MBF et dans laquelle il indique qu'il s'en tient à sa communication écrite. Donc, le MBF risque de devoir expliquer à l'OKH pourquoi il n'a rien fait depuis lors. Dans ses échanges écrits avec le haut commandement à Berlin en octobre 1942, le MBF est naturellement obligé de confirmer les faits officiellement, à savoir le rapport Peyn. Il fera valoir que Hoiningen était à l'époque sous la responsabilité du commandement militaire de Bruxelles au plan disciplinaire. Nous ignorons s'il y a eu des échanges écrits entre le MBF de Paris et celui de Bruxelles à propos des accusations portées contre Hoiningen, mais Bruxelles était au courant.

Pour le MBF de Paris et son homologue bruxellois, et par ricochet pour l'OKH et l'institution militaire dans son ensemble, il y avait donc un intérêt puissant à minorer les charges qui seraient présentées devant la cour martiale. Si Hoiningen était accusé de haute trahison ou d'atteinte aggravée à la force de combat, la Wehrkraftzersetzung, l'affaire serait transférée à la Cour martiale suprême (Reichskriegsgericht) qui avait à connaître les cas les plus lourds.

Sur les 1 189 peines de mort prononcées par ce tribunal suprême, 251 le seront au titre de l'atteinte aggravée à la force de combat. Dans ce cas, le retard à l'allumage dans les poursuites contre Hoiningen risquait de conduire également à des poursuites contre les militaires concernés à Paris, Bruxelles et Berlin. Donc, l'OKH a intérêt à veiller à ce que l'enquête préliminaire ne tourne pas à une chasse aux sorcières élargie contre d'autres militaires.

Le processus commence symboliquement le 18 octobre 1942 avec la décision de l'OKH de relever Hoiningen de ses obligations de service. Il est officiellement privé de toute affectation en attendant qu'il soit statué sur son sort. Il lui est interdit de porter l'uniforme et il doit se tenir à disposition. Dans les jours suivants, le baron va être invité à faire des dépositions détaillées [42] sur sa vie et sur les accusations portées par Peyn, le tout étant consigné sur procès-verbal, en présence de responsables assermentés. De son cursus, il fera valoir, le 20 octobre, son rôle pendant la Grande Guerre et dans les Freikorps, l'absence d'antécédents politiques avant 1933, son adhésion au NSDAP assortie des explications évoquées plus haut, l'engagement de sa femme dans l'Auslandsorganisation (AO) du NSDAP, sa tentative d'engagement dans la nouvelle Wehrmacht, les renseignements d'importance militaire qu'il a transmis à la veille de l'offensive de mai 1940, l'excellence de ses rapports avec le ministre plénipotentiaire allemand à Luxembourg et, enfin, il s'exprimera sur les séquelles de sa blessure de guerre au ventre.

On voit se dessiner des lignes de défense, dont certaines vont de soi mais dont d'autres témoignent d'un sens stratégique affiné. S'il évoque l'engagement de sa femme dans l'AO, c'est moins pour bénéficier par osmose de l'image d'un couple fidèle au Führer que pour prévenir une des principales accusations qui seront portées contre lui au moment du procès : « Vous, Hoiningen, vous êtes devenu intégralement luxembourgeois, vous n'êtes plus vraiment un Allemand. » Le soupçon de la trahison plane. En évoquant le ministre plénipotentiaire allemand à Luxembourg, le comte Podewils, il agit dans le même sens, tout en laissant entendre qu'il va mobiliser du beau monde en sa faveur.

Sur les accusations portées par Peyn, il choisit une stratégie d'atténuation et de rejet sélectif plutôt que de négation intégrale. Il est vrai qu'il ne peut pas savoir si d'autres témoins que Peyn peuvent reprendre les termes de sa dénonciation. Surtout, les données concernant la situation au Luxembourg ne pouvaient pas avoir été inventées par Peyn et donnaient d'autant plus de force aux autres éléments de la dénonciation.

Concernant la dimension luxembourgeoise des allégations qui jouent contre lui, Hoiningen dira en substance : « Les propos qui me sont prêtés sont largement exacts mais je les ai formulés non pour nuire mais dans un esprit constructif. Pour lutter contre le trafic de devises à Luxembourg, c'est moi qui ai insisté pour que la Reichsbank envoie des experts au plus vite pour juguler le fléau. » Franz nourrit plutôt qu'il ne nie ses propos sur les gestapistes qui font payer aux Luxembourgeois arrêtés leur remise en liberté. Il cite un cas précis, en ajoutant que son supérieur de l'époque, le général Schmidt, et un autre témoin pourront confirmer ses dires. Il niera seulement avoir parlé de Rudolf Hess, quitte d'ailleurs à nuancer cette dénégation par la suite.

Franz reconnaît qu'« il est possible » qu'il ait évoqué le rôle de la Gestapo en Pologne et sur le front de l'Est. Il justifie en les atténuant ses propos sur les difficultés de la campagne de Russie, dont il relève qu'elle durait en effet plus longtemps qu'on avait pu l'espérer. Il rejette les allégations qui lui sont reprochées concernant le rôle du chef des armées (Hitler). Comme Ribbentrop est un homme qui lui est « très sympathique », il est exclu que Hoiningen ait pu le qualifier de « criminel ». Il nie en bloc que ce terme ait pu s'appliquer par ailleurs.

Hoiningen affirme ne pas avoir eu connaissance directement de l'ensemble des accusations portées contre lui à l'époque ni de qui en était l'auteur. Il précise seulement que le lieutenant-colonel von Harbou, alors chef d'état-major du commandement militaire pour la Belgique et le nord de la France, avait « entendu dire » que le baron avait émis quelques commentaires sur ce qui se passait au Luxembourg et qu'il devait faire plus attention (*vorsichtig*) à l'avenir. Cet avertissement feutré devait vraisemblablement avoir été formulé par les responsables militaires à Bruxelles sur la suggestion du commandement militaire allemand à Paris. On notera au passage que von Harbou était un membre de la conjuration contre Hitler. Il sera accusé à la fin 1943 d'atteinte à la force de combat et emprisonné. Il se suicidera avant de passer en cour martiale.

Le baron mettra la communication de Peyn sur le compte d'une confusion ou d'une mémoire défaillante. En s'appuyant sur son expérience propre comme sur celle rapportée par les responsables du MBF à Paris, il cite à ce propos des oublis et défaillances de Peyn dans l'exécution de son service comme patron du bureau des laissez-passer de Moulins. Lors du repas à Paris le 10 décembre 1941, qui avait duré « entre une et deux heures », l'« alcool avait été bon au-delà de tout éloge » : il fallait selon lui mettre les communications de Peyn, avec leur part de flou et d'ambiguïté, sur le compte de la charge de travail.

S'agissant d'Anders, Hoiningen dira qu'il l'a reçu en une seule occasion pendant son séjour à Berlin, que cet entretien n'a duré que cinq minutes et qu'il n'a rien retenu des propos d'Anders. À cette occasion, Franz lui aurait dit qu'il ne pourrait pas envoyer de renforts aux bureaux des laissez-passer, que cela valait donc aussi pour celui de Narva et qu'il ne remplacerait pas les militaires en bonne santé par d'autres militaires en bonne santé : ceux-ci devaient rejoindre leurs camarades sur le front.

Puis Hoiningen lance sa flèche du Parthe contre Peyn, en indiquant que ce dernier cherchait peut-être à se venger de lui qui l'avait fait verser dans les troupes opérationnelles de l'*Ersatztruppenteil*, c'est-à-dire les forces armées déployées sur le territoire du Reich, et que ce n'était peut-être pas un hasard si c'étaient deux autres anciens de la Passierscheinstelle de Moulins, Kutz et Anders, qui l'avaient mis en cause[43]. Au moment où le baron s'exprime, Peyn est affecté à Hambourg, loin des délices parisiennes. Nous ne savons pas ici démêler l'écheveau, car Peyn était originaire d'Allemagne du Nord, et il n'était pas forcément fâché d'y être muté : c'est là qu'il avait bâti sa carrière d'auteur régionaliste.

Interrogé le 22 octobre, Hoiningen ajoutera que Peyn et lui s'étaient séparés dans les meilleurs termes, sur une poignée de main, le 10 décembre au soir. Son comportement ultérieur n'était donc pas digne des relations que doivent entretenir deux officiers. Par ailleurs, le baron paraît admettre qu'il ait pu dire que le chef des armées (Hitler) revendiquait les succès et se défaussait des revers, ajoutant que sa déclaration était « insensée » (*völlig töricht*) puisqu'elle ne risquait pas d'arranger ses affaires. Cette défense a dû surprendre.

Enfin, le 26 octobre, le baron ajoute qu'il n'avait pas pu dénoncer l'activité des SS au Luxembourg, comme l'avait prétendu Peyn, car il n'y en avait pas à son époque, mais comme il avait eu affaire au SD, le service de renseignements politiques des SS, il avait pu utiliser le terme, cette confusion étant courante. C'était certes exact, mais l'observation relevait du pinaillage. Tout en réaffirmant qu'il n'avait pas mentionné Hess et les activités coupables du parti dans le *Warthegau*, il n'exclut plus que dans une si longue discussion le nom de Hess ait pu être évoqué... Pour le reste, il s'en tient à ses propos antérieurs.

Peyn réagit non seulement en confirmant les données de son rapport mais en ajoutant qu'il n'avait pas inclus des détails dont il s'est souvenu par la suite, telle la critique que Hoiningen aurait émise contre l'obligation faite aux Luxembourgeois de remplacer leurs noms de famille (tout comme leurs prénoms, aurait-il pu ajouter) d'origine française par une version allemande. Il précisera aussi qu'il n'était pour rien dans la relance de l'affaire : un seul duplicata de son rapport avait été conservé sous sa garde dans son service à Moulins, l'original étant entre les mains de son destinataire au MBF à Paris. Ce qui a pu se passer après son départ de Moulins le 12 mai 1942 n'était pas de son fait.

Pendant ces interrogatoires croisés, les amis de Hoiningen se mobilisent. Le 23 octobre, devant le conseil juridique de Hoiningen, le colonel Rosencrantz (*sic*), les commandants von Horwarth et Humm (cf. chapitre 4), anciens du MBF, accusent Peyn d'avoir intrigué pour se faire nommer à l'agréable bureau des laissez-passer de Paris et lui imputent toutes sortes de défaillances professionnelles. Ils ajoutent que Peyn avait aidé une famille juive à quitter la zone non occupée et à revenir chez elle en zone interdite (ce que les Allemands interdisaient depuis l'exode de juin 1940), rappelant que le commandant Öckert, chef du bureau des laissez-passer de Dijon, avait déclaré : « C'est bien M. Peyn qui est à l'origine de cette cochonnerie [*Schweinerei*] qu'est la délivrance de laissez-passer à des Juifs. » En vis-à-vis de chaque assertion figure le nom de personnes susceptibles de la confirmer[44].

On ne faisait pas dans la dentelle chez les soutiens de Hoiningen, qui n'avait probablement pas très envie que les enquêteurs retournent leurs questions sur le sujet contre lui à propos des laissez-passer dont il avait fait bénéficier Juifs et résistants…

Dernier tour, les 26 et 27 octobre pour Bruno Peyn qui confirme les termes de son rapport. Il précise ce qu'il entendait par la formule censée le prémunir contre d'éventuelles sanctions : « parce que le médecin militaire assis à une rangée de là avait dû entendre la conversation ». Il précise que son compte rendu n'avait pas eu pour objectif de provoquer une procédure en responsabilité pénale contre Hoiningen mais de l'appeler à faire preuve de « plus de prudence à l'avenir ». Comme Hoiningen, il avait appartenu à l'ancienne armée, et était membre du parti depuis 1933.

Le 9 novembre, le général commandant le quartier général de l'OKH demande formellement à la cour martiale d'ouvrir une instruction contre Hoiningen au titre des chefs d'accusation mis en avant pendant l'enquête préliminaire. Ils reprenaient, sans changement, les sept points extraits du rapport de Peyn, y compris les fines allusions à Rudolf Hess, à *Hitler der geniale Feldherr* («le chef de guerre génial»), «Hitler et les criminels autour de lui», Ribbentrop et son carburant miracle, la Gestapo en Pologne, les règlements de comptes entre la Gestapo et l'armée… N'y manque que la défaite de l'Allemagne avec l'entrée en guerre des États-Unis. Le 18 novembre 1942, alors que les armées soviétiques ne vont plus tarder à lancer la bataille d'encerclement de Stalingrad, l'acte d'accusation est dressé conformément à cette demande.

Ici, le non-dit est essentiel. L'OKH ne demande pas l'ouverture d'un procès pour la forme aggravée de l'atteinte à la force de combat mais suggère une incrimination générique au titre de la loi sur la trahison (*Heimtückegesetz*) dont la Wehrkraftzersetzung est un des éléments. Il est donc sous-entendu que l'affaire devra être instruite par le tribunal militaire ordinaire de la Wehrmacht pour le temps de guerre (*Feldkriegsgericht*) à Berlin. Dans la foulée, l'acte d'accusation ne mentionnera aucune charge qui aurait pu provoquer un transfert vers la Cour martiale du Reich. Hoiningen n'a pas pu, ou n'a pas voulu, rejeter en bloc les racontars de Peyn, mais, au moins, son cas sera jugé par ses pairs, à bas niveau de bruit, si possible en dessous du seuil de visibilité politique.

Le tribunal militaire de Berlin, le plus important du Reich en nombre d'affaires traitées, est une véritable usine, avec plus de cent juges répartis entre Berlin et l'annexe de Vienne. Environ 46 000 affaires y seront jugées. Plusieurs centaines de condamnations à mort y seront prononcées, ce qui est beaucoup dans l'absolu mais un pourcentage limité des dossiers traités. À l'époque du procès de Hoiningen, ce tribunal a juridiction sur l'ensemble des effectifs militaires stationnés sur le sol du Reich. Il a à connaître des cas non aggravés d'atteinte à la force de combat, de trahison (*Heimtücke*), de conduites «contre nature» (principalement l'homosexualité), d'absences prolongées et de corruption.

La cour qui jugera Hoiningen prétend, le 4 décembre 1942, entamer l'interrogatoire de l'accusé le 18 décembre. Celui-ci répond le 10 que sa blessure le handicape. Le médecin militaire compétent pour son cas confirme le fait et décrète le 16 décembre que Hoiningen ne pourra pas être auditionné avant cinq semaines au moins. C'est toujours ça de gagné pour organiser la défense. De fait, les dépositions et interrogatoires démarreront seulement à la mi-février 1943. Cette blessure de guerre est une bénédiction.

Par ailleurs, Hoiningen n'est pas détenu dans la grande prison de Lehrterstrasse qui jouxte le siège du tribunal au numéro 58, et qui sera détruite plus tard dans les bombardements. Le baron continue d'être domicilié au pavillon de la Lessingstrasse, son adresse figurant dans les pièces de la procédure. On est loin des sévices et des humiliations qui sont le mode par défaut du Troisième Reich.

Le meilleur avocat de Berlin?

Qualifier le Troisième Reich d'État de droit serait un oxymore et une obscénité. N'importe qui peut être enfermé dans un camp, torturé, liquidé sans le moindre début de processus judiciaire.

Pourtant, dans l'État nazi, la justice ordinaire, y compris la justice militaire, certes durcie, fonctionnait avec ses formes et ses procédures classiques. De plus, le Troisième Reich développait sa propre théorie du droit, prenant sa source dans la volonté du Führer, et se nourrissait de ce qui était qualifié de «volonté saine de la communauté ethnique», la *Volksgemeinschaft*, ce qui permettait de justifier n'importe quoi, et notamment les persécutions antisémites, mais dans un cadre qui prétendait toujours être celui du droit. Cette conception avait son théoricien, Carl Schmitt (1888-1985), né la même année que Hoiningen, catholique comme lui, et inscrit au NSDAP le même jour (1er mai 1933) que lui. Ce juriste amoral, fondamentalement antilibéral mais de grand talent, considérait la souveraineté de l'État comme un absolu. Il introduira dans le lexique allemand l'expression «État total»: en somme, il plaidait pour le droit (absolu) de l'État et contre l'état de Droit, mon choix des majuscules et des minuscules n'étant pas innocent.

C'est peut-être pour cela qu'il a beaucoup fasciné en France, qui a été un État avant d'être une nation, le tout assorti de la redécouverte périodique que c'était un nazi... Son cas s'apparente à celui encore plus emblématique de Martin Heidegger, tant est caricaturale en France la répétition du cycle de «révélations» sur son passé national-socialiste, ces «découvertes» étant supposées excuser l'adulation dont il a fait l'objet entre-temps. Au moins, pour Carl Schmitt, il existe une explication rationnelle de la manière dont il a été considéré en France, vu la filiation en matière de conception du droit avec Jean Bodin, entre autres, jurisconsulte français du XVIᵉ siècle. On ne saurait être surpris d'apprendre que Heidegger et Schmitt ont servi ensemble jusqu'en 1942 dans la même commission officielle sur la philosophie du droit (sic).

Par ailleurs, comme cela était la norme dans la dictature polyarchique qu'était le Troisième Reich de Hitler, Carl Schmitt avait ses rivaux et détracteurs, et spécialement les SS, qui avaient tendance à sortir leurs pistolets lorsque était prononcé le mot « droit », pour paraphraser la formule volontiers utilisée par les nazis sur la culture. Carl Schmitt n'en appartint pas moins à l'écosystème du nazisme jusqu'à la fin de la guerre. Outre le concept d'État total, il popularisera la notion de *Grossraumordnung*, l'ordre des grands espaces, qui donnera à la propagande de Goebbels comme aux économistes du Troisième Reich un cadre conceptuel pour justifier une Europe germano-centrée aux yeux des Allemands et de ceux tentés par la soumission ou la collaboration dans les pays occupés ou sous influence allemande.

Ce paysage institutionnel et conceptuel explique pourquoi il était encore possible, à l'aube de l'année 1943, de s'attendre que les droits de la défense soient respectés dans une cour martiale et donc de partir du principe qu'il valait mieux avoir un bon avocat qu'un mauvais.

Hoiningen choisira l'un des meilleurs, sinon le meilleur, Rudolf Dix (1884-1952) : il lui confiera sa défense le 9 décembre 1942. Comme pour les autres professions libérales et artistiques, on ne poursuit pas une carrière d'avocat sous le Troisième Reich sans appartenir aux organisations corporatistes du régime, et on n'y prospère pas sans accepter d'y jouer un rôle majeur. Dix ajoutera une corde très particulière à son arc : il deviendra consul de Finlande à Berlin, servant d'intermédiaire entre les cobelligérants que sont le Reich et la Finlande, cette dernière poursuivant cependant ses propres buts de guerre et étant le seul allié de l'Allemagne à refuser de prendre des mesures antisémites et de livrer les Juifs finlandais ou étrangers résidant sur son territoire.

Rudolf Dix va assurer la défense de nombre de politiques et de religieux pendant le Troisième Reich, ainsi que de résistants contre Hitler comme Hans von Dohnányi, le comte Helmuth von Moltke et Freya von Moltke : cela comporterait de vrais risques et requerrait un courage certain lorsque l'État SS prendrait en mains le Reich en 1944-1945. Contrairement à Carl Schmitt, Dix non seulement ne sera pas inquiété par les Alliés victorieux, mais fera partie des défenseurs allemands au procès de Nuremberg[45] : il réussira, contre tous les pronostics, à obtenir l'acquittement pur et simple de Hjalmar Schacht, largement responsable, en tant que ministre de l'Économie, du réarmement allemand pendant les premières années du Reich. Les autres avocats à Nuremberg le considéraient comme leur bâtonnier de fait.

Il s'illustrera aussi dans les procès de Friedrich Flick (1947) et de l'IG-Farben (1948). Son frère Hellmuth et lui contribueront à sauver des crapules qui, défendues par de moins bons avocats, auraient connu la corde ou de très longues peines de travaux forcés. En somme, le type d'avocat dont avait besoin Hoiningen. On retrouve la main de Rudolf Dix dans le dossier. Il tentera de décrédibiliser Peyn et donc son témoignage : ce sera d'ailleurs l'objet de sa première communication sur le fond avec la cour le 10 février 1943. Il relance les témoignages des commandants Humm et von Horwarth, mais Peyn trouvera ses propres témoins de moralité. Malheureusement, le mal était déjà fait avec les dépositions en clair-obscur de Hoiningen sur la conversation du 10 décembre 1941, d'autant que Peyn continuera à se conduire avec une retenue et un manque d'animosité qui convaincront les juges militaires de sa bonne foi.

Dix cherchera à obtenir de l'Église évangélique le dossier sur l'innommable Anders, ce même dossier que j'aurai entre les mains en 2017. Certes, les documents ne seront officiellement transmis à la cour qu'un an après le procès, mais l'avocat n'aurait vraisemblablement pas insisté pour l'obtenir s'il n'avait disposé des informations permettant de marginaliser Anders. Le 15 février 1943, celui-ci avait ajouté une précision à sa déposition initiale : lorsqu'il avait été reçu par Hoiningen à Berlin en juin 1942, Franz lui aurait parlé pendant une demi-heure et non les cinq minutes évoquées par le baron pour décrire la situation militaire sous les couleurs les plus noires (*völligem Schwarz*). Il ajoutait aussi qu'il avait entendu dire que la femme de Hoiningen, « une Luxembourgeoise », lui racontait des mensonges tous les jours et l'abreuvait de ses plaintes.

Tout au long de mars, Dix battra le ban et l'arrière-ban pour obtenir des témoignages de moralité aussi crédibles que possible contre Peyn et pour Hoiningen. Le 11 mars, le ministère de la Justice confirme à l'OKH que la peine éventuelle qui serait prononcée le serait sur la base de l'incrimination initialement prévue.

Le 10 avril, l'ancien ministre plénipotentiaire d'Allemagne à Luxembourg, le comte Podewils, envoie une lettre à Dix dans laquelle il exprime tout le bien qu'il pense de Hoiningen et de sa femme. Il précise qu'il avait proposé au baron en 1933 ou 1934 de devenir *Landesgruppenleiter* de l'Auslandsorganisation (AO) du NSDAP au Luxembourg à titre provisoire, en attendant de trouver un titulaire permanent. Or celui-ci fut trouvé avant que Hoiningen n'ait eu à répondre. Le coup de pouce de Podewils ne pouvait pas nuire, mais il arrive bien tard[46].

Un verdict en trompe-l'œil

Le sort de Hoiningen s'aggrave soudain : ce même 10 avril, la cour martiale ordonne l'incarcération de l'accusé et, le 12 avril, celui-ci est « livré » (*eingeliefert*) à la prison militaire dite de Tegel au 61, Lehrterstrasse, et placé en détention préventive : le nom en allemand en dit déjà long – *Wehrmachtuntersuchungsgefängnis* (WUK). Dix réagit aussitôt, et le surlendemain, le 14 avril, bien que toujours détenu, Hoiningen est transféré dans l'unité hospitalo-carcérale de ladite prison, installée à quelques kilomètres de là à Berlin-Buch. Cela vaut mieux que l'hôtellerie approximative de la Lehrterstrasse.

Le lundi 19 avril, c'est le grand jour. La cour martiale se réunit dans les locaux du tribunal pénal de Berlin-Moabit – alors comme aujourd'hui installé au 91, Turmstrasse et dont les bâtiments imposants construits en 1906 ont pour l'essentiel échappé aux destructions de la guerre. La réunion commence à 9 h 30, salle 259. Après lecture de l'acte d'accusation, la parole est donnée à l'avocat de la défense, Me Rudolf Dix, puis sont entendus les témoins : Anders et Peyn essentiellement.

On ignore tout du déroulement de la séance comme de sa durée. On imagine seulement Rudolf Dix, bel homme, portant une cravate blanche, défendant son client silencieux, raide comme un piquet, face à une salle vide de tout public.

Ensuite viendra le délibéré. La cour est composée de trois juges, le commandant Thissen, juge militaire et président, le lieutenant-colonel comte Einsiedel et le commandant Schröder, assesseurs, statuant en présence du représentant du ministère public, le conseiller Dr Lincke. Le verdict est sans appel : l'accusé est coupable de l'ensemble des faits qui lui sont reprochés. Il est condamné à deux ans de bagne (*Zuchthaus*), et déclaré indigne de porter les armes (*wehrunwürdig*).

Rudolf Dix paraît avoir réussi un joli coup : au lieu d'être collé au mur ou condamné aux travaux forcés plus ou moins à perpétuité, Hoiningen n'en prend que pour deux ans, et, à en croire celui-ci, la guerre sera finie d'ici là (le 8 mai 1945 en l'occurrence). Malheureusement, Hoiningen ne pourra pas tenir deux ans: l'homme a eu cinquante-cinq ans le 15 avril 1943 et les bagnes du Reich ne sont pas des maisons de repos. La mort le guette.

CHAPITRE 6

Jours tranquilles chez Sauerbruch

Il faut sauver le condamné Hoiningen

La sentence contre Hoiningen n'est pas immédiatement exécutoire. Sans qu'il paraisse s'agir d'une procédure formelle d'appel, la défense peut demander des mesures de clémence. S'agissant d'un officier, il faut que la condamnation soit validée par le chef d'état-major de l'OKH, le maréchal Keitel.

Pendant les semaines qui suivent le verdict du 19 avril, Me Dix s'agite. Il va d'abord veiller aux aspects médicaux : aux certificats déjà délivrés par les médecins militaires s'ajoutera, le 24 avril, celui du médecin traitant de Hoiningen à Luxembourg, le Dr Johann (avant 1940, Jean) Faber, chef de la clinique de Luxembourg-Eich, là même où sera constaté, trente ans plus tard, le décès du baron. « Vu le sérieux et la menace du tableau clinique [occlusion intestinale chronique causée par la blessure à l'abdomen], il est conseillé de faire examiner le patient par le Pr Sauerbruch à Berlin », écrit le médecin luxembourgeois. Mais cela ne servira à rien si le baron se retrouve au bagne.

Dès le lendemain, un avis juridique est émis par le conseiller juridique de la cour martiale, l'*Oberkriegsgerichtsrat*, qui recommande que la condamnation au bagne soit commuée en peine de prison (*Gefängnis*). Celle-ci était *a priori* moins mortifère que le bagne. Victor Klemperer, qui fera, du 23 juin au 1er juillet 1941, huit jours de prison à Dresde à l'âge de soixante ans pour non-respect du black-out, dresse un tableau assez précis du désespoir qu'il y a éprouvé. Certes, sa qualité de Juif ne pouvait que durcir sa détention mais, contrairement à Hoiningen, il était alors un homme robuste en parfaite santé. Être détenu dans cette prison n'était donc pas vraiment le nirvana[47].

Le rédacteur de l'avis, dont la signature est illisible, fait valoir en appui de cette mesure de relative clémence l'intervalle d'un an et demi écoulé entre les faits et le verdict, la blessure de guerre qui a pu entraîner l'attitude pessimiste du condamné, et le témoignage du comte Podewils arrivé tardivement mais qui atteste du soutien apporté avant-guerre à la germanité (*Deutschtum*) « en paroles et en actes ». S'y ajoute un autre témoignage apporté par le Dr Blunck, président de la Chambre de la littérature du Reich (*Reichsschriftumskammer*), faisant état d'une adhésion sans limites (*uneingeschränktes Bekenntnis*) au national-socialisme et mentionnant les « nombreux ennemis » que Hoiningen se serait faits dans la société luxembourgeoise. Le Dr Hans-Friedrich Blunck (1888-1961) était un poète et un romancier qui avait présidé la

Reichsschriftumskammer de 1933 à 1935 et avait rejoint le parti nazi en 1937. Il écrivait des œuvres *völkisch*, ethnico-nationalistes, d'un genre qui ne devait pas déplaire au baron au vu de ses incursions ultérieures dans le domaine littéraire. Hoiningen n'aura en tout cas pas à se plaindre de son passage d'avant-guerre chez les nazis.

Me Dix va plus loin. Dans un mémoire[48] adressé à la cour le 8 mai 1943, il écrira que «du fait du jugement, il arrive une injustice envers un officier courageux et un homme allemand. La défense demande (*bittet*) de laisser tomber l'exécution du verdict». Il s'appuie sur l'insuffisance des témoins et les vertus de Hoiningen.

Vis-à-vis d'Anders, le plaidoyer en irrecevabilité est grandement facilité par un incident qui s'est déroulé en coulisse lors de la réunion de la cour le jour de la lecture de son verdict le 19 avril. Anders, présent sur les lieux car cité comme témoin, est entré en discussion avec un lieutenant auquel il a déclaré que cette cour était une affaire *reaktionäre*, pleine de nobles: «Le commandant von Hüne peut se réjouir [car] sur le banc des juges siège un comte, le comte ne fera rien au baron, un corbeau ne pique pas les yeux d'un autre corbeau.» Manque de chance, le lieutenant est l'ordonnance du comte von Einsiedel, celui-là même qui était visé par les propos du pasteur délateur… Inutile de dire que ses propos furent dûment notés et rapportés.

Pour Peyn, Dix a plus de mal. Il met en cause l'opposition supposée entre un Allemand du Nord (Peyn) et un Allemand du Sud (Hoiningen), que séparent aussi l'évangélisme de l'un et le catholicisme de l'autre. La lenteur d'esprit de Peyn, sa difficulté à saisir les nuances, réduiraient la crédibilité de son témoignage. L'avocat regrette que von Horwarth, Öckert et d'autres témoins n'aient pu être entendus. Cela dit, Dix ne va pas juqu'à exiger qu'ils le soient et il ne répète pas leurs allégations concernant la délivrance par Peyn de laissez-passer à des Juifs... Il reproche enfin à Peyn de ne pas avoir eu la maturité nécessaire pour oser parler avec Hoiningen en bon camarade : le baron avait pris Peyn pour un membre éminent de la Reichsschriftumskammer avec lequel il devait être possible d'échanger, de formuler des critiques productives.

Il nous manque ici quelques éléments pour décoder complètement les détours du plaidoyer de Dix. Il était tout à fait exact que Peyn venait des côtes d'Allemagne du Nord et spécifiquement de Cuxhaven, et qu'il se posait en effet en opposant culturel et religieux à un homme comme Hoiningen. Le baron avait pu penser que Peyn serait un interlocuteur de qualité lorsqu'il dîna avec lui à Paris, car l'homme n'était pas tout à fait n'importe qui : Bruno Peyn (1887-1970) était un auteur « régionaliste » d'Allemagne du Nord, s'exprimant souvent en dialecte, et avec son tropisme völkisch, il était devenu le chef régional (*Landesleiter*) de la Reichsschriftumskammer pour le Gau de Hambourg. L'attaquer pour son manque de nuances et sa lenteur d'esprit ne paraissait donc pas aller de soi, même si ses écrits pouvaient ne pas être du goût de tout le monde, et spécialement des personnes ne venant pas d'Allemagne du Nord ou que répugnait le kitsch völkisch de manière générale. Mais peut-être Dix partageait-il là une sorte d'*insider joke*, une blague entre initiés, après avoir vérifié que les membres de la cour prenaient Peyn pour une sorte de péquenaud du littoral frison?

En ce qui concerne Hoiningen, Dix ajoutera deux éléments apparemment nouveaux: avant la guerre, le baron aurait inventé deux procédés militaires si originaux que le responsable de l'Abwehr à Luxembourg lui aurait demandé par la suite (en juin 1940) de garder la plus grande discrétion à leur sujet. L'un concernait un procédé de tir sans recul pouvant s'adapter à divers calibres de fusils et de canons sans que cela nuise à la vitesse initiale de leurs projectiles, avec une application pratique pour les canons montés sur avions chasseurs de navires. L'autre innovation aurait été une grenade conçue pour exploser à une hauteur prédéterminée pour maximiser les effets sur une cible vivante.

Selon Dix, le baron aurait communiqué «la première invention au commandant en chef de la Luftwaffe, la seconde au commandant des panzers, le regretté général von Vietinghoff», le tout via le comte von Thun, secrétaire de légation à Luxembourg à l'époque, et consul d'Allemagne à Marseille en 1943. Il n'est pas évident que cela ait impressionné: il ne manquait guère que le fusil à tirer dans les coins et un avocat civil n'aurait guère eu d'autorité face à des militaires sur un sujet de ce type. L'objectif n'était cependant pas là: il s'agissait de montrer que Hoiningen n'avait jamais cessé d'être un patriote dont l'état d'esprit de l'époque pouvait être attesté, en l'occurrence par von Thun, *a priori* joignable dans la cité phocéenne.

Dans la foulée de ce mémoire, un nouveau témoin se présente, apparemment *proprio motu*: il s'agit de Jens Jessen, qui prendra le risque de se manifester alors qu'il est profondément engagé dans l'organisation des prochains attentats contre Hitler. Nous ne savons pas s'il a pu déposer mais la situation de Hoiningen est bien l'objet de sa demande.

Enfin, le 22 juin 1943, Mia de la Fontaine, «Freiherrin von Hoiningen-Huene» (*sic*), se manifeste auprès du conseiller Lincke à la cour pour demander quand elle pourra correspondre avec son époux, concluant par le *Heil Hitler!* de rigueur.

Le 14 juillet 1943, le maréchal Keitel confirme la sentence, mais celle-ci n'est pas la même qu'au 19 avril. La condamnation est bien commuée en une peine de prison, et non de bagne, de deux ans commençant le jour même, s'ajoutant au temps de la détention préventive (entamée le 10 avril mais effectuée en milieu hospitalo-carcéral). Le condamné doit être considéré comme «déchu».

Aux bons soins de la Faculté

Hoiningen va pouvoir dormir sur ses deux oreilles. Il échappe au cachot et à sa paille humide. Le 12 juillet 1943, l'OKH informe l'unité hospitalo-carcérale de Berlin-Buch, où le baron était détenu depuis le 14 avril, que le commandant von Hoiningen est transféré à l'hôpital de La Charité, le principal établissement hospitalo-universitaire de Berlin, pour examen par le médecin-chef, le Pr Sauerbruch.

Sitôt dit, sitôt fait. À la demande expresse du professeur, Hoiningen qui a besoin de soins médicaux et d'un suivi diététique sera installé dans le service privé (*Private Abteilung*) du célèbre chirurgien. Cette clinique qui est considérée comme une annexe de La Charité se trouve dans le complexe hospitalier de la ville de Berlin (*Städtliche Krankenhaus*) à Berlin-Buch. Hoiningen passera l'essentiel des quatorze mois suivants dans la maison numéro 22, salle numéro 36 (les curieux qui le voudraient auront du mal à les retrouver : la configuration a complètement changé depuis les destructions et constructions des décennies suivantes). Tous les trois à quatre mois, Sauerbruch enverra une brève communication à la Wehrmacht sur l'état de santé du patient : invariablement trop mauvais pour qu'il puisse quitter l'hôpital, mais pas assez pour justifier quelque opération lourde assortie d'un déménagement.

Le Städtliche Krankenhaus mérite malheureusement un détour historique. Certes le campus hospitalier créé au début du xxe siècle est agréablement situé dans la verdure au nord de Pankow, l'ancienne banlieue chic de la nomenklatura de la RDA. Avec ses dizaines de bâtiments, l'établissement contenait la gamme complète des services, du berceau au tombeau ; d'ailleurs l'un des principaux cimetières de Berlin se trouve à proximité immédiate. Sur ce site immense se côtoient aussi, suivant la logique médicale et thérapeutique de l'époque, des unités de soin contre la tuberculose et un grand et moderne asile d'aliénés, la *III. Irrenanstalt*.

Les soins psychiatriques qui y étaient prodigués tourneront à l'eugénisme meurtrier sous les nazis. Entre 1939 et 1941, 2 800 patients de l'asile seront tués dans le cadre de l'*Aktion T.4* dite d'euthanasie, généralement asphyxiés au monoxyde de carbone des chambres à gaz de la ville de Brandebourg sur Havel où périront au total 9 772 personnes. Les techniques d'assassinat – gazage, injections, dénutrition... – de l'Aktion T.4 serviront de banc d'essai à d'autres massacres, ceux de la Shoah. En juillet 1940, l'Irrenanstalt sera le lieu de rassemblement (*Sammelanstalt*) des patients psychiatriques juifs de la région de Berlin et du Brandebourg avant leur gazage dans une *Sonderaktion* (action spéciale), préfigurant elle aussi la Shoah. Ici comme dans le récit de manière plus générale, j'ai tenu à restituer le langage à la fois euphémistique et violent dont usaient les nazis pour décrire la mécanique de la mise à mort.

Plus de 70 000 personnes périront avant qu'il ne soit mis officiellement fin à l'Aktion T.4 en août 1941. Le programme se poursuivra en fait pendant les années suivantes, en partie sous un acronyme voisin, Aktion 14f13, avec un bilan total de plus de 200 000 victimes.

Par ailleurs, environ 800 stérilisations seront pratiquées à Berlin-Buch. Peut-être le délateur Anders fit-il partie du nombre ?

Ernst Ferdinand Sauerbruch (1875-1951) est une sommité de l'histoire de la chirurgie du XXᵉ siècle. Il a apporté des innovations importantes en matière de chirurgie thoracique, cardiaque et abdominale. Sa renommée lui vaudra un traitement filmographique (*Das war mein Leben*, 1954), documentaire, radiophonique et littéraire. Les plus grands de ce monde ont connu son bistouri. Mais parmi eux il en est un en particulier qui permet d'expliquer comment et pourquoi Hoiningen connaît les draps blancs, le bon lait et les rations généreuses du meilleur hôpital d'Allemagne sis de surcroît dans un paradis de calme et de verdure aux alentours de Berlin, alors que la Gestapo de Potsdam avait d'autres projets pour lui.

Le 9 novembre 1923, Adolf Hitler est blessé à l'épaule lors de l'échange de coups de feu à Munich entre les putschistes et les forces de l'ordre. En fuite, il se réfugie tant bien que mal chez son confident de l'époque Ernst « Putzi » (*sic*) Hanfstängl, diplômé germano-américain de Harvard. Sauerbruch qui exerçait à Munich s'occupe de l'épaule du chef du parti nazi avant que celui-ci ne soit arrêté par la police. Cela crée des liens. Bien imprudente serait la personne qui tenterait de mesurer la solidité de ses liens avec le Führer.

Près de vingt ans plus tard, il aura un autre patient, non moins emblématique : en 1942, il soignera le comte Claus von Stauffenberg après que celui-ci a perdu son bras droit dans les combats de l'Afrika Korps. Le comte pourra revenir au service actif et poser la bombe qui aurait dû tuer Hitler le 20 juillet 1944.

Sauerbruch, qui dirige La Charité à partir de 1928, poursuivra sous le Troisième Reich une carrière que l'on pourrait qualifier d'heideggerienne : en 1933, il participe à une manifestation de soutien de l'université de Leipzig au nouveau chancelier du Reich et cosigne un ouvrage ultra-nationaliste. En 1937, il participe au rassemblement annuel du NSDAP à Nuremberg où il partage avec une autre éminence le Prix national allemand pour l'art et pour la science : il s'agissait en l'occurrence d'une sorte de contre-prix Nobel, un peu à la manière du prix Staline qui sera créé en 1939 – les citoyens du Reich avaient interdiction d'accepter le prix Nobel depuis que le Nobel de la paix avait été décerné en 1935 à Carl von Ossietzky, pacifiste allemand enfermé dans le système concentrationnaire allemand.

Toujours en 1937, il siégera au Conseil du Reich pour la recherche (*Reichsforschungsrat*) où il présidera la section médicale. En 1942, Sauerbruch est nommé médecin général de l'armée (*Generalarzt*).

Son parcours se détache de celui de Heidegger dans le sens où les parts respectives du Mal et du Bien sont nettement plus contrastées chez Sauerbruch que chez le philosophe du *Dasein*. De par ses fonctions au Forschungsrat[49], le Pr Sauerbruch est au fait des programmes de recherche sur les êtres vivants, notamment en médecine militaire et aéronautique, comme en pharmaceutique ou en génétique. C'est dans les camps de concentration que seront prélevés les sujets des expériences. Contrairement aux médecins directement concernés et dont plusieurs seront condamnés à mort ou aux travaux forcés par les Alliés, il n'y a pas participé directement, et n'en était pas le bénéficiaire direct. Pouvait-il cependant ignorer le sort des malheureux qui étaient soumis contre leur gré à des expériences de décompression, de températures extrêmes, etc. ; dans lesquelles des milliers de cobayes humains ont perdu la vie ? Le nombre des victimes de ces expériences en grande partie financées et approuvées par le Forschungsrat dépasse les 15 000 et pourrait avoir approché les 30 000.

Cependant, il proteste contre le programme T.4 d'assassinat des handicapés mentaux et autres personnes

dont « la vie ne vaut pas d'être vécue ». Il est un participant aux réunions de la *Mittwochsgesellschaft*, qui se
tiennent un mercredi soir sur deux, servant, sous couvert
de discussions scientifiques, de couverture pour les rencontres des principaux conjurés contre Hitler. Dans ce
cénacle créé en 1863 sous le nom de *Freie Gesellschaft
für wissenschaftliche Unterhaltung* (Société libre pour les
entretiens savants) se retrouvaient en général seize personnes, soit à Berlin-Dahlem au siège du Karl-Wilhelm
Institut (l'équivalent allemand du CNRS) soit dans la
résidence de l'un des membres.

C'est lors d'une des réunions au domicile de
Sauerbruch que le chef des conjurés militaires, l'ancien
chef d'état-major Ludwig Beck, y fera la connaissance
du colonel Claus von Stauffenberg à la mi-1943.
Sauerbruch tentera de dissuader Stauffenberg de passer
à l'acte lorsque les deux hommes évoqueront le sujet
d'un attentat une quinzaine de jours avant le 20 juillet
1944[50]. Jens Jessen a rejoint la Mittwochsgesellschaft
en 1939. Les membres de la société du mercredi étaient
renouvelés par cooptation lors du changement de résidence, la retraite ou le décès des anciens. Après l'attentat
du 20 juillet 1944, la société sera dissoute. Sur ses seize
membres, dont plusieurs, tel Sauerbruch, ne sont pas
des participants actifs à la conjuration, quatre seront
exécutés.

Sauerbruch subira quelques interrogatoires, mais
sans conséquences. Il continuera d'exercer son art
jusqu'à la chute de Berlin. Il sera suspecté mais pas
poursuivi par les Alliés, puis admiré, tant par la RFA

que par la RDA où se trouvait l'hôpital de La Charité. Sauerbruch ne soutiendra pas le travail d'investigation sur la participation de ses collègues aux crimes de guerre des nazis. Il subira sans difficulté les procédures de dénazification.

Sauerbruch incarne le « ce n'était pas si simple » que bien des membres de cette génération adresseront à bon ou à mauvais escient à leurs descendants quand ceux-ci commenceront à leur demander des comptes.

En attendant, il offre le gîte et le couvert au baron.

La vie de cocagne

Lorsque Hoiningen s'installe chez Sauerbruch, les nombreux bâtiments du campus hospitalier n'ont pratiquement pas subi de bombardements. En 1942, Berlin ne connaît que neuf alertes aériennes, insignifiantes. La « bataille de Berlin » (novembre 1943-mars 1944) pendant laquelle la RAF détruit des pans entiers de la capitale affecte surtout les quartiers occidentaux de la ville. Les mois précédant le débarquement de Normandie (6 juin 1944) seront calmes, les bombardements étant concentrés sur les cibles militaires et les infrastructures de transport en France.

La première année du séjour à l'annexe de La Charité de Franz von Hoiningen, qui n'est plus commandant depuis le 14 juillet 1943, se passe dans l'ensemble sans histoires : certes les nuits d'alerte dans les caves de l'hôpital se multiplieront au tournant de 1943-1944, mais il est généralement possible de rattraper le sommeil perdu dans la journée. Après tout, Franz ne travaille pas...

Certes, le baron n'avait pas le droit de franchir le périmètre de l'hôpital et rien n'indique par la suite qu'il ait tenté de prendre des libertés avec cette interdiction avant sa fuite. Il pouvait recevoir des visites à l'hôpital. Si Franz voulait se tenir au courant de ce qui se passait autour de lui, il le pouvait. De plus, il avait parfois la compagnie de malades sortant de l'ordinaire comme l'attaché d'ambassade du Japon à Berlin, Motoichi Kishi.

Puis il y avait les bonnes nouvelles de la famille. Sa fille Marita avait obtenu son admission à la *Technische Universität München*, TUM, actuellement encore l'une des neuf universités d'élite allemandes et fort réputée depuis sa création en 1868. Se conformant aux choix professionnels de ses parents, elle entre au prestigieux Institut d'horticulture, à peu près l'équivalent de l'Institut national agronomique en France.

Outre le lien avec la gestion du domaine familial, il y a un avantage évident : une bonne partie des travaux pratiques se déroulent à la campagne, loin de Munich et de ses bombardements. Elle n'eut pas *a priori* à connaître l'activité des héroïques membres de la famille Scholl de la « Rose blanche » à l'université Ludwig-Maximilian de Munich. Après leur arrestation en février 1943, les deux résistantes furent guillotinées, notamment pour avoir rédigé et diffusé des tracts antihitlériens à l'université. C'est aussi en 1943 que Marita, du haut de ses vingt ans, va faire une année de stage pratique en exploitation agricole.

Puisqu'elle est fille de baron-baronne, autant que ce
soit chez des barons

Elle fera donc son stage sur le domaine des Hobe-Gelting, vieille famille baronniale installée dans le Schleswig-Holstein au château de Düttebüll, à proximité de Flensburg sur la Baltique, près de la frontière danoise. Le coin est à l'écart des bombardements, les paysages littoraux y ont une sorte de beauté mystérieuse que rendent les tableaux d'Emil Nolde. Marita s'y plaît. Bertram (1911-1988), fils du maître des lieux, lui demandera sa main et ils s'y marieront le 7 octobre 1943. La mort sur le front de son frère avait valu à Bertram de pouvoir quitter le front de l'Est pour revenir en Allemagne. De cette union naîtra en 1944 un premier fils, Georg. Après le décès de Hoiningen en 1973, c'est lui qui héritera du Schloss Thorn où il s'installera et demeurera jusqu'à nos jours. Un second fils, Siegfried, héritera du domaine des Gelting. La mère et l'enfant resteront à Düttebüll au moins jusqu'à la fin de la guerre.

Il est vrai que la région est si tranquille, si loin de tout, qu'elle sera brièvement choisie comme siège du gouvernement du Reich lorsque l'amiral Dönitz deviendra président le 1er mai 1945, après le suicide de Hitler puis de Goebbels. Ce «gouvernement de Flensburg-Mürwik» sera dissous par les Alliés, et ses «ministres» arrêtés le 23 mai après la démobilisation des forces allemandes consécutive à la fin des hostilités le 8-9 mai 1945.

Hoiningen correspondait avec sa fille, et il était donc forcément au courant de son mariage et de sa grossesse.

Pour autant que l'on puisse en juger, il n'y avait pas de restriction particulière en matière de fréquence ou de format des lettres. Le courrier entrant lui était adressé directement à la clinique sans passer par la case prison. La Gestapo ne paraît pas avoir gardé la trace de copies de ces lettres jusqu'à la veille de l'évasion de Hoiningen en septembre 1944. Cela pourrait signifier que la correspondance du baron ne subissait pas d'autre censure que les sondages auxquels procédaient les services postaux en temps de guerre.

Pour confortable qu'ait pu être cette détention d'un genre un peu particulier, jalonnée de visites et occupée par les échanges épistolaires, les journées devaient paraître longues. Parcourir en blouse blanche, dans le sillage du Pr Sauerbruch, les services de la clinique était un passe-temps intéressant mais qui avait ses limites. À partir de novembre 1943, l'intensification des bombardements de nuit britanniques, auxquels s'ajouteront par la suite les raids américains, rompra à sa façon la monotonie, mais se révélera d'un agrément tout relatif.

Alors, Franz va écrire[51] ; loin de son Ithaque et de sa Pénélope, quoi de plus naturel que de s'inspirer de l'*Odyssée* d'Homère, d'autant que cette source d'inspiration ne recelait *a priori* aucun danger particulier pour le cas où ses pages d'écriture seraient saisies. Nous reviendrons plus loin sur le sort de cet ouvrage.

D'une part, l'œuvre est celle d'un dessinateur autant que d'un littérateur. Des dizaines de dessins et d'esquisses accompagnent les presque quatre cents pages du récit, pratiquement une par jour de détention. Le trait est plus précis qu'artistique, plus près du dessin d'étude que du fusain. Si les dessins ne sont pas humoristiques à la manière d'une bande dessinée, ils sont souvent spirituels : le coup de crayon du baron fait sourire plutôt qu'il ne veut faire rire. Y est apparente la réserve qui paraît être le mode par défaut de cet homme, ou du moins le mode sous lequel il souhaiterait apparaître dans son quotidien, nonobstant les dérapages verbaux qui l'ont mené devant le tribunal.

D'autre part, il croise l'odyssée méditerranéenne d'Homère avec ce qu'aurait pu être, à ses yeux, son équivalent atlantique et nordique. On est ici dans un univers plus proche des Vikings et des Teutons que des Mycéniens et des Égéens. Certes, Hoiningen ne se livre pas à une logorrhée du type *Blubo* (l'abréviation des nazis pour désigner leur obsession pour le sang et le sol, *Blut und Boden*) et on n'y trouvera pas les runes dont les SS feront leur alphabet pour analphabètes de la Raison. Il reste que c'est assez völkisch, dans le genre ethnico-national qu'affectionnaient les réactionnaires de l'époque wilhelminienne. Le Hoiningen pur Aryen de l'*Edda* (cf. chapitre 1) n'est peut-être pas si loin. On lui fera cependant crédit du fait que cela figure tout au plus comme un palimpseste dans le livre de sa vie. Il semble s'agir d'une étoile déjà éteinte qui continue à briller seulement par l'effet de son éloignement en années-lumière.

Et pendant ce temps…

Les conjurés qui voulaient tuer Hitler étaient très courageux, ils savaient non seulement ce qu'ils risquaient mais montreront plus tard qu'ils étaient prêts à en assumer toutes les conséquences en cas d'échec. Ils subissaient l'humiliation publique des simulacres de procès devant le prétendu «tribunal du peuple» filmés pour l'édification des foules; en coulisse, sont infligées les tortures les plus atroces; à la fin, il y aura le supplice de la pendaison au bout d'une corde de piano attachée à un croc de boucher, sous les spots et devant la caméra qui enregistre la scène sur ordre de Goebbels pour la délectation du Führer. Voilà le sort qu'ils allaient subir, s'ils n'avaient pas eu la «chance» d'être fusillés sommairement au Bendlerblock le soir même après l'attentat ou, plus rarement, s'ils n'avaient pu passer entre les mailles du filet ou au moins choisir leur fin.

S'ils avaient du courage à revendre, il leur manquait la chance. Tout au long de l'année 1943 et jusqu'au 20 juillet 1944, les tentatives d'attentat se suivront pour avorter plus ou moins piteusement. Le 13 mars 1943, le général Henning von Tresckow parvient à faire embarquer deux bouteilles bourrées de plastic sur l'avion *Condor* qui transporte Hitler de Smolensk à son QG de Rastenburg en Prusse-Orientale : les détonateurs fonctionnent mais les pains de plastic ne réagissent pas... L'ordonnance de von Tresckow, le courageux lieutenant von Schlabrendorff, parvient à débarquer les bouteilles sans que personne ne s'en aperçoive...

Le 21 mars, le général Rudolf von Gersdorff, baron de son état, est prêt à jouer les kamikazes : il enclenche un détonateur qui doit faire sauter un engin explosif qu'il porte sur lui, dix minutes après qu'il a commencé à escorter Hitler à une cérémonie au *Zeughaus* de

Berlin: le chanceux Adolf part plus vite que prévu et Gersdorff doit courir aux toilettes pour noyer la machine infernale avant qu'elle ne l'envoie *ad patres*.

En novembre 1943, le jeune officier Axel von dem Bussche-Streithorst doit lancer des grenades sur Hitler lors de la présentation de nouveaux uniformes d'hiver prêts à être expédiés sur le front par train: las, un bombardement allié détruit le train, et la cérémonie est décommandée... Un malheur similaire arrive un peu plus tard au courageux Ewald von Kleist, qui survivra à la guerre et lancera plus tard ce qui s'appelle aujourd'hui la Conférence internationale de sécurité qui réunit tous les mois de février à Munich les responsables de la politique de défense de nombreux pays.

Claus von Stauffenberg, qui bénéficie d'un accès permanent et privilégié au saint des saints du QG de Hitler à Rastenburg, joue lui aussi de malheur dans les mois qui précèdent le 20 juillet 1944. Plusieurs fois, l'attentat est reporté parce que les conspirateurs veulent tuer à la fois Hitler et Himmler... Louable intention, mais que les conjurés abandonnent seulement après un nième attentat avorté le 15 juillet. Tout s'accélère. En Allemagne, la Gestapo arrête le 4 juillet le politicien SPD Julius Leber, élément important de l'aile politique du putsch qui doit suivre la mort de Hitler. Combien de temps encore le cœur de la conspiration militaire et politique échappera-t-elle aux coups de filet?

À l'extérieur aussi, les événements se précipitent. Le front allemand en Normandie menace de s'effondrer. L'armée soviétique a lancé le 22 juin l'immense offensive Bagration, et avance à marches forcées vers la Vistule.

Les conspirateurs doivent éliminer Hitler rapidement s'ils veulent être en mesure de représenter auprès des Alliés une Allemagne qui compte encore. Le 20 juillet, la bombe explose enfin : elle tue quatre personnes, blesse plus ou moins gravement les vingt autres participants. Dans une ultime malchance, elle ne tue pas Hitler, protégé par la lourde table de la salle de réunion.

On pourrait être tenté d'en déduire que les officiers prussiens étaient meilleurs dans l'exercice du commandement que dans la conduite de ce qu'on appellerait aujourd'hui des opérations spéciales.

Que sait Hoiningen de tout cela ? Son partenaire et soutien Jens Jessen est au cœur du complot. Un des amis du baron, le commandant Georg von Boeselager, s'était porté volontaire auprès de Henning von Tresckow pour s'emparer de Hitler pendant son séjour à Smolensk, avant que n'ait été préférée l'option d'explosifs cachés dans des bouteilles de Cointreau. Le baron à la langue trop bien pendue était peut-être tenu à l'écart des activités des conspirateurs, d'autant qu'il ne pouvait guère rendre de services là où il se trouvait. Resterait à savoir quel avis la Gestapo aurait sur la question le moment venu.

CHAPITRE 7

Heureux qui comme Ulysse[52]...

Éclats de bombe

Au moment où se déroule l'opération *Walküre* (Walkyrie) qui devait permettre aux conjurés de contrôler Berlin après la mort supposée de Hitler le 20 juillet 1944, Hoiningen semble avoir disparu des écrans radars : plus de courriers de la Gestapo dans le dossier judiciaire du baron, plus de nouvelles du Nordique Peyn ou du délétère Anders, juste un occasionnel point de Sauerbruch vers les autorités militaires sur l'état médical du baron.

Lorsque s'abat la répression du régime contre les conjurés, Hoiningen n'est pas en haut de la liste. Il n'avait vraisemblablement pas participé au complot depuis son arrestation en automne 1942 et il ne s'était probablement pas signalé aux autorités par ailleurs, donc les services n'avaient pas de raison particulière de le tenir à l'œil. De plus, l'ampleur même de la répression suffisait à expliquer que la Gestapo n'ait pas été pressée de s'y intéresser à nouveau. Loin d'être l'affaire d'un «quarteron de généraux en retraite» pour reprendre la formule qu'utilisera Charles de Gaulle lors du putsch d'Alger en 1961, la conjuration contre Hitler concernait des milliers de personnes, qui avaient su préserver tant bien que mal le secret sur leurs projets.

Une commission spéciale, on dirait de nos jours en franglais une *task-force*, placée sous l'autorité du redouté *Gestapo-Müller*, organise une série de rafles, dont le point culminant est la capture de Carl Goerdeler, chef de l'aile politique de la conjuration et Premier ministre putatif du gouvernement post-hitlérien. Goerdeler avait disparu de la circulation dès le 18 juillet, juste avant l'attentat. Au lendemain du 20, ce sont approximativement 600 personnes qui sont alors emprisonnées et immédiatement soumises à la torture.

À ce stade, les gestapistes privilégient la recherche du renseignement par rapport au châtiment. Du point de vue des malheureux torturés, la nuance n'était pas évidente, d'autant que certains des sévices atteignaient un degré d'horreur qui en rend la description trop pénible ici, même à notre époque si riche en abominations de ce type. Une fois passée l'élimination physique des six chefs militaires de la conspiration au Bendlerblock le 20 juillet au soir, la consigne était de ne pas tuer, mais de faire parler. Dans les semaines qui suivront la mi-août, 1 500 prisonniers supplémentaires environ rejoindront leurs compagnons d'infortune.

Le nom de Hoiningen fut-il prononcé lors d'un interrogatoire pendant ces semaines d'extraction sanglante du renseignement ? Figurait-il sur quelque liste saisie pendant les razzias policières ? Ou bien quelque agent zélé de la Gestapo s'était-il souvenu de l'existence du baron, d'autant que les conjurés militaires étant si souvent des *von und zu* un titre de noblesse pouvait être une circonstance aggravante ? Quelle que soit la réponse, Sauerbruch, pas loin de passer lui-même au statut de suspect, est sommé de remettre aux autorités militaires son patient au long cours.

Le mardi 5 septembre, la cour militaire ordonne le transfèrement du baron à la prison militaire du 61, Lehrterstrasse sans prévoir un milieu d'accueil médicalisé. Si l'ordre écrit n'arrive à Berlin-Buch que le vendredi 8, le téléphone a fonctionné entre-temps. Sauerbruch obtient un léger sursis : le baron fera l'objet d'un examen et de soins appropriés de Sauerbruch dans l'après-midi du samedi 9, examen qui doit évaluer la transportabilité et la capacité du patient à subir une détention. Sauerbruch statue en ce sens à l'issue de l'examen. Le dimanche 10 septembre au matin, après la visite médicale quotidienne de 9 heures, l'équipe chargée du transfèrement se mettra en route pour l'hôpital afin de prendre en charge leur prisonnier à 10 h 30.

Détail important, Hoiningen n'était pas censé être informé de son transfert, celui-ci devant s'effectuer par surprise. Après la guerre, Hoiningen révélera que Sauerbruch l'avait prévenu que la Gestapo allait le récupérer.

En parallèle, une lettre de Marita est sur le point d'arriver entre les mains de Franz, dans une chronologie qui reflète le bouleversement du sort de Hoiningen. Elle rédige sa missive le 5 septembre dans son domaine de Düttebüll. Elle se plaint d'abord du temps pluvieux, ce en quoi elle a tort : la pluie et les nuages sont les ennemis des bombardiers alliés. Elle donne des nouvelles de sa belle-famille, notamment de *Siegi* : Siegfried est son beau-père, il se porte à nouveau mieux (il mourra avant la fin de l'année). Elle parle surtout de son « Baby », du petit Georg, qui nous relie aujourd'hui encore à ce récit : ses cheveux, sa bouche, ses doigts… tout ce qu'une jeune mère peut dire de son nouveau-né. Elle relate la chute, sans conséquences mortelles, d'un avion à proximité du château le 27 août. Enfin, Marita fait une mention qui porte avec elle le vent du boulet qui menace Hoiningen : elle évoque – « mais sans doute l'avez-vous déjà entendu » – le fait que « Georg Boeselager, porteur de la croix de chevalier avec couronne de chêne [*Ritterkreuzträger mit Eichenlaub*] est tombé ».

En effet, le 27 août 1944, le baron Georg von Boeselager, qui comptait au nombre des conjurés, avait foncé au volant de son véhicule sur les troupes d'une division soviétique de la Garde sur le front de l'Est. Cela ressemblait fortement à une sorte de suicide au combat qui lui permit d'éviter un voyage sans retour à Berlin. Le régime, comme il le fera dans d'autres cas, choisira de monter en épingle l'héroïsme de ce combattant particulier. À titre posthume, il sera promu au grade de colonel plein, et à la décoration mentionnée par Marita seront accolés les glaives (*und Schwertern*). Le baron fera partie d'une cohorte de seulement 154 titulaires de cette distinction. Son frère, Philipp, également membre de la conspiration, survivra à la guerre.

Marita conclut sa lettre par un *von deinem Frosch*, «de la part de ta grenouille». Le bureau de poste de Gelting, près de Flensburg, apposera son cachet le jeudi 7 septembre. Elle a dû arriver à Berlin-Buch le surlendemain, pour être remise à son destinataire à La Charité après le week-end, donc après le transfèrement du baron à la prison de Lehterstrasse prévu le dimanche 10. Copie de la lettre sera remise au «Baby», son petit-fils Georg von Hobe-Gelting, le 25 juillet 2013 par mon frère.

Comme la plume au vent

Le samedi 9 septembre, après son examen par Sauerbruch, Hoiningen termine sa journée normalement. Il soupe en compagnie de l'attaché japonais Kishi, alité. Fait qui ne surprend pas son commensal, Hoiningen annonce après le repas qu'il va aller se promener. Il ne reviendra pas de sa promenade.

On dîne tôt à l'hôpital, les bombardiers ne risquent guère de survoler la ville avant le milieu de la nuit, et, le 9 septembre, à l'heure de Berlin, le soleil ne se couche qu'à 19 h 36 et le crépuscule est long. Dans la tradition orale, le baron se serait enfui en profitant d'une alerte aérienne: vérification faite, ni la RAF ni l'USAAF n'ont procédé à des missions militaires à proximité du Grand

Berlin entre la matinée du samedi 9 et le début de la nuit du dimanche 10 au lundi 11. Le fait est d'ailleurs rare à ce stade de la guerre. Les sirènes n'ont donc pas sonné l'alarme dans la nuit qui suit l'évasion du baron. C'était une chance : lorsque le système d'alerte envoie le signal « attaque imminente », toute circulation autre que celle des services d'urgence s'arrête et les piétons sont sommés de rejoindre l'abri le plus proche, ce qui n'aurait pas arrangé les affaires du baron.

En l'occurrence, la ligne 2 du métro aérien (*S-Bahn*) devait fonctionner et la station la plus proche est à une vingtaine de minutes à pied, trajet que le baron peut effectuer avant la nuit. Avec un peu de chance, en moins de deux heures, il peut avoir rejoint son but dans un quartier huppé près de la Potsdamer Platz, le 66, Ludendorff Strasse (aujourd'hui la Pohlstrasse : Ludendorff a fort justement et depuis longtemps cessé d'être fréquentable).

Il va y trouver Edith Kurtz, une dame qui a pour qualité essentielle dans ce récit d'être la maîtresse de Hans, le frère cadet de Franz. Hans a passé l'essentiel de la guerre en France. Juriste de formation, il a servi de conseiller juridique de diverses cours martiales, dont la fréquentation paraît avoir été dans l'ADN de la fratrie : de septembre 1941 à fin 1943, à Bordeaux pour le compte du commandement militaire pour la France occupée (MBF) puis, à partir de janvier 1944, à la Feldkommandantur 378 de Lille[53], là même où Franz avait servi deux ans plus tôt. Les dernières troupes allemandes quittent Lille le 3 septembre et Hans arrive à Berlin le 4 septembre. Comme il a vu son frère plusieurs fois depuis le placement de celui-ci en clinique, nous savons qu'il a fait quelques allers-retours entre la France et Berlin en 1943-1944 et probablement déjà pendant les mois précédents.

Aux yeux des autorités du Reich, Hans habite à cette époque dans la Windscheidstrasse près du château de Charlottenburg, probablement chez un particulier. Nulle part il ne citera l'adresse de sa compagne. Il apparaîtra après la guerre qu'il avait en fait élu domicile chez Edith.

Si les deux frères ont en commun leur formation militaire, leur fréquentation des tribunaux militaires, et une affectation à Lille, rien d'autre ne semble les rapprocher. Leur mode de vie n'est pas le même : à l'aîné, Franz, le riche mariage et les châteaux ; à Hans, ce qui paraît, sur le moment du moins, être une vie de bohème. L'homme était divorcé et avait lié connaissance avec Mme Kurtz quand son mari était encore à Berlin. Il est vrai que les tournées orchestrales de l'époux pouvaient laisser du temps libre à l'accueillante Edith.

Franz dira qu'il voyait fort peu son frère, dont il n'appréciait pas la compagnie. Après la guerre, il ne voudra pas le recevoir chez lui, pas davantage qu'il ne voulait revoir Edith. Franz n'en dira pas moins en 1947 aux gendarmes de la Sûreté luxembourgeoise que Hans et Edith étaient de fervents antinazis comme lui. Certes, il était alors peu recommandé de dire le contraire. Le petit-fils de Franz révélera plus tard que Hans avait conseillé Franz lors de ses démêlés avec la justice militaire : mais si tel a été le cas, le baron ne semble pas avoir mentionné le fait aux gendarmes, alors que cela aurait conforté son statut d'antinazi[54].

Reste à savoir comment Franz se retrouve le 9 septembre au soir chez la maîtresse de son frère, en l'absence supposée de celui-ci, dont il dira aux gendarmes luxembourgeois en 1947 qu'il ne l'avait pas revu depuis août 1944, avant son évasion. Le baron dormit-il sagement sur le canapé, ce que suggérerait ce que nous savons de sa nature, ou partagea-t-il le lit de la belle avant de repartir au petit matin du dimanche 10? En tout cas, sa priorité est de garder de l'avance sur les recherches qui seront déclenchées lorsque sa disparition aura été constatée quelques heures plus tard.

Sans céder à la tentation de donner à ce récit les allures d'un invraisemblable vaudeville, on est en droit de s'intéresser à son hôtesse d'une nuit. Nous savons qu'Edith Kurtz était la femme d'un *Konzertmeister*, ce vocable pouvant désigner le chef d'une formation musicale ou un premier violon. Franz avait fait la connaissance du maestro en Allemagne à une époque indéterminée, et sans que l'on sache comment son frère cadet est entré dans le jeu. C'est ici que l'on abandonnera quelques instants la prudence de celui qui s'appuie sur les archives pour se livrer à quelques supputations.

Dans la musicale Allemagne, une recherche des Konzertmeister nommés Kurtz est un exercice aussi fastidieux que le recensement en France des avocats s'appelant Martin. Le résultat obtenu est pourtant simple, tout en étant improbable. Il y avait une fratrie de trois musiciens émérites nommés Kurtz, Juifs originaires de Saint-Pétersbourg. Nous pouvons écarter Edmund, virtuose du violoncelle qui ne paraît pas avoir dirigé d'orchestre. Arved (1899-1995) et Efrem (1900-1995) remplissent davantage nos critères. Leurs destins respectifs sont à la fois admirables, chacun traversant le siècle en atteignant le sommet de son art, et représentatifs de ce XXᵉ siècle absurde et meurtrier, avec l'exil comme fil conducteur.

Des deux, Arved est le candidat le plus plausible concernant notre récit. Après des études en Russie, en Allemagne puis à Paris auprès du maître français du violon Marcel Chailley, il dirige l'orchestre de Stuttgart dès 1927 et rejoindra pendant plusieurs années l'orchestre du *Staatsoper* de Berlin. Surtout, il sera Konzertmeister au festival de Bayreuth en 1931 et à nouveau en 1933 (jusqu'à cette date, les *Festspiele* se déroulaient tous les deux ans). Joua-t-il, lui, le Juif de Saint-Pétersbourg, du Wagner devant le nouveau chancelier, Adolf Hitler, lorsque celui-ci assista aux six premières représentations de l'été 1933 ? On peut en douter. En tout cas il ne sera plus invité au festival de Bayreuth.

En 1935, il partira pour l'Australie avec sa femme Susan. Il y dirigera le quatuor à cordes de l'université d'Adelaide puis il rejoindra New York, où il sera le directeur puis le président du *New York College of Music* jusqu'à sa retraite. Edith aurait-elle été sa première femme ?

Efrem Kurtz est l'autre piste : une éducation musicale d'élite pour lui aussi, à Saint-Pétersbourg, Riga, Berlin et Leipzig. Il accompagne très tôt la danseuse Isadora Duncan et plus tard la légendaire Anna Pavlova, dirige à plusieurs reprises le philharmonique de Berlin ainsi que l'orchestre de Stuttgart, comme son frère. De 1931 à 1942, il dirige l'orchestre des Ballets russes à Monte-Carlo, et notamment à l'occasion de la première de *Gaîté parisienne* : oui, en 1942, dans une Europe couleur vert-de-gris, on dansait dans la principauté comme si de rien n'était au rythme de musiques merveilleusement frivoles sous la baguette d'un Juif de Saint-Pétersbourg. Il parvient à fuir le Rocher peu avant l'arrivée des troupes allemandes et de leurs chasseurs de Juifs en septembre 1943. Il prendra la nationalité américaine en 1944 et fera carrière ensuite aux États-Unis comme directeur musical (Kansas City, Houston), jouera pour Hollywood, avant de prendre la direction musicale de l'orchestre royal symphonique de Liverpool, et aura, à partir de 1966, des engagements en URSS (Moscou, et sa ville d'origine devenue Leningrad). Efrem aura eu trois épouses successives connues, dont aucune ne se prénommait Edith.

Dans les deux cas, il aurait été logique que ni Franz, ni Hans, ni Edith ne paraissent savoir vers la fin de la guerre ce qu'était devenu le mari légitime de la résidente du 66, Ludendorff Strasse. Ou tout simplement, n'ai-je pas trouvé le bon Kurtz. *Ma si no è vero, è ben trovato*, tant ces destins se transformaient au contact des miasmes bruns de l'Allemagne hitlérienne.

Au petit matin du dimanche 10 septembre, Hoiningen file vers une gare, peut-être la toute proche Anhalter Bahnhof, pour sauter dans le premier train qui puisse le rapprocher du front occidental. Les avant-gardes de Montgomery entrent dans le sud des Pays-Bas, les chars de Patton foncent vers Nancy, les

troupes de De Lattre traversent la Franche-Comté...
La pointe avancée de l'offensive alliée se trouve désormais à quelques kilomètres des frontières du Reich. Le baron, pour sa part, devra parcourir près de huit cents kilomètres par le chemin le plus court entre Berlin et Luxembourg, alors que toutes les polices du Reich seront à ses trousses.

Tous aux abris

À 9 heures le dimanche matin 10 septembre, le Dr Hummel tombe sur le lit vide du baron. L'attaché japonais l'informe qu'il n'est pas rentré de sa promenade postprandiale. Le personnel entreprend des recherches dans le campus pour le cas où Franz aurait eu un malaise. Hummel téléphone à Sauerbruch pour signaler la disparition. Par ailleurs, l'équipe de militaires chargée du transfèrement à Buch se fait attendre. À 10 h 30, le Dr Hummel téléphone à l'équipe militaire pour dire que Hoiningen est introuvable.

L'alerte générale est lancée après quelques recherches locales toujours aussi vaines : informé de la situation, le service central de la police judiciaire (*Reichskriminalpolizeiamt*), la *Kripo*, donne à 13 h 45 par voie téléphonique l'ordre de prévenir les postes-frontières et la police de Luxembourg. À partir de là, on aurait pu s'attendre à ce que ces mesures conservatoires soient aussitôt suivies par le lancement d'un avis de recherche dans l'ensemble du Reich et vers toutes les administrations policières et militaires, le tout accompagné d'un bulletin décrivant le baron et les motifs de la recherche, si possible assorti d'une photo.

Le Reich est bien pourvu en télex et les polices comme la presse du Reich connaissent l'usage du bélinographe, cet ancêtre du télécopieur qui permet la transmission électronique de photos, depuis la fin des années 1920 – inventé en France par l'ingénieux Édouard Belin. L'un des mystères récurrents de l'odyssée du baron sera la rareté de ses portraits photographiques. En l'occurrence, aucune photo ne figure dans le dossier judiciaire et policier du baron et les avis de recherche seront purement textuels.

À cette chance s'en ajoute une autre. Les bombardements alliés reprennent sur Berlin dans la nuit du 10 au 11 septembre et dans la journée du 11, perturbant le fonctionnement des services centraux de l'administration. Lorsque les avis de recherche nationaux sont lancés *urbi et orbi* le vendredi 15 seulement, l'oiseau est déjà loin. Le retard à l'allumage sera d'ailleurs considéré comme suffisamment anormal pour donner lieu à des récriminations et des investigations.

Chance toujours, car la police privilégie une fausse piste. Ayant intercepté la lettre de Marita à Franz datée du 5 septembre, les limiers du Reich partiront du principe que Hoiningen passera par Düttebüll, assez accessible de Berlin et surtout très proche de la frontière danoise. Le Danemark est certes un pays occupé, mais son administration est restée en place. Il ne sera pas difficile d'y trouver quelque propriétaire de bateau qui le prendra à son bord pour faire la courte traversée vers la Suède, pays neutre. L'opération est *a priori* beaucoup moins risquée qu'une dangereuse tentative de traversée jusqu'à la lointaine ligne du front occidental. Donc Düttebüll sera systématiquement et étroitement surveillé.

Pendant ce temps-là, la police mène l'enquête sur les circonstances de l'évasion pour en établir les éventuelles responsabilités et trouver des indices pouvant faciliter la recherche du baron. Chacun se couvre du mieux qu'il peut, au risque parfois de faire porter le chapeau au voisin. L'unité de la Wehrmacht chargée du transport de Hoiningen doit expliquer pourquoi elle a traîné.

Le Dr Hummel, le médecin qui constate la disparition du patient, doit faire un rapport. Il précise que le condamné n'a jamais manifesté de symptômes dépressifs ni exprimé de pensées suicidaires, et qu'il n'a pas davantage donné à penser qu'il nourrissait des idées d'évasion. Surtout, il indique que la décision du transfèrement avait été prise à l'insu du condamné, ajoutant que, lors de l'examen du samedi 9 conduit par Sauerbruch en présence de Hummel, il «ignore si le Pr Sauerbruch avait donné au condamné les résultats de l'examen». Une façon un peu sournoise et fort peu charitable de laisser entendre que Sauerbruch avait peut-être vendu la mèche à Hoiningen. Sauerbruch, dans son propre rapport, sera habile : il avait dit au «ci-devant commandant baron v. Hoiningen dit Hüne», à l'issue de l'examen du samedi, que son séjour à la clinique ne se justifiait plus et qu'il fallait prévoir qu'il y aurait un transport.

Sauerbruch ajoute cependant qu'il n'avait pas été mis au courant du fait qu'il était question d'enfermer son patient en prison et donc qu'il n'avait naturellement rien pu lui dire à ce propos.

Un des responsables des services de la Wehrmacht concernés par le transfert, le commandant Wolfgang Prinz zu Löwenstein-Wertheim-Freudenberg (1890-1945), semble avoir passé des moments désagréables du fait de sa lenteur supposée à réagir.

Le frère du baron, Hans, est interrogé à son tour. Il dit s'être rendu à la clinique vers 18 heures le dimanche 10, pour voir son frère dont il a constaté l'absence, que lui a expliquée l'attaché d'ambassade japonais. Il donne des indications sur Marita et Hobe, leur mariage en 1943 et le domaine baronnial dans le Schleswig, dont il prétend cependant ne pas connaître l'adresse. Les policiers posent ensuite la question importante de l'habillement de Franz : son frère répond qu'il l'a toujours vu en civil à la clinique, ignorant s'il possède encore une tenue militaire. Il ajoute que la maison de la Lessingstrasse où habite Franz a été complètement détruite dans les bombardements, sous-entendu : y compris la garde-robe. Et de donner le nom de l'homme de loi avec lequel Franz partageait la maison.

Quand les enquêteurs demandent si Hans peut leur donner une photo de Franz, il répondra que son frère a tout perdu dans les bombardements, et que lui n'en a aucune... L'absence de photos fait visiblement partie du karma du baron Franz. Dans le cas d'espèce, il n'aura pas à s'en plaindre.

La grande vadrouille

Seule la tradition orale nous renseigne sur les péripéties de la cavale du baron depuis le domicile Kurtz jusqu'aux rives de la Moselle. Le narratif soixante-dix ans plus tard est forcément approximatif, voire erroné, comme l'est le détail concernant la nuit de bombardement sous le couvert de laquelle Franz se serait fait la belle. Nul doute que les bombardements ont joué un rôle important dans ce récit, mais pas ce soir-là, et heureusement pour un Franz qui, sinon, aurait eu le plus grand mal pour se déplacer dans un Berlin avec ses moyens de transport à l'arrêt et ses piétons dans les abris. A-t-il réellement sorti sa tenue d'officier de son armoire à la clinique pour entamer en habit militaire sa longue promenade? L'attaché japonais n'a rien vu de tel; et les armoires d'hôpital se visitent. Peut-être a-t-il récupéré l'uniforme chez Edith Kurtz, où Franz et Hans avaient pu entreposer leurs affaires?

De même imagine-t-on sans peine le baron prendre un train de marchandises pendant qu'il fait encore nuit dans les parages de la Anhalter Bahnhof vers Leipzig et Frankfurt am Main. Il évite comme la peste les gares de voyageurs, où grouillent policiers en uniforme et en civil, tout comme les wagons de passagers contrôlés sans cesse.

En cette fin d'été, il pourra grappiller dans la journée quelques fruits mûrs dans les vergers. Au fur et à mesure qu'il approche du Rhin, il voyagera surtout de nuit, risquant moins d'être repéré, et d'autant que, dans la journée, les trains sont soumis aux attaques répétées des chasseurs-bombardiers américains.

Une fois franchi le Rhin, il se trouve dans la zone des armées, qui échappe en partie au quadrillage policier mais qui est plongée dans le chaos. S'y entremêlent les renforts rassemblés en Allemagne et les restes des anciennes forces d'occupation fuyant devant les Alliés, qui ont atteint le Rhin et la Meuse aux Pays-Bas et la Moselle en France et au Luxembourg.

Dans ce désordre, l'uniforme d'officier devient un élément de survie, mais encore faut-il ne pas avoir l'air totalement dépenaillé. Arrivé dans le massif de l'Eifel du côté allemand de la Moselle, il fera de l'auto-stop militaire, quitte à se retrouver avec des SS qui lui demandent ce qu'ils peuvent faire pour lui : « *Was können wir für sie tun ?* » Contrairement à Barry Lindon dans le film du même nom, lui, il va vers la ligne de front, donc personne ne peut le soupçonner de fuir la bataille. Ses explications embrouillées sur le caractère secret de sa prétendue mission sont prises pour argent comptant.

La région a été dotée de fortifications redoutables qui s'ajoutent à celles de la ligne Siegfried proprement dite : l'*Orscholzriegel* compte 75 bunkers sur la dizaine de kilomètres qui s'étendent de Nennig vers le point des trois frontières entre la France, l'Allemagne et le Luxembourg. Modernisées et rééquipées en catastrophe en septembre 1944, ces fortifications avec leur alignement continu de « dents de dragon » en béton bloqueront toute percée par des blindés alliés jusqu'à l'offensive finale des Américains en février-mars 1945. C'est dans cette zone à laquelle s'accrochent les troupes allemandes qu'arrivera le baron à la mi-septembre 1944. Il se cache au bord de la Moselle près de ce qui reste du domaine familial de Schloss Thorn. Ayant lu le prologue de ce récit, vous connaissez la suite de l'histoire de cette évasion.

Chasse à l'homme sans l'homme

Les nazis, pour leur part, ignorent que l'histoire est terminée. Ils envoient périodiquement des enquêteurs au domaine de Düttebüll. Cela donne à Marita la meilleure des nouvelles, puisque cela signifie que son père continue d'échapper aux recherches.

À partir du 15 septembre, donc autour de la date à laquelle Hoiningen franchit le Rhin dans sa traversée de l'Allemagne, les avis de recherche sont diffusés sous le timbre de la cour martiale de Berlin. Le texte donne la désertion (*Fahnenflucht*) comme motif des recherches, ce qui peut surprendre puisque l'homme était déchu de ses droits et devoirs militaires. Suit la description de sa condamnation en cour martiale, avec instruction qu'il soit remis à la WUG, la prison militaire de Berlin-Tegel, au 61 de la Lehrterstrasse.

Il est indiqué que l'évadé pourrait avoir pour objectif le Schloss Limpertsberg à Luxembourg, ce qui n'était pas mal vu, mais un peu tard ; ou encore Düttebüll auprès de son gendre, le baron Hobe. L'avis précise le motif de la fuite : « la crainte d'avoir à exécuter l'intégralité de la peine ». Après les données d'identité figure la description de l'homme : 1,78 mètre, mais une autre version indiquera 1,75 mètre ; mince, yeux gris-bleu, cheveux blond sombre, pas de barbe, pas de signes distinctifs. Le fugitif porte un chapeau de feutre, un costume sombre et un manteau : aucune mention ici du port de l'uniforme. Le texte est communiqué entre autres à la Kripo.

Début octobre, les enquêteurs commencent à se mettre dans la tête que si le fugitif est à Luxembourg il sera difficile de le rattraper puisque les Alliés y campent depuis le 10 septembre. Cependant, le sort des armes pourrait encore changer, comme cela sera le cas pour le nord du Luxembourg, envahi une deuxième fois par les troupes allemandes lors de l'offensive des Ardennes en décembre. Aussi, des données sont collectées sur le Schloss Limpertsberg, pour le cas où.

Un bon policier ne lâche jamais son homme. À la mi-octobre, la Kripo veut procéder à un nouvel interrogatoire de Hans, et entendre un ami du baron, le sieur Otto Kalkhoff : la démarche sera compliquée par le fait que le dernier domicile connu de Hans à Berlin, au 76, Regentenstrasse, a été totalement détruit dans les bombardements, cependant que Kalkhoff n'a pu être localisé avant son décès le 31 octobre. Régulièrement, des comptes rendus aussi complets qu'inutiles sont rédigés par les chaussettes-à-clous qui surveillent Düttebüll.

Au fil des mois, la qualité du papier se dégrade, le papier carbone disparaît, les feuilles rapetissent au point que les machines à écrire cèdent la place aux plumes et aux crayons, mais les fonctionnaires continuent de nourrir l'enquête. Le fait que les troupes de Patton aient franchi le Rhin la veille ne décourage pas la rédaction, le 23 mars 1945, d'une note qui sera dûment diffusée le 26, juste avant la chute de Frankfurt am Main. Une dernière mise à jour sera faite au dossier de recherche le 20 avril 1945 : les troupes soviétiques ont franchi l'Oder et foncent sur Berlin.

Non seulement le baron coule des jours paisibles à Luxembourg, que les obus des canons V-3 allemands installés près de Trèves ne bombardent plus depuis le 22 février, mais il pourra bientôt revenir au Schloss Thorn. Le lieu a été conquis de haute lutte par les soldats américains le 20 février. Maintenant pourra commencer le temps de la reconstruction. S'agira-t-il aussi du temps de la parole libérée ?

Le commandant Franz von Hoiningen-Hüne.
Photo probablement prise après le printemps 1941.
Collection particulière.

La Moselle et le Schloss Thorn vus depuis la rive luxembourgeoise.
Photo de l'auteur, février 2017.

Porte de l'actuelle Cour de justice de Berlin
où siégea la cour martiale qui jugea
le baron Franz von Hoiningen en avril 1943.
Photo de l'auteur, 2017.

DEUXIÈME PARTIE

Les mondes du silence

CHAPITRE 8

Le baron est-il une carpe?

L'Eldorado était à la ville de Luxembourg ce que le Rex fut pour Paris à la grande époque des salles de cinéma. À mes yeux d'enfant, la salle était immense et somptueuse. Mon père passant alors le plus clair de sa vie professionnelle à l'ONU à New York, il était rare que je me rende accompagné de mes deux parents à l'Eldorado, et c'était alors une joie particulière. En 1955, nous avions vu *Les Aventures de Robinson Crusoé* dont je découvre seulement maintenant qu'il était réalisé par le grand Luis Buñuel : en tout cas, je ne mens pas en disant que j'avais aimé ce film. Du haut de mes cinq ans, j'en avais retenu qu'il fallait « compter sur ses propres forces, d'abord », pour reprendre la formule de Mao.

Le Luxembourg n'est cependant pas la Chine et on y apprend aussi un autre message : « Rester ce que nous sommes », comme les Luxembourgeois se plaisent à le chanter (cf. chapitre 3). Cela dépend grandement du comportement des puissants voisins que sont l'Allemagne, la France et même la Belgique qui fait ailleurs figure de nain. Les blagues belges, c'est d'ailleurs un luxe de Français. Enfants, nous nous moquions des Néerlandais à cause de leur pingrerie supposée, mais eux n'ont pas de frontière avec le Luxembourg.

Cependant, c'est l'année suivante que j'ai mon épiphanie cinématographique avec le film de Jacques-Yves Cousteau, *Le Monde du silence*. Je ne savais pas que le réalisateur en était Louis Malle, qui deviendra maître absolu des silences mortifères des heures noires, de *Lacombe Lucien* à *Au revoir, les enfants*. J'ignorais tout autant que le frère aîné du commandant Cousteau, brillant polémiste et collabo abject, avait été condamné à mort à la Libération, sa peine ayant été commuée en travaux forcés à vie dans la centrale de Clairvaux : il sera libéré en 1953. Ce n'était pas un sujet pour les enfants. D'ailleurs, quand la bande de galopins de mon quartier investissait le terrain vague près de la maison, nous ne jouions pas à la guerre entre nazis et résistants, mais aux cow-boys et aux Indiens : nos dieux étaient Davy Crockett et Roy Rogers. Et puis, qui aurait voulu endosser le rôle des nazis dans un pays où il ne fallait pas en parler ?

Le Monde du silence me captive, et, quelques années plus tard, encore enfant, je me débrouille pour rencontrer l'éminent pacha Cousteau et lui faire dédicacer un de ses livres. Je découvre que le silence n'est silencieux qu'en apparence, qu'il parle souvent plus fort et mieux que les mots, qui visent souvent à camoufler les convictions et les intentions. J'apprendrai plus tard que les

Anciens disaient que la parole est d'argent mais que le silence est d'or : ils n'avaient cependant pas tout à fait raison, comme on le voit dans les films policiers de Louis Malle. Le silence peut aussi être de sang et de souffrance, et parfois de l'innommable. Le silence est pluriel.

Des pas sans traces

Le film de Buñuel offre une métaphore qui permet de caractériser la densité du silence de Hoiningen. Robinson Crusoé découvre qu'il n'est pas seul dans son île quand il tombe sur la trace des pieds d'un autre homme, que le naufragé nommera Vendredi. Hoiningen, c'est le contraire : sur la plage de la vie, exposée aux regards de chacun, il est un Vendredi dont le passage ne laisse pas de traces. Ce n'est pas simplement quelqu'un qui se tait. Il se vit comme silence.

J'ai mis du temps à le comprendre, car je mettais son invisibilité, son inaudibilité sur le compte de la réticence classique des rescapés de la dernière guerre mondiale à se raconter, et surtout sur les silences, pourtant de nature différente, de ses proches et des documents d'archives luxembourgeois.

Il aurait pu être carpe, tant son silence est d'une qualité hors norme, rendu plus éloquent encore par ses éclats surprenants dans les restaurants dont les murs avaient des oreilles.

Commençons par le plus évident : jusqu'en 1973, cet homme vit à Luxembourg à un kilomètre à vol d'oiseau de l'appartement où se sont installés mes parents à partir de 1951 quand mon père est revenu de Londres. Il devait au baron son exfiltration heureuse et, conséquemment, la rencontre de ma mère en France pendant l'occupation. Mon père n'était pas d'une nature ingrate. Rien ne me permet de penser qu'il savait que son sauveur vivait à proximité immédiate. Lorsque Hoiningen se met en quatre pour permettre à Georges Heisbourg et son ami Léon Lefort d'échapper aux griffes de la Gestapo et au sort des malgré-nous, mon père ne paraissait pas connaître le rôle du baron dans le destin de centaines d'autres âmes. C'est la publication d'un livre de Paul Cerf sur la Shoah, *L'Étoile juive au Luxembourg*[55], qui va lui remettre en mémoire un Hoiningen déjà mort sur lequel il écrira plus tard. Pendant les années suivantes, mon père croira d'ailleurs que Hoiningen avait déjà été honoré à Yad Vashem…

Comment cette coexistence dans l'ignorance mutuelle était-elle possible dans une ville ayant alors la population d'une sous-préfecture française où tout le monde est censé connaître tout le monde ? De plus, pendant les années 1950, la fille du baron, Marita, sort en ville, rejoignant une bande de joyeux trentenaires qui vont écouter de la musique et danser ensemble. Il arrive qu'elle reçoive à Gibraltar tout comme le fera aussi sa mère Mia – qui mourra cinq ans après Hoiningen, en 1978. Les de la Fontaine, issus d'une dynastie industrielle luxembourgeoise, avaient leurs relations au grand-duché. Il reste quelques témoins de ces mondanités.

Il semblerait que deux figures aient toujours manqué à l'appel de ces divertissements : le baron Franz von Hoiningen et son gendre, le baron Bertram von

Hobe-Gelting. S'étaient-ils tenus à l'écart de leur propre chef, et si oui, ne se sentaient-ils pas bienvenus en tant qu'Allemands, ou plus simplement craignaient-ils de faire figure de pièces rapportées, ou bien sortir en ville ne leur disait rien ? À moins que ce ne soient les autres, les Luxembourgeois, qui en voulaient aux Allemands ? Ont-ils provoqué un effet de repoussoir en s'exprimant uniquement en *lëtzebuergesch*, la langue luxembourgeoise ? Si la langue nationale est d'origine germanique, comme le flamand ou l'alsacien, elle n'est pas aisément compréhensible par un Allemand. Même si Hoiningen en avait probablement appris les rudiments, la conversation devait être laborieuse. De plus, dès qu'un Luxembourgeois rencontre un autre Luxembourgeois, son réflexe naturel est de parler dans leur idiome, *lëtzebuergesch schwätzen* : c'est d'autant plus normal que la survie du marqueur identitaire qu'est la langue est à ce prix. Le luxembourgeois n'a guère plus de 300 000 locuteurs, et le français et l'allemand y sont chez eux.

Le fait demeure, lorsque cet Ulysse-là rentre à Ithaque, il disparaît aux yeux des Grecs. D'ailleurs, c'est comme cela que ça se passe aussi chez Homère, mais pendant moins longtemps...

L'homme qui avait un dossier vide à la Gestapo

Hoiningen était allemand, une partie de ses biens et l'essentiel de son activité économique se trouvaient du côté allemand de la frontière. Comme chacun le sait, le Troisième Reich était un État totalitaire. Le baron en fera très rapidement l'expérience, probablement sans le savoir. Le 12 juillet 1934, quelques jours après la sanglante Nuit des longs couteaux, une limousine d'un modèle très récent, couleur gris souris, est surprise en train de rôder autour d'un camp de travailleurs du *Reichsarbeitsdienst* (*RAD*, service du travail du Reich, obligatoire pour les jeunes gens) près d'Oldenburg en Basse-Saxe.

Le véhicule dans lequel se trouvent deux hommes, dont l'un a l'âge et la tête du baron, attire d'autant plus l'attention qu'il paraît arborer le fanion du RAD. Tout de suite naît un soupçon d'espionnage (*Spionage-Verdacht*). Il faut dire que certains des premiers camps de concentration du Reich se trouvent dans la région maré-cageuse d'Oldenburg, où il n'y a pas que des travailleurs volontaires : c'est dans ces aimables parages que naîtra l'émouvant «Chant des marais» qui tient lieu d'hymne de la déportation.

La police du Reich totalitaire est bien faite, et le pro-priétaire de la voiture neuve est vite identifié. Le jour même, la Stapostelle de Trèves à quelques centaines de kilomètres de là est saisie par la Gestapo d'Olden-burg. Dans les jours qui suivent, la Gestapo de Trèves met en place une surveillance discrète de Hoiningen. Elle fera donc aussi ce qui se fait en pareil cas : elle ouvre un dossier à son nom, écorné au passage (*von Hüningen-Höhne…*).

Ce type de dossier, une fois ouvert, est rarement refermé du vivant de son titulaire[56]. Le 2ᵉ Bureau fran-çais le retrouvera dans les archives de la Gestapo de Trèves après la chute du Reich. Ce dossier est totalement vide. Rien n'est venu le nourrir. Certes, le baron va avoir droit à l'attention des gestapistes quand il tiendra des propos subversifs à Paris ou à Berlin, et davantage encore lors de son évasion de septembre 1944. Mais pendant les années qui précèdent son retour sous les drapeaux en mai 1940, la Gestapo de sa région n'a rien à chercher ni à trouver du côté de Hoiningen. Vendredi ne laisse pas de traces sur la plage mosellane...

Quant à l'enquête sur l'affaire de la limousine d'Oldenburg, elle tourne en eau de boudin. La Gestapo prend note à la fin de l'été qu'aucun fait d'espionnage n'était confirmé. Sans doute y avait-il eu plus d'espionnite que d'espionnage en ces temps troublés du jeune pouvoir hitlérien.

Un cauchemar de journaliste

Le Luxembourg est un petit pays, ce qui offre quelques avantages au chercheur. Ainsi les services de la Bibliothèque nationale du grand-duché ont-ils pu procéder à la numérisation de l'intégralité des publications périodiques depuis que celles-ci existent dans le pays : pas un journal, pas une revue dont le contenu ne soit intégralement et commodément accessible en ligne. Je découvre cet outil prometteur, *Luxemburgensia*, en 2016.

Je me délecte à l'idée d'entrer le nom de Franz von Hoiningen dans l'espace prévu à cet effet, et de voir déferler les articles sur le baron pendant son séjour au Luxembourg sur une période, 1922-1973, qui dépasse un demi-siècle, avec seulement le hiatus de 1941 à 1944.

Le fruit de ces recherches tombe instantanément, et pour cause : deux mentions seulement, et encore l'une est posthume, puisqu'il s'agit de son faire-part de décès (le 1ᵉʳ mai 1973) paru dans les annonces nécrologiques du *Luxemburger Wort*, le principal quotidien de la capitale, politiquement de sensibilité chrétienne-sociale.

Ainsi, la presse écrite retiendra du vivant de Hoiningen un seul fait : l'annonce en allemand, en trois lignes d'écriture gothique dans le *Luxemburger Wort* du 11 mai 1922, du mariage le 22 avril précédent de « *Franz Johann Wilhelm Freiherr von Hoiningen gen. Huene, Hauptmann a.D., mit Maria Amalia Henriette Lamoraldine de la Fontaine* ». Trois lignes pour une vie.

Certes, quelques articles sur l'histoire du Schloss Thorn comporteront le nom des heureux propriétaires ; ou plus exactement, il s'agit du même article repris par différents journaux au fil des décennies, servant de bouche-trou et si anodin qu'il réapparaîtra dans la presse sous l'Occupation, puis à nouveau après la Libération. Divers membres de la famille de la Fontaine seront mentionnés dans d'autres articles, mais sans rapport apparent avec le baron. Divers Hoiningen/Hoyningen feront aussi quelques apparitions dans les journaux, notamment du temps de l'Empire wilhelminien, pendant lequel certains occupaient des fonctions diplomatiques et militaires appelant une mention dans les dépêches, mais, sans lien avec Franz ou sa famille proche.

Franz von Hoiningen, personnage issu d'une famille titrée, ayant une certaine surface sociale dans un petit pays où la presse était *a priori* à la recherche de contenu, est parvenu, au terme d'une longue vie, à n'avoir

182

pratiquement aucune mention journalistique de son nom. *A fortiori*, il n'y a pas l'ombre d'une photo dans les médias de l'époque. Chapeau l'artiste! Un maître-espion n'aurait pu mieux faire, mais rien ne permet d'accréditer la thèse qu'il l'ait été.

Cinquante ans de solitude

Ce qui se passe du côté officiel luxembourgeois est non moins extraordinaire. Le baron, mari allemand d'une femme luxembourgeoise honorablement connue, vit un demi-siècle environ au grand-duché. Nous le savons pour la période 1922-1941 parce qu'il s'était fait recenser au consulat d'Allemagne à Luxembourg et grâce aux archives du tribunal allemand quand celui-ci reconstitue le *curriculum vitae* de Hoiningen. Nous pensons le savoir pour la période 1944-1973 parce que Gibraltar est le lieu de naissance et de résidence de sa femme, Mia, et, par extension, il s'agissait du domaine conjugal. La tradition orale confirme cette déduction. Nous savons par le registre d'état civil que son décès a été constaté dans l'hôpital proche de Luxembourg-Eich le 1er mai 1973 et qu'il a été inhumé dans le cimetière voisin.

S'agissant des administrations centrales et territoriales luxembourgeoises, je dus déchanter tout de suite : à part les pièces d'état civil, la législation sur la vie privée est draconienne et protège les morts de longue date au moins aussi bien que les vivants. Je ne sais pas si je suis passé à côté de données intéressantes faute d'avoir trouvé la clé procédurale permettant de débloquer la situation auprès de l'équivalent luxembourgeois de la Commission nationale informatique et libertés. Il est vrai que l'organisme est installé à Esch-sur-Alzette dans l'avenue du Rock-n' Roll (*sic*), ce qui aurait dû m'alerter.

Au contraire, et à la manière de mon approche du moteur de recherche Luxemburgensia, j'avais fondé de grands espoirs dans les matériaux que ne manqueraient pas de me livrer les Archives de l'État. Le personnel y est compétent et accueillant ; des fonds concernant l'administration du Luxembourg par le Gauleiter Simon venaient d'être ouverts. J'y ai en effet trouvé un certain nombre de pièces d'origine allemande complétant mes dossiers des archives fédérales et me donnant surtout une idée de la façon dont fonctionnait l'État nazi dans ce coin d'Europe, y compris en matière de gestion des laissez-passer. Des données, toujours allemandes sur des membres de la famille de la Fontaine, m'ont fourni des éléments de contexte intéressants.

S'agissant de données luxembourgeoises, force m'est de constater que je n'ai trouvé que deux éléments du séjour semi-séculaire du baron au grand-duché : les démêlés du baron avec le Trésor luxembourgeois (cf. chapitre 3) et un passionnant compte rendu de la Sûreté nationale du Luxembourg venue s'enquérir en mai 1947 auprès du baron de son frère Hans et d'Edith Kurtz (cf. chapitre 7). Ce dernier document n'a par ailleurs pas été déterré dans le cadre de mes propres recherches.

Tout cela est évidemment absurde, mais il y a trois manières d'expliquer cette situation, qui peuvent d'ailleurs se recouper en partie. *Primo*, Hoiningen fait tout pour rester invisible, ce qui est tout à fait plausible mais pas toujours réalisable : ainsi, il est allemand, et, avant guerre comme après guerre jusqu'aux accords de Schengen, il doit avoir un permis de séjour délivré par la police des étrangers, assorti d'une photo : je n'en ai pas retrouvé la trace. Il est vrai que le baron a un talent exceptionnel pour éviter les objectifs des appareils photo : dans les archives photographiques de l'État que j'ai pu consulter, il ne figure pas sur les clichés de groupe des officiers de la Wehrmacht à Luxembourg… *Secundo*, les archives luxembourgeoises ont pu être purgées par les nazis pendant la guerre et éventuellement après la guerre par des responsables luxembourgeois soucieux de ménager la paix civile ou les rapports interalliés : c'est possible mais vérifiable seulement si les fonds d'archives sont complètement ouverts. *Tertio*, en l'absence d'une loi libérale sur les archives, beaucoup de dossiers restent inaccessibles. Nous verrons plus loin (cf. chapitre 10) qu'il y a de bonnes et de moins bonnes raisons de penser que tel puisse être le cas.

Il faut se rendre *post mortem* à l'évidence que Hoiningen reste au moment où j'écris un zombie au regard des archives de son pays de résidence, et cela n'est probablement pas principalement le fait du baron, aussi discret et petit qu'il ait voulu se faire.

L'écriture sans la vie

Le baron rompt délibérément le silence par l'écriture en une seule occasion, et encore évite-t-il d'apparaître sous son nom. Le lecteur se souvient que, pendant son séjour chez Sauerbruch à Berlin, il avait rédigé un livre (cf. chapitre 7).

L'ouvrage du baron sera publié en 1950 chez un éditeur suisse de l'époque, Aehren Verlag, sous le titre *Auf Odysseus' Spuren*, «Sur les traces d'Ulysse», et se présente comme une fantaisie historique (*Historische Phantasie*[57]). A-t-il retenu cet intitulé parce qu'il sentait qu'il avait lui-même un problème de traces? Jusque-là rien à redire. Vu son propre périple et son intérêt pour la culture classique, le choix n'était pas absurde: plus prudent que dans ses propos de table, Franz n'allait pas écrire un pamphlet séditieux pendant qu'il était l'hôte forcé de la justice militaire du Troisième Reich. Il avait trouvé sa façon de passer par la littérature pour réagir à son enfermement. Il aurait pu y exprimer au moins indirectement ses sentiments personnels.

Malheureusement, cela ne semble pas être le cas. Il choisit en premier lieu d'écrire sous un nom de plume. En soi, ce n'est pas rédhibitoire. Des résistants écriront sous leurs noms de guerre, à la manière d'un Vercors, d'autres s'abriteront derrière un prête-nom pour ménager leurs proches ou encore pour protéger leur vie privée ou pour éviter de se fâcher avec telle ou tel... Rien de ce genre ne justifie dans le cas d'espèce le recours à l'alias, le livre étant totalement coupé du réel et exceptionnellement anodin. Le baron efface en fait sa personne.

Certes, les lecteurs de son odyssée pouvaient trouver à redire aux extrapolations qu'il fait concernant l'œuvre d'Homère. Tous les classicistes ne sauraient être emballés par une odyssée aux teintes nordiques. Nous avons déjà évoqué le côté völkisch de ce choix, mais il reste à distance prudente des tropismes nazis en la matière. D'ailleurs, il nous a prévenus qu'il s'agissait d'une fantaisie. Il n'y avait pas de quoi provoquer une bataille d'Hernani d'autant que le ton assez ennuyeux est sans prétention particulière. Les cartes et dessins sont précis, agréables, avec une teinte d'humour. Le pseudonyme ne renvoie pas par ailleurs à une personnalité connue du passé, mettons Homère, permettant d'attirer d'éventuels lecteurs à la manière d'un André Bercoff signant du nom de Caton un pamphlet politique[58]. «F. J. Wil» n'est pas un alias particulièrement parlant.

Ensuite, et c'est le plus singulier, il ne fournit ni dans sa préface ni ailleurs dans le texte une quelconque indication sur l'origine, les ressorts et les conditions de son travail. Le fait est d'autant plus frappant qu'il a visiblement revu son manuscrit après la guerre, comme en atteste au moins une entrée bibliographique datant de 1948. La seule référence ayant un vague rapport avec l'actualité figure dans la phrase de conclusion lorsqu'il évoque les rapports entre Ulysse, les guerres et ceux qui sont tombés au combat, mais le conflit en question aurait pu avoir lieu à n'importe quelle époque. La phrase, très impersonnelle, accroche un tant soit peu seulement parce que nous savons que ce livre a été publié au sortir d'une grande guerre, mais il aurait pu avoir été écrit depuis Sirius.

Il est possible aussi qu'il y ait méprise sur la date à laquelle Hoiningen a écrit le manuscrit. C'est la tradition orale qui veut qu'il l'ait rédigé pendant son séjour forcé à Berlin. Nous n'en avons pas la preuve. Si tel n'était pas le cas, rien de ce qui précède ne change de sens : en

1950, Franz publie un livre qui lui offrait l'occasion de faire savoir en quelques mots dans la préface comment et pourquoi il avait fait paraître, à ce moment précis, un ouvrage sur lequel planait forcément l'ombre de la guerre mondiale.

Il n'a pas voulu se saisir de cette opportunité.

Par ailleurs, le livre de Hoiningen ne connaîtra pas une grande carrière. Cela peut résulter entre autres du manque d'efforts de l'auteur ou de son éditeur pour en assurer la publicité. J'ai dû batailler pour en apprendre l'existence et j'ai dû ensuite exploiter toutes les ressources du *data mining* en ligne pour en dénicher un exemplaire au fin fond d'une vieille librairie d'une petite ville allemande.

Une étoile éteinte

Apparemment, Hoiningen n'a laissé derrière lui ni mémoires manuscrits ni vues d'artiste de ses pérégrinations alors qu'il avait un bon coup de crayon, ni de quelconques archives permettant d'éclairer son parcours. Certes le Schloss Thorn, pivot du domaine viticole du côté allemand, avait été saccagé par la soldatesque du Reich en 1939-1940, puis en partie ruiné dans les échanges d'artillerie et les combats de 1944-1945. Cependant, le siège de la vie de famille qu'était le château de Limpertsberg à Luxembourg paraît n'avoir subi aucun ravage pendant la Seconde Guerre mondiale. Mia, la femme de Franz, et sa mère, la baronne Marie de Mustel (1868-1947), semblent y avoir passé les années de guerre. Des papiers d'intérêt historique y auraient été en sécurité. À partir de la Libération, rien ne s'opposait à ce que le baron reconstitue son parcours.

Qu'il ne l'ait pas fait dans les premiers temps de l'après-guerre est d'autant plus naturel que la reconstruction du Schloss Thorn va mobiliser ses énergies pour de longues années. Cela fait partie du silence classique des rescapés du conflit.

Reste à comprendre le double mouvement du baron, qui se retire de la scène et qui garde le silence. Cela tient en partie à son caractère, réservé et généralement taiseux. Bien que catholique non pratiquant, il a pu aussi être marqué par le devoir d'humilité qui s'impose au croyant : sa discrétion serait aussi la manifestation d'un *Domine, non sum dignus!* Peut-être, mais cela ne saute pas aux yeux ni dans les propos ou les attitudes rapportés par le dénonciateur Peyn, ni dans ses dépositions devant le tribunal, ni dans d'autres témoignages (Collart, cf. chapitre 4, Platt Waller, cf. chapitre 11, Trone, cf. chapitre 12).

J'ai aussi émis quelques hypothèses qui tiennent aux difficultés relationnelles entre la grande Allemagne et le petit Luxembourg, qui auraient en tout état de cause accentué le repli sur soi du baron. J'emploie à dessein un euphémisme générique car ces « difficultés » ne sont pas seulement celles du choc épouvantable qu'a été l'Occupation et la tentative d'annexion du Luxembourg par le Reich. Elles ont aussi un caractère nettement moins violent mais continu dans le temps, à l'image de la défense vigoureuse de leur langue par des Luxembourgeois, peuple ni plus ni moins germanique

que les Alsaciens ou les Suisses alémaniques, et qui, comme eux, refuse de s'accepter comme tel tout en vivant forcément en symbiose avec l'Allemagne voisine.

La clé de l'explication n'est peut-être pas seulement à chercher du côté du baron. Il y a aussi le rôle de son entourage. Avant de l'aborder par le fond, je citerai un seul aspect, qui permet de comprendre l'action de Franz tout au long de ce récit. Le lecteur aura constaté le caractère parcellaire et limité du portrait psychologique que j'ai pu dresser du baron. J'en assume naturellement ma part de responsabilité – je suis un analyste des relations internationales plutôt qu'un géographe des sentiments –, mais Hoiningen y est aussi pour beaucoup, avec sa réticence à se livrer sur quelque plan que ce soit, son livre en étant une sorte de démonstration par l'absurde.

Pourtant, d'autres personnes l'ont connu de près ou de loin, et ont échangé à son propos. Ces proches ont pu à l'occasion fournir des informations fort utiles sur les allées, les venues et les actes du baron, même s'il faut par principe croiser les témoignages oraux avec les documents de l'époque. Cela dit, j'attends toujours d'en avoir un portrait psychologique avec sa part d'émotions et de sentiments. Je ne peux pas non plus considérer la discrétion du baron comme étant seulement de son fait ni partir du principe qu'elle a été aussi absolue qu'il y paraît.

CHAPITRE 9

Il vaut mieux être sourd
que de ne pas entendre cela

Chez le baron à l'heure du digestif

21 février 2017. Je vais enfin faire la connaissance du petit-fils de Franz à Schloss Thorn où nous attend le *Dr Jur. Georg Freiherr von Hobe-Gelting*. Né en 1944, ce baron issu des confins allemands du Danemark a pris la tête du domaine, à la mort de Franz, mais il y a passé de longs moments avec son grand-père dès son enfance, puisque Marita née von Hoiningen et Bertram von Hobe-Gelting avaient choisi de quitter le Schleswig-Holstein et d'habiter à Luxembourg après la guerre.

Je suis nerveux, car l'histoire des relations avec l'héritier est déjà chargée et je me remémore les épisodes précédents. Lorsque mon frère aîné et moi commençons à nous intéresser un peu sérieusement à Hoiningen quelques années après la mort de notre père en 2008, nous émettons le vœu de présenter nos civilités à Hobe et, pourquoi pas, à sa mère Marita, dont nous ignorons à l'époque qu'elle souffre déjà d'une grave maladie. Claude Marx, le président du Consistoire israélite de Luxembourg qui est en liaison avec Yad Vashem concernant le dossier de Franz, nous y encourage.

Aucune suite n'est donnée aux messages postaux, électroniques et téléphoniques de mon frère. Pourtant, si je suis professionnellement le diplomate-fils-de-diplomate de la famille, mon frère l'est plus naturellement que moi. Nous ne comprenons pas ce refus d'entrer en matière : nous ne lui voulons aucun mal, nous sommes honorablement connus. Nous faisons en fait l'apprentissage du silence du clan.

Puisque la politesse ne suffit pas à produire le résultat recherché, nous allons changer d'approche. En 2013, nous recevons d'Allemagne copie de la lettre que Marita avait envoyée à son père Franz au moment où celui-ci préparait son évasion en septembre 1944. Le lecteur se souviendra des mots employés par la «grenouille» écrivant depuis le domaine des Hobe-Gelting lorsqu'elle évoque son «Baby» qui n'est autre que l'actuel maître de Schloss Thorn. Nous informons l'intéressé que nous voudrions lui remettre en mains propres la lettre en question. Est-ce du chantage moral ? Après tout, nous aurions pu confier la missive à la poste en lui laissant le soin de l'envoyer à Marita. Peut-être la poste aurait-elle pu agrémenter l'enveloppe d'un tampon «retour à l'expéditeur», soixante-neuf ans après son envoi par la fille à son père Franz ? Toujours est-il que, cette fois, le baron ouvre sa porte à mon frère en juillet 2013.

L'entretien est long (quatre heures) et substantiel. Nous lui devons l'essentiel de ce que je qualifie de «tradition orale» : la restitution des ambiances et les éléments de contexte nourrissent ce récit. Georg livre aussi beaucoup de détails qui ont inévitablement les caractéristiques d'un témoignage sur des faits anciens, que l'on n'a pas connus soi-même et que l'on n'a pas pu recouper avec des sources de l'époque. Georg n'a pas notre chance : mon frère et moi avons eu le bonheur d'avoir eu un père qui avait tout noté au moment des faits et qui a pu donc donner la précision et la justesse nécessaires à ses souvenirs quand est venue l'heure, un demi-siècle plus tard, de se raconter. Le propos ici ne se veut ni ironique ni critique à l'égard du maître des lieux : son témoignage oral est précieux, dans les limites du genre.

Tout va bien ? Pas tout à fait. Mon frère arrive difficilement à le faire parler de son grand-père au plan sentimental. Surtout, Pierre, qui a une formation de photographe professionnel, est surpris par l'absence de tout cliché dans les pièces de réception du château. Il demande à son hôte s'il possède un portrait de son grand-père. Une photo est promise. Trois ans et demi plus tard, nous attendrons toujours. Le silence comme mode par défaut.

Nous voici donc en 2017. La voiture de mon frère arrive au pont-frontière de Remich qui franchit une Moselle aux flots gonflés par des pluies incessantes. La rivière me renvoie à mon père. Cet homme avait été marqué par la guerre et il nourrissait vis-à-vis de l'Allemagne la méfiance atavique des peuples frontaliers, masquant ses sentiments lorsqu'il représentera son pays à Bonn, capitale de l'Allemagne de l'Ouest, quelques années avant la chute du Mur. Être de raison, il considérait que la réconciliation est un impératif catégorique, choix qui ne lui était fort heureusement pas propre mais qui avait d'autant plus de force qu'il n'avait rien à se reprocher contrairement aux nazis. Jeune diplomate, il fera partie des négociateurs des accords franco-germano-luxembourgeois de canalisation de la Moselle, rivière servant de trait d'union entre la Lorraine et la Ruhr à une époque où l'Europe du futur se bâtissait avec du charbon et de l'acier. Cet accord était un préalable à la création du Marché commun, et donc un ancêtre de l'actuelle Union européenne. Quand je vois cette rivière, aujourd'hui dépouillée par le grand vent de la mondialisation de son rôle de clé de voûte économique de la réconciliation et de la prospérité, j'ai un pincement au cœur.

Le baron Georg qui nous attend du côté allemand du cours d'eau semble partager ces sentiments européens et humanistes : c'est ce qui ressortait déjà de sa conversation avec Pierre en 2013. Tant mieux. L'homme qui nous accueille avec courtoisie dans la cour du château est grand et élancé. C'est plus tard que je me rendrai compte qu'il ressemble assez à son aïeul, lorsque j'aurai enfin en main un exemplaire du portrait de Franz. Georg von Hobe tiendra à s'exprimer dans un français de bonne facture.

Cette fois, il n'avait pas fait de difficultés pour nous recevoir, mon frère ayant indiqué que je voulais écrire un livre sur son aïeul. Nous nous installons dans une pièce de réception chaleureuse : la première chose que je remarque est le portrait magnifique d'une jeune femme superbe. À ma question, le baron confirme qu'il s'agit de sa grand-mère, Mia de la Fontaine dont il décrit le rôle exemplaire qu'elle a joué. Il sourit avec une telle amabilité que je comprends qu'elle était un peu la *babouchka* de la famille.

La discussion s'engage. Je décris mon projet de livre et l'esprit dans lequel je souhaite l'écrire. Georg pour sa part enrichit de façon appréciable la «tradition orale» et ses éléments se retrouvent dans le récit, notamment sur la relation de Franz avec Jens Jessen à Berlin en 1942. Je pose avec ménagement des questions sur les circonstances de la mort de Franz, auxquelles il répond factuellement, sans trace d'émotion.

Un trouble à l'évocation d'un événement ancien mais forcément pénible n'aurait pas été surprenant. C'est son détachement apparent qui me déconcerte. Lorsque je sens que la discussion commence à s'enliser, je me tourne, en ancien élève des bons pères, vers le portrait de Mia: «Vous avez ce beau portrait de Mme votre grand-mère, auriez-vous aussi un portrait de M. votre grand-père? Pas forcément un tableau, mais une photo ou une esquisse…» La machine à produire du silence démarre au quart de tour: non, il n'y avait pas de tableaux ni de dessins, on ne photographiait guère dans la famille…

Und bist du nicht willig, so brauch ich Gewalt[59]…

Le moment est venu de montrer les crocs. Je dis alors à notre hôte qu'il ne souhaiterait sans doute pas que mon livre puisse s'intituler «Portrait d'un homme sans visage» pour paraphraser *L'Homme sans qualités* de Musil. Mais il pourrait être retenu par mon éditeur, ajouté-je.

J'ai l'impression que mon interlocuteur blêmit. Une photo est promise. Il faudra encore plus de deux mois assortis de rappels électroniques pour que soit enfin adressé le portrait «qualité studio» figurant dans ce livre : Hoiningen dans son uniforme de capitaine de la Wehrmacht pendant l'Occupation, vraisemblablement après le printemps 1941. Mes efforts pour obtenir d'autres clichés, notamment en civil, sont demeurés vains.

Notre discussion s'achève au bout d'une heure et quart avec une bonne humeur au moins apparente. Cependant, le baron ne nous fera pas les honneurs des autres salons du château. Bien qu'il ait mentionné le goût de son grand-père pour le dessin, il n'en montre aucun. Il ne mentionne pas l'existence du livre de Franz dont je découvrirai l'existence plus tard dans l'année. Il ne répondra pas à d'autres questions que je poserai plus tard par courrier électronique.

À aucun moment, Georg n'a manifesté d'autres sentiments que le respect pour son aïeul. Il ne décourage pas les tentatives qui sont faites pour l'honorer. Cependant, il ne prend aucune initiative pour favoriser de telles entreprises. Si le sujet lui était indifférent, il ne s'opposerait pas à ce que nous puissions consulter d'éventuels écrits ou dessins dès lors que cela se ferait sans troubler sa quiétude. Il a certes une entreprise à gérer : la vigne est une maîtresse exigeante et ce n'est pas par l'opération du Saint-Esprit que son vignoble produit son excellent vin blanc. Il loue d'agréables chambres d'hôtes. Ces activités prenantes lui ont valu les honneurs de la rubrique touristique du *New York Times* : la médiatisation n'est pas pour lui le repoussoir qu'elle avait été pour Hoiningen.

Cela ne suffit pas à expliquer le « service minimum » face à des interlocuteurs bien disposés qui ne demandent qu'à obtenir une large reconnaissance à l'égard d'un grand-père dont il avait été très proche, peut-être plus proche que de ses parents, qu'il ne mentionnera pas.

Sa réticence pourrait être mise sur le compte d'une idiosyncrasie. Après tout, il est maître chez lui et nous ne sommes peut-être que bourdonnement de mouches à ses oreilles. Hoiningen n'était-il pas un peu comme ça, même si lui, au moins, sortait parfois spectaculairement de sa réserve ?... Peut-être. La question est cependant plus large. Car le silence se fabrique à une échelle industrielle dans cette famille.

Du rien et du moins que rien

Le silence du clan Hoiningen/Hoyningen a deux sonorités. La première et la plus bruyante est celle de l'absence. J'ai mentionné (cf. chapitre 1) que le clan avait une association familiale, et sa présidente, une adresse électronique. Très tôt, je demande qui pourrait m'aider dans mes recherches et s'il existe des archives personnelles auxquelles je pourrais solliciter un accès. J'aurais compris une réponse même lapidaire du type : « On ne peut pas vous aider. » Je n'ai obtenu aucune réponse.

Nous vivons à l'ère des réseaux sociaux. Plusieurs membres du clan sont sur Facebook et Twitter. Ces réseaux permettent, entre autres caractéristiques, à ceux avec qui vous souhaitez entrer en contact de savoir quel genre de personne vous êtes. Mon compte Twitter n'est ni indiscret ni suggestif, mais il laisse *a priori* entendre que je ne suis ni un psychopathe, ni un troll, ni un agent provocateur. Aussi ai-je lancé des bouteilles virtuelles sur les flots tumultueux des réseaux sociaux après avoir «followé», pour parler la twitlangue, divers membres de la nébuleuse Hoiningen/Hoyningen.

À une exception près, le silence a été total. L'exception, en rupture de ban avec la tribu, était quant à elle pleine de bonne volonté, et pour cela je la remercie. Il est vrai que son domaine de prédilection est de nature hautement philosophique, à mille lieues des vanités des ci-devant de l'*Adel*, la noblesse allemande.

Là encore, il est possible de plaider une légitime indifférence. Chacun a sa vie à vivre et, le cas échéant, sa propre mémoire à cultiver. L'hypothèse ne tient pas s'agissant d'une forme plus sournoise du silence, celle qui ne produit pas du rien mais du moins que rien.

Si l'association familiale ne répond pas aux courriels, elle produit du contenu, à sa façon. Sur la partie publique du site du Familienverband, http ://hoyningen-huene. eu, le lecteur trouvera une liste de 40 membres du clan supposés avoir pesé (*wichtige Persönlichkeiten*) dans l'Histoire : 9 militaires, 12 artistes et scientifiques, et 19 hommes politiques et administrateurs. Le fait qu'il n'y ait au total que trois femmes pourrait être mis sur le compte des réalités misogynes du passé. On se permettra cependant de chipoter car y manque une femme remarquable, la paléontologue Erika Martha von Hoyningen-Hüne dont la carrière fut brisée par l'arrivée des nazis au pouvoir, qui avaient des idées très arrêtées sur la place des femmes dans la société.

Parmi des culottes-de-peau depuis longtemps oubliées et des diplomates d'un rayonnement inégal, on trouve quand même le nom de Franz. Ou, plus exactement, on le trouve depuis le mois d'octobre 2017 seulement, quand il n'était plus possible d'ignorer les insistantes questions des historiens, de la communauté juive de Luxembourg, des responsables de la politique de la mémoire et des poils à gratter comme mon frère et moi, avec des mentions médiatiques limitées mais présentes en ligne en Allemagne et au Luxembourg.

Voici ce que dit l'entrée au-delà des données personnelles : « A rendu possible le départ [*Ausreise*] de centaines de Juifs vers des pays sûrs ("héros oublié"). » Jusque-là rien à redire, le format ne se distinguant pas de celui adopté pour les autres figures de la rubrique. Puis suit le mot composé : *Zeitungsberichte*, informations de presse. Sans faire du *media-bashing*, cette mention n'est pas forcément de nature à emporter la conviction : il aurait été plus simple, par exemple, de citer le livre de l'historien Paul Cerf évoqué plus haut (*L'Étoile juive au Luxembourg*). De plus, le lien hypertexte renvoie à un article d'un journal sarrois qui se trompe de château et multiplie les approximations, alors que la grande *Frankfurter Allgemeine Zeitung* aurait pu être opportunément citée. Voilà comment la famille à travers son instance supposée représentative gère la mémoire de Franz.

Ça ne s'arrange pas quand on se rend par un *wormhole* cybernétique sur la partie privative du site. C'est là que l'on découvrira, en cherchant assidûment, que le baron avait écrit un livre : mais pourquoi l'avoir si bien caché ? Surtout, on trouvera une rubrique-clé, intitulée «Victimes de la guerre et des nazis», dans laquelle figurent les noms de dix-neuf membres du clan tués à l'époque du Troisième Reich ; à noter que les femmes sont cette fois-ci pratiquement à parité.

Certes toutes ces personnes sont mortes parce qu'il y avait la guerre et que, pendant la guerre, les nazis étaient au pouvoir. Cependant, il est déraisonnable de mettre sur le même plan victimaire le malheureux Bernhard von Hoyningen, né à Saint-Petersbourg en 1883, spécialiste de droit ecclésial gazé par les nazis dans l'Aktion T.4 dite d'euthanasie à Pirna-Sonnenstein le 20 septembre 1940, et les six Hoyningen morts au combat pour défendre le Reich. La baronne von Hoyningen, qui se suicide avec son mari à Berlin le 29 avril 1945, est-elle une victime du nazisme au même titre que les six femmes et petites filles qui disparaissent pendant l'exode des populations civiles ?

Certes, toute mort est un scandale, mais ce n'est pas moi qui cherche à les catégoriser : elles le sont par l'association des Hoyningen comme victimes de la guerre et des nazis[60] alors qu'il était simple et moins contestable de se cantonner à la seule mention «morts en 1939-1945».

Non, tous les morts n'étaient pas des victimes et toutes les victimes n'étaient pas des victimes du nazisme. Dans un recoin virtuel d'une Allemagne qui a fait un travail de mémoire digne des éloges les plus appuyés, des personnes qui prétendent adhérer aux valeurs qu'est censée incarner la noblesse mélangent tout. Pourtant, je ne pense pas qu'il s'agisse là de gens qui voudraient être confondus avec les bas-du-front de l'Internet brun…

C'est avec réticence et hésitation que j'arrive à la conclusion que le baron qui a œuvré pour sauver des âmes et contrer les nazis est peu ou prou à sa façon une victime *post mortem* du rejet du devoir de mémoire de la part de personnes qui n'ont aucune excuse. Leur place dans la société est le plus souvent assurée et leur capital social collectif leur donne tous les moyens de faire ce travail. Le sens de l'honneur, que le baron possédait en abondance, est supposé être la valeur de légitimation de la noblesse : il est ici très déficient. La *Vergangenheitsbewältigung*, la «domestication du passé», est un chantier inachevé.

Je me suis longtemps interrogé sur une autre hypothèse pouvant expliquer les cercles du silence qui entourent Franz von Hoiningen, celle du secret de famille. Le secret de famille, ce n'est pas forcément une abomination que chacun essaie de faire oublier : l'oncle pédophile, le père incestueux, le cousin qui a fini au bagne. Cela peut aussi être une inimitié recuite née de querelles de bornage, une dispute autour d'un héritage, un enfant adultérin. Pour reprendre la formule de Donald Rumsfeld, le secrétaire américain à la Défense au moment de la guerre d'Irak, l'absence d'une preuve n'est pas la preuve d'une absence. Donc le fait que je n'aie pas trouvé l'ombre d'une indication laissant supposer qu'il puisse y avoir un secret de famille du genre de ceux évoqués ci-dessus n'est pas une preuve qu'il n'y en ait pas.

Cependant, il existe une autre formule, celle de sir Arthur Conan Doyle qui fait dire à son personnage Sherlock Holmes : « Lorsque vous avez éliminé l'impossible, ce qui reste, si improbable soit-il, est nécessairement la vérité. » D'ailleurs, Rumsfeld, à son corps défendant, finira par arriver à la même conclusion lorsque l'absence d'armes de destruction massive en Irak a fini par prendre figure de preuve de leur absence…

Justement, ne reste-t-il pas quelques hypothèses ? N'a pas été éliminée celle du secret politique : ainsi, le passage de Mia de la Fontaine dans la branche étrangère (AO) du parti nazi aurait pu être un secret politique déshonorant au moment des règlements de comptes après la Libération. De fait, son cas est évoqué une fois dans le journal *d'Union*, issu du principal mouvement de résistance luxembourgeois le 20 septembre 1946. Avec d'autres femmes elle est mise en cause dans une rubrique intitulée *Weiblech 5. Colonn* (« 5ᵉ colonne féminine »). Son rôle de trésorière du Landesgruppe Luxemburg de l'AO en 1934 y est cité en toutes lettres, et nous savons, à travers les archives allemandes, que le fait est tout à fait exact. À ma connaissance, il n'y a pas eu de poursuites. L'allégation, tout à fait publique, n'a pas suffi à empêcher Mia de la Fontaine de continuer d'avoir les relations sociales auxquelles elle était habituée. Il ne s'agissait pas d'un secret. L'hypothèse ne tient guère.

Reste aussi celle selon laquelle il pourrait exister ce que je qualifierai de secret subversif sous la forme d'un éventuel rôle de Franz en tant qu'agent des services de renseignements. Certes, les espions allemands avaient pour devise : *Nachrichtendienst ist Ehrendienst*, « Le métier du renseignement est un métier noble » ; mais le simple fait de se sentir obligé d'affirmer que le « deuxième plus vieux métier du monde » était un métier de seigneur montre que la chose n'allait pas de soi.

S'agissant du baron, je n'ai rien trouvé du côté de l'Abwehr au-delà des faits évoqués dans les chapitres 2 et 7. En tout état de cause, l'appartenance à l'Abwehr n'aurait pas été considérée comme une source de discrédit : cette organisation était peuplée d'officiers opposés à Hitler, qui payaient au prix de leur vie leur activité séditieuse, à commencer par leur chef, l'amiral Canaris, et son second, le colonel Oster qui avait prévenu les Alliés de l'offensive du 10 mai 1940.

Quant à la Gestapo et au SD, organismes porteurs de déshonneur, je ne vois guère comment le 2e Bureau français aurait pu passer à côté d'une telle pointure. L'exploitation par le 2e bureau français des archives de la Stapostelle de Trèves a été minutieuse et les interrogatoires ont été nombreux et professionnellement menés : dans les vingt mètres linéaires correspondants, il y a beaucoup de matériau pour les historiens, mais pratiquement rien sur Hoiningen. Cette piste-là ne mène nulle part.

Nous savons que le baron était un homme d'un naturel peu expansif, dans un milieu, la noblesse germanique, qui ne cultivait pas l'extraversion, et vivant dans un pays dans lequel il ne serait jamais vraiment chez lui. Il est non moins vrai que sa famille ne cultive pas exactement sa mémoire, ni n'encourage ceux qui souhaitent que lui soit reconnue sa pleine place parmi ses semblables. Elle a cependant en main les moyens nécessaires pour démentir ce jugement en ouvrant de façon large l'accès aux documents relatifs au baron. Dois-je vraiment croire que la lettre interceptée par la Gestapo en septembre 1944 soit le seul élément de correspondance qui ait été conservé dans le cercle familial de Franz von Hoiningen ?

CHAPITRE 10

Les grands silences d'un grand-duché

Le lecteur aura déjà entrevu les questions d'identité complexes qui ont accompagné l'histoire du Luxembourg au cours du XXe siècle. La situation géographique du grand-duché, au point de contact des grandes aires culturelles, politiques et stratégiques françaises et allemandes, lui a valu une existence troublée : c'est aussi ce positionnement singulièrement inconfortable qui a été la condition de sa naissance et de sa survie en tant qu'État-nation indépendant. Vu la petite taille du pays, le choc des civilisations devait fatalement prendre ici une forme particulièrement concentrée et traumatisante. Hoiningen, allemand et prussien d'origine et de culture, luxembourgeois par sa famille, en a fait l'expérience *in vivo*.

Devant la résurgence des débats identitaires à l'échelle européenne, il y a peut-être aussi quelques leçons plus larges à tirer du cas particulier que représente en la matière l'histoire du Luxembourg. Les silences luxembourgeois sont une forme exacerbée – les scientifiques diraient un « condensé à l'état chimiquement pur » – des dilemmes européens de manière plus générale face au passé sur lequel reposent le présent et le futur.

The making of a nation

Il y a trois siècles, il aurait été impossible d'imaginer que le duché du Luxembourg puisse un jour accéder au statut qui est aujourd'hui le sien. Le duché de Lorraine, avec ses magnifiques palais à Nancy et Lunéville, ou le prospère grand-duché de Bade étaient des entités autrement plus puissantes que l'annexe luxembourgeoise des Pays-Bas autrichiens. Un siècle plus tard, grâce au congrès de Vienne, le duché devient « grand », compensant en quelque sorte la réduction de la taille de son territoire. Le Luxembourg, après une vingtaine d'années d'annexion par la France sous le nom de « département des Forêts », rejoignait alors la Confédération germanique, composée de 39 États membres. La plupart ont disparu, fondus le plus souvent dans l'Allemagne unifiée en 1871.

Certes, ce Luxembourg germanique est placé sous la souveraineté du royaume des Pays-Bas, mais la Prusse obtient le droit de tenir garnison dans la puissante forteresse de Luxembourg, qualifiée à l'époque de Gibraltar du Nord. De 1842 à la fin de la Première Guerre mondiale, le grand-duché fera partie du *Zollverein*, marché unique qui sera la fondation et la préfiguration économique et commerciale de l'unité allemande.

Sur le territoire de l'actuel grand-duché, le peuple s'exprime dans un idiome germanique et l'allemand classique domine à l'époque dans l'élite ecclésiastique ou bourgeoise.

La survie du grand-duché comme État et sa construction comme nation n'allaient pas de soi. Il fallait pour cela que soient remplies plusieurs conditions. Tout d'abord, et de manière peut-être surprenante, il fallait réduire la taille du territoire pour que puisse émerger une entité politiquement viable.

Jadis, le Luxembourg s'étendait sur une superficie presque quatre fois supérieure à l'actuelle, embrassant le Luxembourg belge, une partie de la province de Liège, les régions françaises de Thionville et de Montmédy, les alentours de Trèves, soit à peu près la taille du Kosovo. Comme l'implique cette analogie avec un pays qui a du mal à trouver ses marques, le Luxembourg aurait encore plus peiné à bâtir un récit national commun s'il était resté dans l'état où il était après la paix de Westphalie. Le Luxembourg français reviendra à la France sous Louis XIV et la partie aujourd'hui allemande sera annexée par la Prusse lors du congrès de Vienne.

À la Libération, en 1945, le grand-duché, en accord avec les forces d'occupation françaises en Allemagne, enverra ses troupes dans ces territoires prussiens d'outre-Moselle, y compris dans la région du Schloss Thorn. Il aura même l'idée, compréhensible mais à tout prendre saugrenue, de s'approprier cette région ainsi que la ville de Bitburg : du coup, Hoiningen aurait pu, enfin, devenir luxembourgeois. Les Français s'opposèrent à cette tentation micro-impérialiste[61].

Le Luxembourg belge, plus étendu que l'actuel grand-duché, appartient culturellement et linguistiquement presque entièrement à la Wallonie francophone et aurait vraisemblablement été peu enclin à participer à la construction de l'État-nation luxembourgeois.

Le grand-duché se dote en 1839 d'une Constitution et est reconnu comme un État au sens plein du terme par les puissances européennes dans le traité de Londres, l'année même où la Belgique obtient le Luxembourg wallon. Le grand-duché sera alors à peu près aussi grand, ou plutôt aussi petit, que le département du Rhône ou l'île de la Réunion.

Les voisins auraient pu absorber le Luxembourg mais leurs ambitions antagonistes vont sauver le bébé-État. La Confédération germanique disparaît avec la victoire de la coalition menée par la Prusse contre l'Autriche en 1866. Les Pays-Bas envisagent de céder le Luxembourg, devenu disponible, à la France. La Prusse refuse de quitter la forteresse de Luxembourg. La guerre franco-prussienne menace, et elle aura d'ailleurs lieu quatre ans plus tard.

Les puissances parviennent à un compromis formalisé par le second traité de Londres de 1867. Le Luxembourg n'est pas cédé à la France. Une simple union personnelle continuera d'unir le grand-duché désormais pleinement souverain au roi des Pays-Bas : cette suzeraineté prendra fin en 1890, le Luxembourg appliquant à l'époque la loi salique en matière de succession. Les Prussiens quittent la forteresse qui, par la suite, va être détruite ; heureusement de beaux restes subsistent qui donnent sa fière allure à la capitale du Luxembourg.

C'est ici qu'intervient un troisième facteur explicatif de la construction de la nation, d'origine intérieure cette fois et dont l'importance est parfois sous-estimée par les Luxembourgeois eux-mêmes. Le grand-duché, alors en plein boom de l'industrie sidérurgique et exposé au grand vent des idées socialistes et libérales le plus souvent venues de France, va procéder au plan linguistique à un « en même temps » qui pourrait ravir Emmanuel Macron. Alors que l'allemand classique domine largement et que le lëtzerbuergesch pourrait être relégué au rang de dialecte pour culs-terreux, le Luxembourg ne décide pas de faire du hochdeutsch son véhicule éducatif exclusif. Pas plus qu'il ne laisse aux municipalités le soin de choisir entre l'enseignement fondé sur l'allemand (dans et autour de la capitale et dans le Nord) ou sur le français (dans le bassin minier et sidérurgique au sud). Il opte pour le plurilinguisme universel : le lëtzerbuergesch appris à la maison mais désormais doté d'une orthographe, d'une grammaire et d'une syntaxe formalisées, avec, donc, sa propre littérature ; l'allemand comme langue de premier apprentissage immédiatement suivi du français.

Ce choix du « en même temps » linguistique était plus facile à réaliser par le petit Luxembourg que par la Belgique, avec sa problématique fracture linguistique, ou par la Suisse avec son remarquable mais complexe système cantonal. En affermissant l'identité nationale, le plurilinguisme à la luxembourgeoise allait doter la société grand-ducale d'une formidable capacité de résilience face aux visées annexionnistes allemandes. Le choc en retour avec les nazis sera d'autant plus violent.

Le traumatisme et les déchirures en seront d'autant plus douloureux. L'enjeu de la parole sera ainsi, plus tard, une des sources du silence mémoriel luxembourgeois.

Ainsi étaient improbablement réunies les trois conditions qui permettraient à une relique féodale de devenir un État-nation. Cela ne se fera pas sans drames, comme ailleurs, et même un peu plus qu'ailleurs. Pendant la Première Guerre mondiale, le pays affronta simultanément la question de son identité, menacée par la perspective d'une victoire du Kaiser, une crise politique avec une monarchie qui cherchait à s'affranchir de la Constitution face à un gouvernement qui s'opposait à ses prétentions, et le choc social assené par la révolution d'Octobre.

Il fallait ensuite choisir entre la république et la monarchie, rétablir le courant avec la France et contrer les appétits du voisin belge. Sur ces trois fronts, la situation se stabilise dès le début des années 1920. Le Luxembourg est devenu un État-nation normal, pas fondamentalement différent de ce qu'il est aujourd'hui. Normal ne veut pas dire paisible : ce récit a déjà décrit les divisions et les débats qui agitaient le pays, comme ses voisins démocratiques pendant les années 1930 (cf. chapitre 2).

Oppression et déchirures

Il ne faut pas être trop prompt à juger durement les comportements individuels et collectifs dans un petit pays quand se produit l'équivalent d'un tsunami sous la forme d'une invasion massive contre laquelle ne sont donnés ni le temps ni les moyens de résister. En mai 1940, le Luxembourg pratiquement désarmé n'est pas la France avec l'armée censément la plus forte du monde – qui résiste moins de temps que la Norvège face à la Wehrmacht. On n'en tiendra que pour plus admirables les quelques gestes qui sont esquissés quand la vague déferle : l'opportun départ en exil du gouvernement et de la famille grand-ducale, les manifestations patriotiques de l'été 1940, la mobilisation des hommes de bonne volonté, dont le baron, pour protéger Juifs et résistants. On accordera sans difficulté les circonstances atténuantes à ceux qui perdent le nord en pleine catastrophe, quitte à se départir de cette attitude une fois que la situation se sera stabilisée.

Car, dans l'effondrement de mai 1940, une partie de la classe politique luxembourgeoise perd le cap, préfigurant ce qui va se passer avec la Chambre des députés française à Vichy le 10 juillet 1940. Les députés luxembourgeois ne porteront certes pas un Pétain au pouvoir, mais, le 16 mai, ils investiront un groupe de personnes constitué en Commission de gouvernement. Alors que le gouvernement légitime du pays est replié dans une France qui est encore loin d'apparaître comme battue, il y a donc constitution d'un gouvernement alternatif, un contre-gouvernement. Il ne s'agissait pas là de l'équivalent de ce qui se passera aux Pays-Bas, qui ont capitulé le 14 mai, la reine Wilhelmine et le gouvernement néerlandais, repliés à Londres, ayant confié aux secrétaires généraux des ministères l'autorité pour assurer la gestion des affaires courantes.

L'affaire est potentiellement grave car le «gouvernement intérieur» de par sa seule existence peut saper l'autorité politique des responsables exilés. La Commission agira d'ailleurs dans cet esprit en essayant de convaincre la grande-duchesse de revenir au pays, fort heureusement sans succès[62]. Il en allait de même d'un projet alternatif consistant à faire abdiquer la grande-duchesse au bénéfice du jeune Jean de Luxembourg (né en 1921, il a régné de 1964 à 2000). Heureusement, se risquera-t-on encore à écrire, l'occupant lui-même va limiter la marge de manœuvre politique de ce pseudo-gouvernement de l'intérieur en veillant à ce que cette institution s'intitule Commission administrative[63].

La Commission ira jusqu'à envoyer un télégramme à Hitler dans lequel il sera certes question du maintien de la dynastie mais aussi d'ordre européen : naturellement, Adolf ne répondra pas. Cet instrument de collaboration volontaire, qui s'appuyait à tort sur le précédent d'une occupation allemande purement militaire en 1914-1918, va faire des dégâts. Dans les premiers mois, cela va permettre aux Allemands de déléguer une partie du sale boulot. Chez les citoyens sonnés par le choc de l'invasion, la Commission sèmera la confusion quand il s'agira pour chacun de savoir en quoi consiste son devoir patriotique. Elle recensera 480 écoliers polonais, pour la plupart juifs, et facilitera l'exclusion des écoles des élèves de «confession hébraïque» : cette appellation religieuse, peu conforme aux canons «raciaux» des nazis, tend à indiquer que certains n'avaient pas attendu les consignes précises de l'occupant pour s'attirer ses bonnes grâces. Le parallèle avec Vichy est justifié.

Les Allemands, pendant un temps, jouent le jeu. En juin-juillet, l'administration militaire s'y livre probablement de façon sincère, à la manière de 1914-1918, d'autant que l'hypothèse du rattachement du Luxembourg au commandement militaire allemand à Bruxelles n'était pas encore exclue. Ses rapports avec la Commission administrative seront tout à fait civilisés. Le Gauleiter, lui, usera la Commission administrative jusqu'à la corde.

Pendant ce temps, les nazis procédaient aux premières mesures d'annexion symbolique et pratique : le 5 août, dès le premier discours du tout nouveau Gauleiter, l'avenue de la Liberté devient l'Adolf-Hitler Strasse ; le 14 août, le salut allemand (bras tendu, et *Heil Hitler!*) est rendu obligatoire dans les administrations, les armoiries du grand-duché sont interdites ainsi que cette appellation ; le 15, la frontière est abolie avec l'Altreich, l'Allemagne d'avant l'Anschluss ; le 26, le Reichsmark devient la seule monnaie légale et la justice doit désormais être rendue au nom du peuple allemand ; le 5 septembre, les lois antisémites du Reich sont introduites dans leur intégralité, cependant que le premier résistant civil et deux prêtres sont envoyés à Dachau. Mon père a eu la chance de ne pas être du lot.

À la fin de l'année 1940, dans un Luxembourg désormais voué à l'absorption par le Reich, la Commission administrative est dissoute. Certes, elle n'aura eu qu'une demi-année d'existence, soit nettement moins que Vichy. La France était vouée à la satellisation et à l'exploitation, mais pas à la disparition. Les menaces qui pesaient sur le Luxembourg étaient existentielles et les Allemands étaient pressés de les mettre à exécution.

Les nazis tenteront cependant, comme le montre leur jeu relativement subtil avec la Commission administrative, d'obtenir l'annexion par l'adhésion. Certains d'entre eux croyaient sans doute à leur propre propagande : les Luxembourgeois n'étaient-ils pas des cousins germains, qui ne pourraient qu'être sensibles à l'honneur qui leur était fait de confondre leur sort avec une Allemagne alors victorieuse partout sur le continent européen en cette fin 1940. Les Luxembourgeois ont des rations alimentaires de vainqueurs et non les rutabagas dont se délectent les Français… S'il y a eu quelques envois en camp de concentration, aucun civil n'a été fusillé à ce stade.

Les Allemands s'appuieront alors sur leurs supplétifs luxembourgeois du Volksdeutsche bewegung (VdB). Celui-ci devient un mouvement de masse d'autant plus imposant que l'adhésion devenait quasi obligatoire pour décrocher un emploi. À son pic, le VdB comprenait plus de 83 000 adhérents, soit l'équivalent de la population masculine en âge de travailler… Cela avait certes l'avantage du point de vue des nazis de forcer chacun à se compromettre dans ce qui était une sorte d'arme de démoralisation massive. Du point de vue des Luxembourgeois, cet effet était d'autant plus redoutable que le VdB était une création locale et qui servait efficacement de sas à la collaboration pure et dure : cela pèsera lors des règlements de comptes et, par la suite, sur le travail de mémoire et le silence.

Cependant, pour les Allemands, l'inconvénient du VdB était double : à ce niveau d'adhésion, il ne pouvait plus être question d'allégeance idéologique véritable ni donc de mobilisation authentique ; et toute réduction des effectifs pourrait être interprétée comme un vote de défiance. Les nazis constatent aussi que la composition de la population luxembourgeoise est plus complexe qu'il n'y paraît : par exemple, l'importante colonie d'immigrés italiens installée au Luxembourg depuis des lustres était originaire d'une puissance qui ne les concevait pas comme de purs Tudesques.

La machine à annexer va s'emballer et se durcir en trois épisodes. Premier temps, octobre 1940, le Gauleiter veut procéder à un recensement pour disposer d'une image claire de la population. Cette entreprise coïncide avec un décret du Führer (*Erlass des Führers*) du 18 octobre précisant que le Luxembourg devra revenir à nouveau au peuple germanique dans le temps le plus bref. À la rubrique « langue » du formulaire de recensement, il n'y a pas de case pour la réponse lëtzerbuergesch. Les sondages partiels montrent que les recensés répondent en majorité en introduisant cette donnée imprévue. L'exercice est jugé désastreux : le recensement est annulé. Les nazis n'ont pas de chance car la BBC va largement médiatiser l'épisode.

En parallèle, l'occupant s'en prend aux symboles. Après une tentative infructueuse le 19 octobre, qui provoque des manifestations antiallemandes, l'imposant monument du Souvenir des volontaires luxembourgeois ayant combattu dans les rangs alliés en 14-18 est détruit le 22 octobre. Plus connu sous le nom de *Gëlle Fra* (la Femme d'or), il était (et il est redevenu) l'un des lieux symboliques de la liberté luxembourgeoise.

Deuxième temps, le Gauleiter procède, pendant l'hiver 1941-1942, notamment dans les milieux communistes du bassin minier, à l'arrestation de quelque 200 résistants : le lecteur gardera en tête qu'il n'y a que 300 000 habitants au Luxembourg à cette époque. *Mutatis mutandis*, c'est l'équivalent de 26 000 personnes raflées en France. Deux civils seront fusillés en février 1942 après un jugement expéditif : un tabou est rompu.

Troisième temps, et surtout, ce sera, à la fin août 1942, l'introduction de l'obligation du service militaire avec effet immédiat. L'on se souviendra que la première classe de jeunes avait déjà été assujettie un an plus tôt au service du travail obligatoire (Reichsarbeitsdienst) : elle allait donc pouvoir être incorporée dans la Wehrmacht.

Fait quasi unique en Europe occupée, un vaste mouvement de grève éclate aussitôt, spécialement dans la sidérurgie. Les nazis imposent l'état d'urgence ; 21 personnes sont condamnées à mort et aussitôt fusillées (l'équivalent de plus de 2 700 personnes en France). Le Gauleiter, toujours aussi maladroit, fait afficher non seulement leurs noms, mais aussi leurs adresses et leurs professions, confirmant l'étendue géographique et sociale de la grève.

Le VdB, qui a par ailleurs illustré son inutilité aux yeux des nazis dans cet épisode, perd des adhérents malgré le caractère quasi obligatoire de l'inscription. Dorénavant, on passe d'une situation où les Luxembourgeois pouvaient faire semblant de suivre, et les nazis feindre de croire à leur sincérité, à la contrainte la plus brutale de l'occupant et la polarisation la plus extrême de la société. J'ai décrit plus haut l'abomination qu'a été le sort des enrôlés de force, avec environ 2 684 morts sur le front soviétique. Les nazis mettaient chacun devant un choix épouvantable. Soit le jeune enrôlé se rendait à son centre de recrutement et se faisait l'auxiliaire le plus souvent involontaire de l'ennemi qui occupait son pays; soit il se soustrayait à l'appel ou désertait : ce sera le cas pour 3 510 d'entre eux sur 10 211 mobilisés. C'était un acte de patriotisme et de courage, mais pas sans contrepartie.

Une partie de ces réfractaires entreront dans la clandestinité en France et en Belgique, de nombreux autres prendront le maquis dans les Ardennes luxembourgeoises, aidés et soutenus par une population qui mettait ce faisant sa vie en grand danger. Malgré sa petite taille, le Luxembourg a en effet ses maquisards. Le lecteur pourra dire : « Ce choix est le bon ! » Le problème est que le salut moral et physique du jeune par la désertion entraînait la punition des familles : 1 138 familles, soit 4 200 Luxembourgeoise, sont déportées « vers l'Est », souvent en Silésie. À l'échelle de la France, c'est l'équivalent d'environ 500 000 personnes.

Quant à ceux qui se laissent enrôler de force, peut-on affirmer que chercher à se faire capturer par les soldats de l'Armée rouge à la première occasion est un manque de patriotisme, ou de courage ? Car il n'était pas évident de convaincre les *Ivan* de base de faire la différence entre un salaud de boche et un brave Luxembourgeois...

Que dire aussi de ce courageux appelé au service du travail allemand, encaserné de force à mille kilomètres de chez lui du côté de la Baltique et qui fera parvenir au MI6 britannique les premières indications sur les travaux de Werner von Braun à Peenemünde[64]. C'est à lui et à un de ses compatriotes que nous devons en partie le retard de la mise en œuvre des V-1 et des V-2 après que la RAF a bombardé en août 1943 les installations cartographiées par des Luxembourgeois dans la base secrète. Les données avaient été transmises vers Londres via les réseaux « Clarence » (Belgique) et « Famille Martin » (France). Les Allemands ne pourront tirer aucun V-1 ni V-2 avant le débarquement allié en Normandie. Ce garçon n'avait pas refusé l'incorporation au Reichsarbeitsdienst, antichambre de la Wehrmacht. Bon choix ? Mauvais choix ?

C'est ainsi que les États totalitaires atomisent, ou du moins tentent d'atomiser, la société, en plaçant chacun devant des alternatives moralement impossibles.

Dans cette ambiance, la société se fêle, les familles se divisent. Une fraction des Luxembourgeois se rangeront derrière les nazis non plus dans le consensus mou du mouvement obligatoire mais dans l'extrême collaboration. En 1941, les rangs du parti nazi sont désormais ouverts aux citoyens jusqu'alors luxembourgeois : près de 4 000 personnes adhéreront, parmi lesquelles figurent un certain nombre de résidents Allemands, dont Franz von Hoiningen. Malgré ses efforts pour prendre ses distances, son nom figure sur la liste que j'ai pu consulter à Berlin-Lichterfelde. Au Luxembourg, les collabos étaient qualifiés de petits hommes jaunes (*Gielemännercher*) par allusion à la couleur jaune vaguement pissat des uniformes des membres du parti. Tous les soldats luxembourgeois servant sur le front de l'Est n'étaient pas des enrôlés de force. Il y eut même 14 militaires de la compagnie des volontaires d'avant-guerre pour participer aux massacres en Pologne du sinistre bataillon de réserve

101 décrit dans *Des hommes ordinaires* de Christopher Browning. Lorsque les Alliés libéreront le pays une première fois en septembre 1944, ce sont 3 500 personnes, le plus souvent accompagnées par des proches, qui fuiront en Allemagne. C'est dix fois plus proportionnellement que le nombre de collabos français qui fileront vers Sigmaringen ou la Waffen SS après la libération de la France. Le nord du pays connaîtra une seconde occupation en décembre 1944-janvier 1945 pendant l'offensive allemande des Ardennes.

L'épuration s'annonçait sous de sombres auspices, pendant que Hoiningen regardait danser les flammes dans la cheminée du Schloss Limpertsberg.

L'épuration sans faiblesse mais sans mémoire

Le bilan humain des combats et de l'Occupation a été un des plus sévères de l'Europe occidentale : près de 6 000 victimes soit 2 % de la population (France : 1,35 %). Près de 800 civils ont été fusillés, proportion sans égale en Europe de l'Ouest. Environ 30 000 personnes, soit un dixième de la population, ont été déportées ou reléguées à des titres divers dans des camps de concentration ou les prisons du Reich, ou vers l'Est, soit pour servir de chair à canon, soit en représailles de désertions.

Aucune famille n'a été épargnée par la nécessité de procéder à des engagements déchirants : l'attentisme n'était pas au Luxembourg la denrée abondante qu'elle a été en France dans les populations que ne ciblait pas spécifiquement l'occupant. Une fraction notable de la population a accepté de servir l'ennemi.

L'épuration légale au Luxembourg sera donc sévère, même féroce, comparable à ce qu'elle a été en Belgique, aux Pays-Bas et en Alsace, et nettement plus dure que dans la France dans son ensemble : 12 personnes sont condamnées à mort et fusillées (791 en France, avec une population 130 fois plus importante) ; 2 260 peines de prison (travaux forcés, emprisonnement, réclusion) sont infligées ; 1 186 personnes seront déchues de leur nationalité ; 20 000 dossiers administratifs sont passés au crible. Environ 10 000 condamnations à des titres divers sont prononcées, soit l'équivalent d'1,3 million à l'échelle de la France où 300 000 dossiers sont ouverts, mais ne sont pas tous instruits. Avec les familles, ce sont 50 000 personnes qui ont été frappées directement et indirectement par l'épuration ; un sixième de la population.

C'est remarquable et même admirable : un tel passage au Kärcher, aussi rigoureux que judiciairement cadré, aurait peut-être mieux valu à la France que les près de 9 000 exécutions sommaires de l'épuration extrajudiciaire suivies par un passage incomplet et parfois aléatoire au tamis occasionnellement contradictoire des tribunaux, d'une part, et des cours civiques, d'autre part. Il est vrai que la France, rendue exsangue par la prédation économique du Reich et les destructions de la guerre, avait besoin de se remettre en marche. Cela aurait pu sérieusement se compliquer s'il avait fallu épurer un Français sur six[65]...

La partie industrielle du Luxembourg avait échappé aux destructions et le parc immobilier de la ville de Luxembourg avait peu souffert en comparaison de celui de la plupart des grandes villes françaises : quelques bombardements américains du côté de la gare, une vingtaine de V-1 allemands tirés après la Libération se perdent dans la campagne, et, pendant l'hiver, approximativement 160 obus tirés par les canons V-3 installés du côté de Trèves tueront 17 personnes. Certes, en décembre 1944 et janvier 1945, la partie septentrionale du pays est ravagée par l'offensive von Rundstedt et la bataille des Ardennes, mais son rôle économique est limité. L'épuration n'allait guère buter sur des considérations de reconstruction économique ; et plus encore qu'en France, l'épuration était nécessaire à la reconstruction morale d'un pays nié dans son existence par l'occupant et ses auxiliaires.

Le Luxembourg entreprenait ce travail sur la base d'une situation politique unique parmi les pays occupés par l'Allemagne en Europe : à la Libération, le pays retrouve le même souverain, le même Premier ministre et en grande partie le même gouvernement qu'à la veille de la guerre.

Cependant, il fallait réapprendre à vivre ensemble, en famille, au bureau, dans un pays où il est difficile de se fondre dans l'anonymat de la foule. Donc on parlait de ce passé le moins possible. L'ostracisme était pratiqué, et l'est probablement encore, à l'encontre de ceux qui s'étaient mal tenus, mais il sera silencieux. La petite taille du pays était une première et au fond assez bonne raison pour ne pas secouer trop tôt la poussière des dossiers d'archives. Une raison complémentaire y contribuera, me semble-t-il : la révélation de la fragilité du tissu social et familial. Le Luxembourg avait été non seulement poussé au bord de l'abîme, mais aussi précipité dans le cratère. Il s'en était sorti mais il avait eu très chaud. Rafraîchir la mémoire aurait ravivé les braises…

Donc le Luxembourg va se jeter à corps perdu dans le redressement du pays, dans la construction européenne qui n'a jamais cessé d'être un mythe mobilisateur pour le grand-duché. Sortant de la prime enfance, j'entendais davantage parler du plan Schuman que de la guerre, et pas simplement parce que j'étais fils de diplomate, et Robert Schuman, enfant du pays. L'énergie considérable de ce petit pays conscient plus que jamais de sa vulnérabilité s'investissait dans le projet européen et dans une réinvention économique constante pour ne pas subir le sort de la Lorraine ou de la Wallonie voisines. Qui s'en plaindra ? La mémoire pouvait attendre.

Nous arrivons cependant à la génération des petits-enfants. Elle a besoin de comprendre d'où elle vient. Elle le fait savoir par divers truchements : le succès médiatique et littéraire qui ne se dément pas pour tous les sujets qui touchent à la dernière guerre mondiale ; la prégnance accrue et légitime de la Shoah dans le regard que nous portons sur notre passé ; et, sur un plan proprement luxembourgeois, le foisonnement des livres d'historiens sur le grand-duché pendant la guerre, dont le lecteur trouvera une liste incomplète et en devenir à la fin de ce livre. La production souvent remarquable est au moins comparable à celle d'un pays comme la Belgique. Une génération de jeunes historiens est en ordre de marche.

Des documentaires historiques d'une qualité exceptionnelle ont été réalisés.

Alors de quoi je me plains, puisque le travail est fait
malgré tout ? Mais justement, ça ne va pas. Par exemple,
comme nous l'avons vu au chapitre 7, le Luxembourg
avait une police des étrangers fort attentive, sauf dans
le cas de Hoiningen qui est passé à travers les mailles de
son filet pendant un demi-siècle.

Le problème, c'est que le travail de mémoire est une
œuvre collective réalisée par des individus. Les individus sont au rendez-vous mais pas toujours le collectif.
Le Luxembourg n'a pas eu de loi sur les archives au
sens plein du terme jusqu'en août 2018. L'accès est très
en deçà des standards européens. Les services de l'État
n'ont, par ailleurs, pas vraiment créé l'équivalent des
commissions, française, néerlandaise ou suisse, qui ont
fourni un cadre d'ensemble à la recherche soit sur la
dernière guerre mondiale dans son ensemble, soit sur la
Shoah.

Dans les cas cités, comme dans d'autres, telle l'histoire britannique sur le rôle du renseignement pendant
la guerre, les universitaires et autres experts ont travaillé
en toute indépendance tout en ayant un très large accès
aux documents les plus sensibles. Le baron Franz von
Hoiningen est une des nombreuses victimes de l'absence
de ce type d'effort collectif… Dommage pour lui et
dommage pour nous qui aurions pu mieux comprendre
le personnage et peut-être surtout son comportement
et ses silences. Le baron illustre en effet un phénomène
qui constitue la dernière étape de cette odyssée, ce que je
qualifie de banalité du bien.

TROISIÈME PARTIE

La banalité du bien

CHAPITRE 11

Les cercles du bien

Hannah Arendt a élaboré le concept de banalité du mal pendant le procès d'Adolf Eichmann à Jérusalem en 1961. Si l'applicabilité de cette notion à Eichmann est problématique, à telle enseigne que les critiques ont immédiatement fusé en la matière, le concept correspond visiblement à quelque chose de très fort : sinon comment expliquer qu'elle fait désormais partie du lexique de base dès qu'il est question de dictature ou de totalitarisme, dans des contextes très différents les uns des autres, et par des personnes pouvant avancer des analyses différentes sur un sujet donné. À tort ou à raison, le concept de banalité du mal a atteint une forme d'universalité, dépassant de très loin la personne d'Eichmann.

Dans l'exploration de la trajectoire de Hoiningen, j'ai eu l'impression de tomber à plusieurs reprises sur son symétrique, que serait la banalité du bien, à Luxembourg sous l'Occupation et de manière plus incertaine à Berlin. J'emploie le mot « symétrique » en l'assortissant d'une réserve (« sorte de ») car il n'y a pas *a priori* de symétrie des situations. Les criminels de bureau de la banalité du mal étaient portés par une idéologie dominante, un conformisme social puissant, une organisation de la société et de l'État concentrant entre leurs mains une gamme inégalée de moyens de persuasion et de récompenses, de moyens de dissuasion et de punition. Ceux qui refusaient le mal devaient lutter à armes inégales contre ce vaste réseau d'incitations et de désincitations.

Cependant, on en constate pas moins que, à côté de bons extraordinaires, lumineux, telles les sœurs Scholl de la Rose blanche, émerge aussi un bien banal. C'est ce qui m'amène dans un premier temps à examiner les écosystèmes dans lesquels évoluait le baron, à regarder comment se constituent des cercles du bien.

Dans un deuxième temps, nous ferons plus précisément la connaissance d'Adolf Eichmann. Car, dans notre récit, l'homme qui incarnait pour Hannah Arendt la banalité du mal croisera en avril 1941 les cercles du bien dans son bureau alors qu'il se préparait à devenir le logisticien de la Shoah à Berlin.

C'est à partir de là que nous pourrons tout à la fois revisiter la notion de banalité du mal et tenter de formaliser le concept de banalité du bien. L'enjeu n'est pas simplement académique. Si le bien peut être banal même dans un système aussi totalitaire que le Troisième Reich, il doit pouvoir fleurir et prospérer dans des régimes qui le sont moins. Alors que l'héroïsme sublime est un idéal auquel le commun des mortels ne peut guère aspirer, les êtres humains peuvent être convaincus d'agir moralement et bien si un tel comportement apparaît comme accessible et normal : banal en somme.

Je saisirai aussi l'occasion pour retrouver la piste de mon père là où nous l'avons laissé, près de Chalon-sur-Saône aux abords de la ligne de démarcation.

Le club des sauveurs

Hoiningen était un nationaliste et un réactionnaire sous Guillaume II, un sabreur de spartakistes et un revanchard pendant la république de Weimar, et un nazi fier de son « aryanité » au début du Troisième Reich. Nous n'avons pas trouvé le point exact d'une conversion qui n'a peut-être pas eu lieu, du moins pas au sens où Saül devient Paul sur le chemin de Damas. Nous avons vu que ses fonctions lui donnaient la haute main sur la délivrance des permis de sortie du territoire des personnes persécutées. Cependant, il ne pouvait agir seul que dans un nombre limité de cas.

Pour acheminer en nombre des personnes vulnérables hors des territoires contrôlés par les nazis il devait s'appuyer sur des complices. En amont, il fallait obtenir des visas de destination finale, de préférence de bon aloi. En aval, il était nécessaire de travailler en confiance avec ceux-là mêmes dont il organisait la sortie. Et de manière générale, il devait être couvert par une partie des siens.

Même une opération simple comme l'exfiltration de mon père, qui n'avait pas besoin de visa et qui ne quittait théoriquement pas la zone d'occupation allemande, ne pouvait se faire sans complicités. Un homme jeune, bon pour le travail obligatoire, qui se moquait ouvertement des nazis en leur expliquant par écrit et oralement qu'il n'était pas germanisable, ne faisant pas mystère de sa volonté de se retrouver en zone non occupée, et dont la sortie du Luxembourg ne correspondait à aucun besoin de service, n'aurait normalement pas été éligible au départ sauf le cas échéant vers un lieu encerclé de barbelés.

A fortiori pour la sortie humanitaire en bon ordre et en nombre des Juifs. Il était indispensable pour cela que se constitue un véritable écosystème, ce que j'appelle le club des sauveurs. Celui-ci interagira avec un autre cercle, celui des sauvés, Hoiningen se plaçant à leur intersection. Il s'agit naturellement d'une simplification : les sauveurs sauvaient leur âme et leur dignité en sauvant autrui ; et les sauvés étaient tout sauf passifs et contribuaient à leur propre sauvetage (cf. chapitre 12).

C'est un homme improbable qui sera placé au centre du club des sauveurs. En effet, George Platt Waller (1889-1962), chargé d'affaires américain au grand-duché de Luxembourg depuis 1931, ne paraissait pas plus prédestiné que Hoiningen à devenir un sauveur de Juifs et de résistants. Sa famille vient de Montgomery, capitale de l'Alabama et première capitale des États confédérés dans le Sud le plus profond, à peine sorti de l'esclavage. Sa mère y possède une belle plantation.

Comme d'autres rejetons de l'aristocratie blanche du Sud, il fera une partie de ses études secondaires dans un collège militaire. Son passage par l'excellente mais traditionnaliste et raciste *University of Virginia* paraît lui avoir ouvert l'esprit. Il y fera ses humanités et notamment de l'allemand. Sa carrière consulaire est médiocre : Canada (Yarmouth), Autriche-Hongrie (Karlsbad), Grèce (Athènes), Japon (Kobe), Tunisie (Bizerte), Honduras (Ceiba), Allemagne (Dresde). Sa nomination au grand-duché n'est pas franchement une promotion : simple secrétaire d'ambassade relevant du poste de Bruxelles, il n'aura pas les prérogatives d'un ministre plénipotentiaire à Luxembourg. Il a cependant trois atouts qui le feront sortir du lot.

D'abord, il n'aime pas l'impérialisme allemand : lorsque la Première Guerre mondiale éclate, il est en poste en terre tchèque à Karlsbad (Karlovy Vary), alors située dans la partie autrichienne de l'Empire austro-hongrois. Le jeune vice-consul dit ne pas supporter la politique des empires centraux et se sent incapable de conserver l'attitude de neutralité qu'exige son gouvernement, qui n'entrera en guerre qu'en 1917. Platt Waller se fera mal voir de sa hiérarchie en exigeant sa mutation. Il obtiendra satisfaction cependant et sera envoyé à Athènes. Le Luxembourg, pays portant l'empreinte germanique mais refusant l'hégémonie allemande, avait pour lui des charmes évidents, et réciproquement.

Ensuite, la modestie même de son poste (une secrétaire, un chauffeur...) et le peu d'importance attachée par le département d'État au petit Luxembourg lui laisseront toute latitude pour faire à peu près ce qu'il veut. Cela prendra un sens tout à fait particulier sous l'Occupation.

Enfin, comme cela arrive parfois aux citoyens des républiques qui se sont débarrassées de leurs rois, il sera fasciné jusqu'à l'infatuation par la monarchie. Il est en adoration devant sa capable et élégante souveraine, la grande-duchesse Charlotte. Ces bonnes dispositions vaudront à Platt Waller d'être placé au cœur de la vie sociale et politique du grand-duché. Surtout, il contribuera à faire découvrir la souveraine et son consort, le prince Félix de Bourbon-Parme, au président Franklin Delano Roosevelt. Celui-ci les invite à inaugurer le pavillon luxembourgeois à l'Exposition universelle de New York qui ouvre ses portes au début de l'été 1939. Si l'approche de la guerre retient la grande-duchesse au pays, le prince Félix s'y rendra et s'entendra à merveille avec le président américain.

C'est sur un navire de guerre américain, l'*USS Trenton*, que le prince Félix et les enfants du couple grand-ducal quitteront Lisbonne le 15 juillet 1940 pour se rendre aux États-Unis, rejoints plus tard par la grande-duchesse. Charlotte de Luxembourg charmera le président. Il s'établira entre eux une vraie complicité, alimentée en partie par le fait que Roosevelt pensait avoir des racines luxembourgeoises, dont le « Delano » de son nom serait le marqueur. En procédant à des tournées antiallemandes dans un Middle West encore isolationniste, la grande duchesse aidera le président, qui cherche à faire évoluer l'opinion. Il le lui rendra largement, en donnant au Luxembourg un accès à la Maison-Blanche dont peu de gouvernements en exil nettement plus importants pourront se prévaloir pendant les années de guerre.

Cette proximité de Platt Waller avec la souveraine lui fera d'ailleurs faire des bêtises. Il appuiera les efforts du pseudo-gouvernement luxembourgeois pour faire revenir de Lisbonne la grande-duchesse au pays au début de l'occupation allemande. Fort heureusement, le gouvernement en exil, le prince Félix, nonobstant ses liens avec l'Autriche-Hongrie*, et Charlotte elle-même s'y opposeront, évitant au pays une crise dynastique et politique comme celle qui déchirera la Belgique après la guerre. Platt Waller n'est pas toujours très habile, mais ses mobiles sont purs : il croit bien faire et, comme d'autres, il n'a pas encore pris la mesure des intentions hitlériennes.

Sauveur improbable, Platt Waller l'était aussi du fait des circonstances. Après tout, qu'était-il ? Un deuxième secrétaire d'ambassade posté dans un pays envahi par un occupant qui se considérera en état d'hostilité avec un gouvernement dorénavant en exil. C'est de ce fait que la prétendue Commission de gouvernement installée à Luxembourg par une Chambre des députés déboussolée le 16 mai 1940 est presque aussitôt rebaptisée « Commission administrative ». Dans un pays en voie de disparition, notre Américain n'était chargé d'aucune affaire... Il est d'ailleurs mis fin à la partie diplomatique de sa mission le 10 juillet 1940.

Cependant, le département d'État obtient qu'il demeure à Luxembourg en tant que consul. Il est vrai que les Allemands n'avaient pas de raison particulière de s'y opposer dès lors que les relations consulaires germano-américaines étaient maintenues de manière

---

* Félix (1893-1970) avait servi dans l'armée austro-hongroise pendant la Première Guerre mondiale. Il était le frère de Zita de Bourbon-Parme (1892-1989), épouse de Charles Ier, dernier empereur de l'Empire austro-hongrois.

générale ; et le Luxembourg n'était-il pas destiné à rejoindre le Grand Reich ?

Voici notre homme devenu consul mais il ne dispose pas des moyens d'un consulat : il lui manque notamment la machine destinée à imprimer les visas sur les passeports des bienheureux admis à fouler le sol américain... Lorsque 104 Juifs porteurs de visas américains quittent le Luxembourg pour Lisbonne puis les États-Unis les 8 et 14 août 1940, les documents nécessaires n'ont pas été produits par les soins de Platt Waller mais par les responsables américains en poste en Belgique. Dans le journal qu'il rédigera *ex post facto* sur son séjour luxembourgeois après son retour aux États-Unis en 1942, Platt Waller n'évoque pas ces premiers convois. Drôle de consulat, en vérité.

Même si le consul avait disposé des moyens techniques et humains nécessaires, il se serait heurté à un département d'État et un FBI qui multipliaient les obstacles à la venue de réfugiés, principalement Juifs en provenance de l'Europe occupée. Il s'agissait là d'une rencontre, hélas, assez classique entre la xénophobie honteuse et des mesures de sécurité parfaitement assumées contre les ressortissants de pays avec lesquels les États-Unis seraient bientôt en guerre ou des citoyens d'États occupés par l'Allemagne donc sujets aux pressions du Reich. Pour le lecteur français, cela rappelle la convergence entre l'antisémitisme et l'antigermanisme des persécuteurs du capitaine Alfred Dreyfus au siècle précédent. À partir de novembre 1940, le département d'État découragera la délivrance de visas aux personnes en provenance des territoires occupés par le Reich.

Pourtant, Platt Waller va s'activer et sera dès l'été 1940 le noyau de ce que l'on peut définir comme un groupe d'affinités. Nous savons déjà quels étaient ses rapports avec Hoiningen. L'Américain écrira plus tard que l'on trouvait dans ce groupe parfois deux autres aristocrates (les comtes d'Ansembourg et von Oberndorff, ce dernier ayant été un des parlementaires allemands à Rethondes en novembre 1918), le maire de la ville de Luxembourg (Gaston Diderich) et le colonel (puis général) Schmidt, commandant de la place[66].

Platt Waller va se décarcasser pour obtenir qu'on lui livre, via la Belgique, la fameuse machine à émettre des visas. Celle-ci finira par arriver début février et Platt Waller pourra délivrer des visas durant les cinq derniers mois de sa mission au Luxembourg, soit 176 visas, qui permettront à 172 personnes d'accéder aux rivages américains.

À la fin juin 1941, le Reich annonce que l'ensemble des représentants consulaires américains encore présents en Allemagne et dans les pays occupés devront avoir quitté ces pays le 10 juillet au plus tard. Platt Waller sera du nombre. Il est vrai que les consuls n'auraient plus servi à grand-chose vu les restrictions désormais imposées par Washington concernant la délivrance de visas à des personnes en provenance de l'Europe allemande. À partir du 1er juillet, même la délivrance de nouveaux visas de transit via les ports américains sera proscrite, interdisant de fait l'émigration vers les Caraïbes et l'Amérique latine. Les départs des mois suivants depuis Lisbonne vers les Amériques se feront donc en partie sur la base de visas consentis préalablement à la nouvelle réglementation.

Les États-Unis et l'Allemagne ne sont pas encore en guerre et le retour des consuls se passe sans encombre, via l'Allemagne, la France, l'Espagne et le Portugal, avec une arrivée à New York le 1er août.

Platt Waller sera un choix naturel pour servir à nouveau comme chargé d'affaires à Luxembourg à la Libération, jusqu'en 1948. Il aimait le pays et la famille régnante.

Sauver une vie...

J'ai cité le nom de Kurt Schmidt (1891-1945) dont la carrière militaire est un parfait exemple, avec quelques années de décalage, de ce qu'aurait pu être celle de Hoiningen si ce dernier n'avait pas été démobilisé en 1920. Même formation avant 1914, mêmes combats, mêmes décorations pendant la Première Guerre mondiale. Une lente, très lente progression attendra Schmidt dans les rangs de la Reichswehr. Lorsque arrive la Seconde Guerre mondiale, il est déjà un vieux colonel. Sa campagne de mai 1940 se résume à la traversée sans coups de feu de la Moselle à la ville de Luxembourg. Il y commandera la place jusqu'à la fin août 1941, après avoir obtenu ses insignes de *Generalmajor* en février. La fin de son séjour coïncide pratiquement avec le départ de Hoiningen. Nous ne savons pas si ce double départ du protecteur et du protégé est un simple hasard.

Il restera deux ans et demi en Norvège, commandant une division du côté de Trondheim, où il ne se passe rien. Il retourne en Allemagne en mars 1944. Il plongera dans l'action à l'automne lors de l'offensive américaine contre Aix-la-Chapelle. Il est tué aux Pays-Bas en mars 1945, peu avant la fin de la guerre.

Dans cette énumération sèche comme un dossier de personnel militaire, il n'y a rien *a priori* sur le sauvetage des Juifs, pas plus que sur un éventuel rôle dans la conjuration antihitlérienne. Nous savons cependant que ses relations avec Platt Waller sont bonnes. Lorsque la tension s'accroîtra entre les États-Unis et l'Allemagne, les échanges entre les deux hommes se feront par le truchement de Dagmar Schmidt, née Wendling, l'épouse du général. Le ton de la correspondance est chaleureux. Dagmar Schmidt et George Platt Waller reprendront leurs échanges épistolaires après la guerre.

Nous pouvons aussi partir du principe que le baron n'aurait probablement pas pu délivrer autant de sauf-conduits sans bénéficier de la couverture de Schmidt.

Enfin, et surtout, il y a le rôle des époux Schmidt et de von Hoiningen dans le sort de Selma Cartal.

Danielle Selma Cartal est née le 27 avril 1940 d'un couple de Juifs allemands, Gerhard Cartal (1910-1991) et Meta-Émilie Baum. Gerhard, originaire du Brunswick, y travaille dès l'âge de quatorze ans au journal le *Braunschweiger Volksfreund*, un des plus anciens journaux sociaux-démocrates d'Allemagne. Ayant subi la terreur des SA après l'arrivée au pouvoir des nazis, il se réfugie en Sarre sous administration française en 1934. Il travaille au journal social-démocrate sarrois mais doit s'enfuir en France à Forbach après le rattachement de la Sarre à l'Allemagne. Il s'établit au Luxembourg en mai 1935. Nous ne savons pas dans quelles conditions le couple et le bébé sont séparés, vraisemblablement dans la confusion de l'exode de mai 1940, mais les parents finissent par se retrouver dans le sud de la France, cependant que Selma est prise en charge à l'hospice du Rahm à Luxembourg.

En mai 1941, le service de secours aux réfugiés du Comité international de la Croix-Rouge à Genève finit par localiser le père et la fille grâce à la Croix-Rouge française d'une part, et la Croix-Rouge luxembourgeoise d'autre part – cette dernière était absorbée par la Croix-Rouge allemande mais fonctionnait encore localement avec du personnel luxembourgeois. Dagmar Schmidt circulant avec un laissez-passer délivré pour l'occasion par Hoiningen va conduire le bébé à Paris et le remettre à la Croix-Rouge française le 4 juin. Vu le nombre de parties intervenant dans cette opération, Dagmar ne pouvait pas agir sans que son général de mari ne soit dans le coup.

Les parents de Selma s'étaient réfugiés de l'autre côté de la ligne de démarcation, ayant trouvé refuge en zone non occupée à Larée par Cazaubon dans le Gers, près de Condom. Gerhard, après avoir été brièvement incorporé comme volontaire dans l'armée française en mai-juin 1940, avait été démobilisé à la suite de la défaite, et plongera très vite dans la clandestinité. Meta-Emilie avait été internée un temps à Gurs avant de rejoindre Larée.

Une bonne âme de la Croix-Rouge française demeurée anonyme convoiera le bébé, avec l'accord apparent de son président. L'organisation cultuelle juive de

Luxembourg enverra à *Ihrer Excellenz Frau General SCHMIDT* ses profonds remerciements pour sa « bonté humaine » (*Menschenfreundlichkeit*). Ce n'est pas encore la Shoah, même si les premiers massacres de Juifs et de communistes se dérouleront à partir de la fin du mois de juin sur le territoire de l'URSS.

Il est cependant clair qu'un général de la Wehrmacht n'est pas supposé laisser sa femme traverser l'est de la France pour réunir les familles juives. Et la femme d'un officier allemand n'est pas censée se livrer à une conduite aussi peu conforme à ses devoirs. Quant au responsable du bureau des laissez-passer, il n'est pas autorisé à se livrer à des facéties sans lien avec le service. Les employés de la Croix-Rouge ne sont pas supposés faire huit cents kilomètres pour remettre un bébé à un Juif allemand qui aurait dû être interné à Gurs.

En outre à Cazaubon, le maire, Fernand Sentou, fournit de faux papiers pour les Juifs que l'abbé Alexandre Glasberg a répartis dans divers centres d'accueil et fermes du canton. Et le département si rural du Gers, plus près de l'armagnac et du foie gras que du bruit de la guerre, compte 32 Justes parmi les nations. La banalité du bien…

Ajoutons qu'en ce début de juin 1941, la domination du Reich est une réalité incontournable, du cap Nord aux confins de l'Afrique. Si les îles Britanniques n'ont pas été envahies, elles sont stratégiquement hors jeu : la présence militaire britannique sur le continent se résume à la garnison du rocher de Gibraltar. Les bombardiers de la RAF n'osent guère s'aventurer dans un ciel où règne la Luftwaffe. L'Allemagne vient de conquérir les Balkans, la Grèce et la Crète, chassant devant elle les troupes du Commonwealth dont les seules victoires sont des opérations d'évacuation. Les panzers de Rommel ont reconquis la Cyrénaïque et s'apprêtent à entrer en Égypte. L'URSS du pacte Hitler-Staline nourrit la machine de guerre allemande avec son pétrole et ses métaux, l'Amérique tourne le dos au monde... Sauver des Juifs n'apparaissait pas alors comme un bon plan pour préparer un après-guerre aux teintes très brunes.

Selma a retrouvé ses parents. Nous savons que ni elle ni eux n'ont été poussés dans les trains de la mort. Son père est retourné en Sarre à la Libération et y a poursuivi une carrière dans l'appareil du parti social-démocrate reconstitué, jusqu'à sa retraite en 1974. Danielle Selma Cartal aura soixante-dix-neuf ans en avril 2019. Je me plais à penser qu'elle est encore vivante, même si mes recherches sont restées vaines. Dans le monde noir que nous a légué la Shoah, il est parfois plus facile de savoir qui a été tué que de retrouver les vivants...

Séquence berlinoise

Le club des sauveurs est dispersé à partir de septembre 1941. Par le jeu des mutations, Schmidt et Hoiningen sont hors jeu, Platt Waller, tout comme Robert Serebrenik et Albert Nussbaum, est de l'autre côté de l'Atlantique. Le tout dernier convoi de Juifs vers le Portugal part en octobre. À la mi-octobre, la Shoah commence au Luxembourg, avant même que la conférence de Wannsee n'en formalise le déroulement à l'échelle de l'Europe le

20 janvier 1942. Cette séquence se jouera dès lors à huis clos : pour la quasi-totalité des Juifs du grand-duché, le plus souvent trop âgés pour envisager la fuite, ce sera la cheminée des camps de la mort (cf. tableaux en Annexe).

Pour autant que nous le sachions, Hoiningen ne recréera pas un tel club des sauveurs dans ses affectations suivantes, ni à Lille (septembre 1941-avril 1942), ni à Bruxelles (brièvement), ni pendant ses presque quatre mois de liberté à Berlin de mai à août 1942, où il bénéficiera cependant d'une forme particulière de bienveillance liée à sa double appartenance à la Wehrmacht et à la noblesse. Dans tous ces cas, il est abrité par un écosystème qui le protège dans son action quotidienne, les militaires étant en situation de responsabilité dans le nord de la France, la Belgique et l'état-major de l'armée au Bendlerblock à Berlin. De son côté, il renverra l'ascenseur en travaillant avec Jens Jessen, facilitant les déplacements *urbi et orbi* des membres militaires de la conjuration antihitlérienne. Entre la logique du milieu auquel il appartient et sa haine alimentée par les ravages du nazisme, Hoiningen est dans son élément.

Plus surprenante est la manière dont Franz paraît faire surgir la part de bonté des gens qui graviteront autour de lui lorsqu'il se trouvera confronté à la justice militaire et à sa condamnation.

Certes, en 1942-1943, l'avocat Dix ne risquait pas encore sa vie en défendant avec pugnacité son client, même si le baron a eu une chance exceptionnelle de bénéficier des services d'un tel ténor du barreau. Le Pr Sauerbruch, lui, courra des risques considérables en facilitant son évasion en 1944 : le célèbre chirurgien était lui-même soupçonné par la Gestapo à un moment où Hitler n'épargnait plus personne et ne reculait devant aucune méthode de répression et d'humiliation.

Sauerbruch n'avait pas toujours manifesté un tel courage face aux demandes de financement des expériences médicales mortifères infligées à des déportés. Il aurait été simple pour lui de laisser la Gestapo embarquer le baron : personne ne serait venu lui demander des comptes à ce sujet après la guerre, puisqu'il n'avait apparemment pas d'autre choix que de s'incliner devant la force. Le personnel hospitalier de manière plus large ne paraît pas non plus avoir tenté de contrarier la fuite de Hoiningen.

Il serait tentant d'attribuer ce choix à des liens de sympathie qui se seraient établis entre les deux hommes. Or, dans ce cas, comme dans celui de Platt Waller, il semblerait que tel n'ait pas été le moteur principal de leurs relations. Une fois Hoiningen en sécurité au Luxembourg dans une Europe revenue à la paix, on aurait pu s'attendre à ce que des liens se rétablissent avec des personnes qui avaient eu à connaître le baron sur des durées tantôt courtes (Georges Heisbourg) tantôt longues (George Platt Waller, Dagmar Schmidt, Ferdinand Sauerbruch). Visiblement, il n'en a pas été ainsi, ni pour mon père (cf. chapitre 3) ni pour Platt Waller, dont le journal et la correspondance de l'époque nous sont connus.

L'impression qui ressort est que le rapprochement et les bons choix se sont opérés par un mécanisme voisin de la grâce dans la religion catholique : on a la grâce ou on ne l'a pas, elle ne s'explique pas par des motifs psychologiques ou matériels. Je m'empresse d'ajouter que ni

Platt Waller ni Sauerbruch n'étaient catholiques et que la foi de Hoiningen n'était pas franchement ardente. Le choix du bien n'était pas fait parce que ces personnes s'aimaient, ni parce qu'elles partageaient la même foi religieuse, ni même parce qu'elles appartenaient à la même caste (parmi elles, seul Hoiningen était militaire et noble), mais parce que tout autre choix était vécu comme mauvais.

Le choix du bien fonctionnerait-il alors comme mode « par défaut » en langage geek ? Ce n'était pas le cas en toutes circonstances comme en témoignent les décisions de Sauerbruch en matière d'expériences sur les êtres humains (cf. chapitre 6), mais aussi comme l'atteste le passé national-socialiste de Hoiningen. Le bien deviendra leur choix du fait de la rencontre entre des personnes très différentes qui opéreront de concert face à des défis communs et en présence d'un ou plusieurs individus qui catalyseront, au sens chimique du terme, leur bienveillance.

La trajectoire de Sauerbruch est précieuse ici. Les rencontres bimensuelles de la Mittwochgesellschaft, dont certaines se déroulent chez lui, joueront certes un rôle crucial en fournissant une couverture efficace aux rencontres clandestines entre les conjurés antihitlériens, comme celle, décisive, qui aura lieu entre Beck et Stauffenberg, qui formeront l'âme opératoire du complot. Ces réunions donneront surtout un cadre social et humain dépassant largement celui d'un simple putsch de militaires factieux.

La Gestapo découvrira, après l'attentat du 20 juillet 1944, que les conjurés se comptaient par milliers, dans des milieux politiques et professionnels très larges. Lorsqu'ils désignent les membres du gouvernement qui doit prendre les rênes après la mort de Hitler, ils pèchent certes par optimisme, puisque l'attentat sera un échec, mais probablement pas par présomption, car ce gouvernement était prêt à surgir de l'ombre.

Le Pr Sauerbruch de 1944 n'est plus celui du début de la guerre, et pas seulement par intérêt. Un pur calcul lui aurait dicté de livrer Hoiningen entre les mains des autorités policières du Reich.

Hoiningen aurait pu renouer avec Ferdinand Sauerbruch et Dagmar Schmidt après la guerre, mais rien ne permet de penser qu'il l'ait fait. La biographie allemande de référence sur le chirurgien ne mentionne pas le nom de Hoiningen. L'ouverture aux historiens de la correspondance de Hoiningen serait évidemment précieuse, mais nous avons vu ce qu'il en est à l'heure actuelle (cf. chapitre 9)…

CHAPITRE 12

Rendez-vous chez Adolf Eichmann

Les sauvés n'ont pas été les objets passifs de leur sauvetage, et l'on pouvait être tout à la fois sauvé et sauveur, de soi-même et des autres. Ce processus n'ira pas sans dilemmes moraux lorsque les artisans du mal absolu feront monter la pression : ce sera le cas lorsque Adolf Eichmann s'invitera directement dans ce qui n'est pas un jeu. Avant de se plonger dans cette séquence mortifère, un passage par la France où nous avons laissé mon père nous servira de sas, presque de détente, pour nous préparer à ce qui va suivre.

La guerre peut-elle être heureuse ?

Que le lecteur ne se méprenne pas : la guerre de mon père ne peut être qualifiée d'heureuse. Ne pas manger à sa faim, vivre avec le risque constant de l'arrestation et de l'internement, telle était la vie de mon père, comme celle de millions d'autres personnes, dans la zone française encore non occupée.

Cela n'allait pas s'arranger lorsque les troupes de l'Axe envahiraient la zone «nono*» en novembre 1942 : comme tant d'autres, il devra plonger dans la clandestinité, renoncer à son nom pour rester lui-même, changer de gîte à la moindre alerte. Sartre a écrit que «si le Juif n'existait pas, l'antisémite l'inventerait». Il aurait pu ajouter : si le résistant n'existait pas, la répression le fabriquerait. Sauf que mon père a anticipé le mouvement. Pour couronner le tout, les rares nouvelles du pays sont de plus en plus atroces.

Pourtant, Georges Heisbourg ne parlera presque jamais de sa guerre en France comme victime ou comme spectateur. Il va mener à bien avec un certain succès deux projets en principe contradictoires : se fabriquer une nouvelle normalité et participer à son niveau à la lutte contre l'ennemi. Pour cela il sera servi par son caractère et par la chance.

Après avoir franchi la ligne de démarcation, et rencontré quelques personnes à Montpellier et à Lyon, la normalité, ce sera d'abord la reprise des études universitaires, après l'année perdue 1940-1941. Il retourne à Grenoble où il va passer sa licence d'enseignement sur les deux années 1941-1942 et 1942-1943, avec une spécialisation en anglais et en littérature classique : en effet, mon père se destinait à une carrière d'enseignant, et il donnera des cours au collège Saint-Michel à Grenoble

---

* Non occupée, dans l'argot de l'époque.

246

pour gagner de quoi subsister. Heureux homme qui parviendra à boucler ses études supérieures avec un diplôme à la clé en pleine tourmente... Il dira même aux responsables universitaires qu'il envisage de démarrer une thèse de littérature comparée sur le roman de formation (*Bildungsroman*) en Allemagne et en France.

Normalité encore, notamment, grâce à la lettre de recommandation de Platt Waller (cf. chapitres 3 et 11) qui lui assure une protection consulaire, via la représentation des États-Unis à Lyon. Il pourra, entre autres, faire renouveler son passeport et donc avoir une identité légitime dans l'État plus policier que policé qu'était la France de Vichy, du moins tant qu'il n'aura pas basculé dans la clandestinité. Normalité de la vie quotidienne aussi : les balades dans les Alpes toutes proches, le ski.

Normalité enfin de la vie privée aussi, mais en donnant à la normalité une interprétation très large. Pendant l'année 1942-1943 qu'il a passée sur les bancs de l'université de Grenoble, mon père fait la connaissance d'une charmante personne à peine plus jeune que lui, qui dit s'appeler Anne-Marie Langlois. Réfugiée en France en 1938, elle avait passé son baccalauréat à Montpellier l'année précédente. Elle quitte la capitale du Languedoc lors de l'entrée des troupes allemandes en zone non occupée en novembre 1942. Elle parle excellemment l'allemand, comme si elle était née dans ce pays. En revanche, elle répond aux questions en cours de français avec un accent qui fleure bon la Bavière... L'un de ses professeurs, le philosophe Théodore Ruyssen (1868-1967) spécialiste de Schopenhauer, comprend de quoi il retourne, et la protégera[67]. Le jeune militant catholique conservateur luxembourgeois et la jeune réfugiée juive allemande s'entendront admirablement. Elle s'appelle en fait Anne-Marie Löwensohn (1920-2015), née à Fürth, fille de Robert Löwensohn, l'officier Juif, chef du corps franc bavarois, dont le chemin a pu croiser celui du baron lors de la répression de la république soviétique de Bavière au printemps 1919 (cf. chapitre 1). Tout va bien pour les jeunes gens dans une Europe qui bascule dans la Shoah, jusqu'au moment où il sera apparemment question de mariage. La notion d'un mariage religieusement mixte paraît impossible à l'un comme à l'autre, chacun étant fortement attaché à sa foi…

Heureux homme qui dit vouloir écrire une thèse sur le Bildungsroman alors que son pays est menacé de disparition? Heureuse femme qui me parlera plus de soixante-dix ans plus tard de son tourment amoureux, alors que s'entendait déjà le grincement des roues des wagons de la Solution finale? Rien n'est plus relatif que le bonheur… Je découvrirai tout cela, après la mort de mon père: elle, que je ne connaissais jusque-là ni d'Ève ni d'Adam, m'en parlera alors comme s'ils s'étaient quittés la veille.

Nos protagonistes sont des adultes, et c'est d'un commun accord qu'ils rompront cette éphémère relation, sans que les circonstances de la guerre ne leur aient dicté leur conduite et sans s'être abîmés l'un l'autre. C'est là que se niche une improbable normalité, et une forme de bonheur, celle de pouvoir prendre des décisions librement. La Gestapo qui les menaçait l'un et l'autre n'avait pu entrer dans leur bulle.

L'histoire se termine bien pour les deux, sans arrestation, ni camp, ni annihilation. Chacun refera sa vie et trouvera son bonheur domestique ailleurs. Je n'ai pris connaissance de cet épisode qu'en 2012. C'est alors que le fils de Georges Heisbourg, et Robert, le fils d'Anne-Marie Vitkine, née Löwensohn, tous deux nés la même année, sont devenus ce que nous appelons des «frères putatifs», et nos rejetons sont désormais des «neveux putatifs». L'un de mes neveux putatifs a écrit le livre de référence sur *Mein Kampf* en France, et a réalisé un documentaire salué par la critique sur Magda Goebbels : l'ange noir continue de traverser notre ciel.

Hélas, la fin des parents Löwensohn sera plus conforme à l'a-normalité dominante de l'Europe d'alors. Après avoir été interné pendant un temps à Royallieu en France, le père sera déporté à Auschwitz via Drancy le 18 septembre 1942 avec sa femme. Elle sera gazée peu après leur arrivée. Porteur du numéro 177976, il mourra lors d'une de ces marches de la mort que les nazis organiseront jusqu'à la chute ultime du Reich.

L'histoire effectue encore un autre rebond. J'ai expliqué que mon père était non seulement un conservateur catholique mais qu'il partageait les préjugés antijuifs de l'Église de l'époque, et cela d'autant plus facilement que, vus du Luxembourg, les Juifs étaient souvent des Allemands, cumulant ainsi les préjugés à leur encontre. L'inconscient chemine obscurément, mais le fait est que les trois enfants de mon père ont chacun choisi de partager leur vie avec un conjoint juif : avec humour, le grand rabbin de Luxembourg lui en fera d'ailleurs un jour la remarque… De fait, sur le tard, il regardera les choses autrement que du temps de sa jeunesse.

Dernière manifestation de cette normalité si peu normale des années de guerre, ce sera la rencontre de mon père, clandestin réfugié loin de toute garnison allemande, avec ma mère. Georges Heisbourg enseigne à Montbrison (Loire) à partir de septembre 1943. Il ne fume pas mais il touche sa ration de mauvais tabac. Un de ses élèves plus dégourdi que les autres a pour père un négociant en vins. La loi du marché (noir) servira de main invisible pour rapprocher le professeur non fumeur du marchand de vins présumé fumeur. Ils sympathiseront. La fille du négociant est belle et intelligente. Le mariage sera célébré après la Libération en septembre 1945.

L'a-normalité comme norme

Georges Heisbourg avait un double avantage. D'une part, il avait une idée assez claire de son devoir : le Luxembourg méritait d'être défendu, le Luxembourg, c'était un souverain et un gouvernement légitimes en exil, l'Allemagne était l'ennemi et aucun compromis n'était possible, le pétainisme, tel qu'il existait en France, ou son éphémère variante luxembourgeoise de l'été 1940 n'avaient pour lui aucun attrait moral, politique ou sentimental. D'autre part, il n'avait pas vraiment charge d'âmes : son père était mort avant la guerre, et les Allemands n'avaient pas de raison de s'en prendre à sa famille au pays, puisqu'il n'était pas parti contre le gré de l'occupant. Aussi, il va très vite graviter autour de la résistance chrétienne, animée entre autres par le cercle de Stanislas Fumet, qui fondera *Témoignage chrétien*. Il était cependant question d'échanger plutôt que d'agir.

Au tournant de 1941-1942, Grenoble était une ville tranquille, l'Allemand était encore loin et une Résistance balbutiante n'avait pas établi de centres de recrutement au coin des rues. Mon père jouera avec l'idée de passer en Espagne, comme en témoignent les formulaires de visas que j'ai retrouvés dans ses affaires.

Mais, à l'époque, l'Espagne vient d'envoyer la division Azul aux côtés de la Wehrmacht sur le front de Leningrad. Le Luxembourg étant en voie d'annexion par l'Allemagne, le sort d'un Luxembourgeois y était loin d'être évident : le passage par la case « camp de concentration de Miranda de Ebro » risquait d'être aussi interminable que redoutable. C'est plus tard que l'Espagne de Franco commencera à entrouvrir les vannes vers les ambassades des pays alliés à Madrid. Mon père tentera aussi des approches via les autorités consulaires américaines en direction du gouvernement belge en exil, mais la suggestion qui lui est faite de partir pour le Congo belge ne l'enthousiasme pas[68].

Deux personnages vont lui ouvrir d'autres horizons.

Donald Currie Caskie (1902-1983) était depuis 1935 le pasteur de l'église (*Kirk*) écossaise de la rue Bayard à Paris. Pris d'une inspiration, il refuse de monter dans le dernier navire britannique quittant la côte basque avant l'arrivée de la Wehrmacht. Dans le cadre du réseau « Pat O'Leary » (du nom de guerre d'un résistant belge, Albert Guérisse), il organise à Marseille le plus précoce et l'un des plus importants réseaux d'exfiltration hors d'Europe occupée de militaires du Commonwealth restés sur le continent après la chute de la France ou évadés des camps de prisonniers. Environ cinq cents soldats, marins et aviateurs lui doivent la liberté.

Caskie est un des organisateurs de la « grande évasion » de 56 prisonniers à Saint-Hippolyte-du-Fort (Gard). Contrairement à ce qui se passera dans le film *L'Armée des ombres* (1969) de Jean-Pierre Melville, Pat O'Leary hésitera à étrangler le délateur – un Britannique surnommé « Cole » – qui lui avait été signalé par Caskie. La suite sera dramatique : Cole en profitera pour faire tomber l'ensemble du réseau, dont la quasi-totalité des membres seront arrêtés et dont certains chefs, pris en zone occupée, seront guillotinés par les Allemands.

Caskie parvient à se réfugier à Grenoble au printemps 1941. Dans ses mémoires, qui seront un best-seller après la guerre, il évoquera les Luxembourgeois de Grenoble et leur enthousiasme pro-Alliés. Quand mon père lui demandera de pouvoir jouer un rôle militaire, l'Écossais lui répondra qu'il ne manque pas d'hommes aguerris pour le combat, et que mon père lui serait plus utile s'il pouvait loger des résistants, ou cacher des faux papiers.

Caskie tombera plus tard entre les mains des Allemands et échappera de peu à la condamnation à mort, sauvé par l'intercession d'un militaire luthérien allemand et peut-être par le fait qu'il rédigeait ses notes en gaélique des Highlands, langue peu pratiquée par la Gestapo. Il sera à Paris au moment de la Libération.

L'autre personnage est connu de tous les Français, puisqu'il s'agit de l'abbé Pierre, nom de guerre d'Henri

Grouès, aumônier alors installé à Grenoble qui entrera dans la clandestinité en août 1942. Mon père fait sa connaissance dans les premières semaines de 1943. Le courant passe : soutien aux personnes pourchassées, fabrication de faux papiers seront le lot de mon père, qui sera d'ailleurs lui-même le bénéficiaire de l'un et de l'autre de ces « services ».

Au début de 1943, Georges Heisbourg devient Georges Hébert : c'est facile à dire et à retenir, et cela correspond aux initiales brodées sur les chemises. Au lieu d'être le porteur du certificat d'identité numéro 334 établi le 30 juin 1942 par l'Office luxembourgeois à Vichy, il est l'heureux détenteur de la carte d'identité numéro 6325, censément établie à Grenoble le 18 janvier 1943. Georges Hébert est supposé être né dans le village de Champagnier (Isère) : un coup de téléphone à l'état civil de ce lieu minuscule (486 habitants en 1936) suffirait sans doute à éventer la ruse... Mais peut-être n'y avait-il pas le téléphone et encore moins de gendarmerie, et puis on était pressé.

En effet, la clandestinité et le changement constant de lieu d'hébergement étaient devenus impérieux depuis le débarquement des Alliés en Afrique du Nord à partir du 7 novembre 1942. Vichy rompt les relations diplomatiques et consulaires avec les États-Unis, laissant les Luxembourgeois dans une situation voisine de celle des apatrides, d'autant que le gouvernement Laval supprime aussi l'Office luxembourgeois à Vichy. Cette décision met des jeunes comme mon père en péril d'être livrés à l'Allemagne pour être envoyés sur le front de l'Est. Elle sera mortifère pour les Juifs de citoyenneté luxembourgeoise résidant en France, dont les premiers seront déportés vers Auschwitz au début du mois de mars 1943.

Le 11 novembre 1942, les Allemands et les Italiens envahissent la zone non occupée. Grenoble a la relative bonne fortune d'être occupé par les soldats de Mussolini, qui cultivent leur image d'*Italiani, brava gente*, faute d'être crédibles dans les registres qu'affectionnent les Allemands; des papillons circulent en ville sur le thème : « Ils sont arrivés en vainqueurs, la plume au chapeau, ils repartiront en vaincus, la plume au cul. »

L'Italie protégera les Juifs de la « petite Palestine » grenobloise, y compris contre les tentatives de rafles de Vichy, jusqu'en septembre 1943 quand les nazis se substitueront aux Italiens défaillants. En attendant, l'internement des étrangers des pays alliés devient la norme : même si le Luxembourg a un statut flou aux yeux des Italiens, mieux vaut prendre ses précautions [69]. Enfin, Vichy tente d'imposer le Service du travail obligatoire vers l'Allemagne à des classes d'âge de plus en plus nombreuses. Le tout nourrira naturellement l'insoumission et bientôt les maquis des Alpes.

Georges Heisbourg travaille donc avec l'abbé Pierre : cela laissera des traces, et mon père rendra visite à plusieurs reprises à l'abbé durant ses vieux jours qu'il passera à l'abbaye bénédictine de Saint-Wandrille en Normandie. Mais avec l'Occupation, Grenoble devient dangereux pour les résistants et les étrangers en situation irrégulière comme pour les Juifs. En avril 1943, la police française des étrangers commence à s'intéresser à la poignée de Luxembourgeois de Grenoble. Caskie sera emprisonné par les Italiens à la même époque. L'abbé Pierre prend le maquis. De toutes les grandes villes de France, Grenoble est une de celles où les coups d'éclat de la Résistance seront les plus spectaculaires, mais c'est encore plus sûrement l'une de celles où la répression par la Milice et par la Gestapo sera la plus féroce. Le point d'orgue de cette lutte sera la destruction du massif polygone d'artillerie de Grenoble par la Résistance à la fin 1943, suivie par une Saint-Barthélemy contre les patriotes. Grenoble sera l'une des cinq communes de France décorées du titre de Compagnon de la Libération et, avec Vassieux-en-Vercors, la seule située dans la France de Vichy.

Mon père prend le risque de passer ses examens de fin d'année universitaire sous son vrai nom, partant du principe qu'il aura le plus grand mal à faire valoir ses droits après la guerre s'il utilise son pseudonyme. Il commençait à bien connaître les limites de l'administration universitaire française... Puis il part à Montbrison, et le lecteur sait déjà ce qui va se passer dans cette sous-préfecture située à trente-cinq kilomètres de la garnison allemande la plus proche.

Comparés à ce qu'il a vécu dans le chaudron grenoblois, ces temps-là sont tranquilles pour mon père alors même que la guerre s'achemine vers sa fin paroxysmique. En août 1943, il rejoint l'institution Victor-de-Laprade qui regroupe près de deux mille élèves de la région de Montbrison, sous la houlette des curés. Sous le nom d'Hébert il enseignera l'allemand et l'anglais, et fera du monitorat sportif. Il a trouvé le gîte, le couvert et, quelques mois plus tard, rencontrera sa future épouse. Son futur beau-père, Henri Pinet, est un autodidacte cultivé, un peu anarchisant et plutôt antimilitariste : quatre ans de front en 1914-1918 et les gaz de combat ont laissé leur empreinte en lui. Un négociant en vins a entre autres vertus celle de rayonner dans une région, de rencontrer tout le monde, cela lui donne l'occasion de trocs multiples. Il arrive que l'on fasse de l'abattage clandestin pour nourrir les gosses de Laprade ou pour ravitailler le maquis qui s'est implanté à une trentaine de kilomètres de là dans les monts du Forez.

Il y a là, probablement, plus de soldats du Reich sous la forme de déserteurs des territoires annexés par l'Allemagne en Pologne et en Tchéquie, que de troupes régulières allemandes, dans cette plaine du Forez, dépourvue de la moindre *Ortskommandantur*. L'arrondissement fêtera d'ailleurs sa libération le 20 août 1944, près de quinze jours avant l'arrivée des avant-gardes de l'armée de De Lattre, qui débarque sur les côtes varoises à partir du 15 août. Mon père a la bougeotte, il veut retrouver son pays et les siens. Cependant, les colonnes allemandes qui remontent du sud-ouest en direction du Rhin bloqueront sa progression tout comme celle de l'armée de Provence : ce n'est que le 12 septembre que les forces de Leclerc venues de Normandie et les troupes de De Lattre feront leur jonction en Bourgogne.

Mon père enfourche son vélo dès le 5 septembre, suit à la trace la retraite allemande, retrouve son ami Léon Lefort qui avait trouvé refuge du côté de Bourges, et arrive à Paris une dizaine de jours plus tard. Il y retrouve le révérend Caskie, qui lui délivre, le 19 septembre, un précieux certificat[70] indiquant que Georges Heisbourg *is a most promising young gentleman and one in whom the allies may have every confidence*: un jeune homme prometteur en qui les Alliés peuvent placer toute leur confiance. Les autorités lui donnent l'autorisation de circuler jusqu'à Luxembourg, tout l'est de la France étant alors dans la zone d'opération des armées. Les deux gaillards arrivent chez eux le 22 septembre, la veille du retour en bon ordre du gouvernement luxembourgeois en exil.

C'est probablement aussi autour de cette date que Hoiningen retrouvera son foyer à Luxembourg. Ils l'ignorent et s'ignorent. Ils ne se rapprocheront qu'après leurs morts respectives, partageant le même cimetière à quelques dizaines de mètres l'un de l'autre, ce que je ne découvrirai qu'en 2017…

Le gouvernement rétabli dans ses murs demandera à mon père de monter un office d'information gouvernemental. Alors que la guerre continuait pour les Luxembourgeois et les forces américaines installées dans le grand-duché, il s'agissait, dans le chaos administratif ambiant, d'aider la population et les correspondants de presse nationaux et étrangers à obtenir des informations fiables sur la marche des affaires publiques. Georges Heisbourg en profitera aussi pour prendre la plume afin de commenter l'actualité. L'année suivante, après son mariage, il rejoindra son premier poste diplomatique à Londres. Il n'enseignera plus l'anglais aux têtes blondes ou brunes dans les écoles.

Pour mon père, il n'y avait pas de complexité du bien : c'était pour lui une grande chance et une grande bénédiction. (Les choses se présenteront avec moins de clarté et de manière plus dramatique pour ceux qui seront convoqués par Eichmann.) L'attitude patriotique de Georges Heisourg sera reconnue dès janvier 1945. Il recevra par la suite la carte de Résistant luxembourgeois avec le numéro 818.

Le cercle des sauvés

Sous l'Occupation, Hoiningen se trouve au point de rencontre de ce que j'ai appelé le club des sauveurs et le cercle des sauvés que formaient les Juifs se trouvant sur le territoire luxembourgeois. Cette communauté de 2 300 personnes au moment où Hoiningen devient le chef de la Passierscheinstelle était hétérogène, avec un tiers environ de Juifs citoyens du grand-duché et deux tiers de réfugiés de plus ou moins fraîche date. Ce groupe était par ailleurs instable : le but des sauveurs était d'en amener un maximum vers la liberté dans les meilleures conditions possibles, l'objectif des Allemands était de les dépouiller, de les humilier, de les expulser et, éventuellement d'abord, systématiquement ensuite, de les tuer, cependant que les sauvés potentiels étaient partagés entre ceux qui voulaient partir et ceux qui hésitaient à prendre le chemin de l'exil.

Les deux tiers de cette communauté quitteront le pays avant que les trains ne prennent systématiquement la direction de l'est et des camps de la mort, à partir de la mi-octobre 1941. Près de 900 finiront par trouver refuge hors de l'Europe occupée.

Dans un pays minuscule disposant d'un appareil administratif bien outillé dont l'occupant s'était emparé, cela aurait pu se passer comme aux Pays-Bas, où environ 107 000 Juifs sur 140 000 furent déportés, et une vingtaine de milliers de survivants durent leur salut au fait que les nazis n'avaient pas eu le temps de s'en prendre à eux, car conjoints juifs de mariages dits mixtes. Les sauveurs que nous avons évoqués plus haut n'auraient pas réussi si les sauvés ne s'étaient pas organisés de leur côté en liaison efficace avec les sauveurs.

Cela passait par un binôme qui n'est pas spécifique au Luxembourg mais qui y a peut-être trouvé sa forme la plus achevée, grâce à la fois aux dimensions du pays et à l'activité du club des sauveurs. D'un côté, nous avons le consistoire avec à sa tête le grand rabbin Robert Serebrenik, personnage efficace et respecté. Son rôle s'achèvera avec son départ vers Lisbonne en mai 1941 à la suite de sa convocation chez Eichmann. De l'autre, s'activent les Juifs représentant à des titres divers les organisations juives américaines évoquées dans le chapitre 3, notamment les associations philanthropiques que sont l'HICEM et le Joint (le Joint Distribution Committee) basé à New York. Ici, le personnage d'Albert Nussbaum également cité plus haut est essentiel.

S'y ajoutera un personnage étonnant, Salomon Trone, responsable au Joint et à l'HICEM et surtout la cheville ouvrière de la colonie juive que Rafael Trujillo, dictateur de la République dominicaine, avait proposé de créer à l'occasion de la conférence d'Évian de 1938. Installée à Sosua, près de Puerto Plata bien connu des touristes d'aujourd'hui, cette colonie à vocation agricole accueillera près de 700 Juifs européens* à partir de 1941.

---

* La République dominicaine délivrera jusqu'à 4 000 visas à des Juifs pendant la guerre.

À New York est mise sur pied la *Dominican Republic Settlement Association* (DORSA) financée par le Joint et dirigée par James Rosenberg, qui avait créé une zone de développement agricole juive en Crimée, dite Agro-Joint, avec l'aide du gouvernement soviétique pendant les années 1920. Trone avait aussi sa connexion avec la jeune Union soviétique, ayant participé à son électrification en tant que cadre supérieur à la General Electric. Il devait choisir les candidats de la colonie pionnière en République dominicaine, de préférence des familles jeunes avec un savoir-faire agricole ou artisanal approprié pour ce qui devait ressembler à un kibboutz tropical. Le Luxembourg sera l'un des points de recrutement, et un groupe dit du Luxembourg, d'une quarantaine de personnes, sera constitué, dont 17 citoyens grand-ducaux : ils embarqueront à Lisbonne le 3 juin 1941 [71].

Ce flash-back sur cet épisode exotique peu connu du sauvetage des Juifs n'a pas simplement une visée pédagogique. L'activité de Trone fait ressortir deux points qui dépassent cette curiosité dominicaine.

D'une part, Trone se déplace sans difficultés majeures en tant que Juif et Américain en Europe occupée et non occupée. De janvier à mars 1941, il fera un périple Lisbonne-Bayonne-Luxembourg-Amsterdam-Luxembourg-Paris-Lisbonne. Ses interventions à Bayonne seront cruciales pour limiter les malheurs des 293 passagers du convoi de Juifs bloqué par une fusillade à la frontière portugaise en novembre 1940 (cf. chapitre 3). C'est grâce à son intervention qu'une majorité de ces réfugiés finit par quitter l'Europe pour les États-Unis ou la République dominicaine. Si les pérégrinations de

Trone sont probablement exceptionnelles, elles ne sont pas uniques, comme en témoignent les allers-retours d'Albert Nussbaum entre Luxembourg et Lisbonne.

Serebrenik pour sa part avait lui aussi fait le voyage de Lisbonne, et se rendra plusieurs fois à Berlin sans escorte policière – indépendamment de sa convocation par Eichmann – afin de coordonner son activité avec celle de ses collègues de la communauté juive allemande. Le Luxembourg étant réputé faire partie du Reich, il n'avait pas besoin d'obtenir un laissez-passer pour un déplacement jusqu'à Berlin. Il existe donc encore, avant l'automne 1941, une certaine liberté de mouvement et d'action.

D'autre part, Serebrenik va mettre Trone en rapport avec Hoiningen qui s'intéresse au projet dominicain : il trouvera en Franz un « homme vraiment cultivé dont l'esprit n'a rien à voir avec le genre Gestapo » *. Le baron se propose de lui signer sur-le-champ un laissez-passer pour Amsterdam, sa prochaine étape européenne. Trone ajoute dans son rapport de mission à Rosenberg que Platt Waller avait pour sa part chanté les louanges de Hoiningen. Ainsi fonctionnent les engrenages qui permettront le sauvetage.

Nous avons déjà évoqué dans le chapitre 3 les ambiguïtés d'une situation dans laquelle les objectifs des sauveurs et des nazis coïncidaient sur un point, celui du départ souhaité des Juifs. Nous avons vu aussi que cela

---

* On notera qu'Albert Nussbaum emploiera une formule voisine concernant le baron dans un rapport secret au Joint en mai 1941 (« *A german officier who has been very fine with the Jews in Luxembourg, Captain von Hueme* (sic) »). (Archives Marcel Salomon.)

ne permet pas de faire l'amalgame entre les premiers et les derniers, et personne ne s'y trompait à l'époque, et personne donc ne devrait s'y tromper de nos jours. Dans ce récit, l'épreuve ultime de cette proposition se jouera dans le bureau d'Eichmann.

Huis clos chez Eichmann[72]

Lorsque Serebrenik est convoqué à Berlin dans le bureau d'Eichmann le 24 avril 1941, l'étau se resserre autour de la communauté juive. Le 28 février, une première tentative d'incendie criminel a été perpétrée contre la synagogue de Luxembourg. Le 18 avril est mise en place la législation autorisant la confiscation des biens des Juifs, au-delà du séquestre déjà imposé à l'encontre d'entreprises et de commerces réputés juifs. Hoiningen a informé le grand rabbin du rôle joué par Eichmann dans la persécution des Juifs à Vienne et en Pologne. Surtout, il le prévient que l'émigration des Juifs résidant dans les territoires contrôlés par l'Allemagne allait être bientôt interdite (ce sera chose faite à la mi-octobre), et que ces Juifs seraient alors déportés vers l'Est pour subir un sort «pire qu'à Dachau» d'après le témoignage du grand rabbin rédigé en 1963.

Lorsque Robert Serebrenik, flanqué de deux agents de la Gestapo, se rend à Berlin le 24 avril, il reste 947 Juifs à Luxembourg, chiffre à comparer aux 3 997 un an plus tôt. C'est cette remarquable réduction qui semble avoir piqué la curiosité d'Eichmann, qui sait que cet exode n'est pas principalement le fait des nazis qui gouvernent le Luxembourg.

Le jeudi 24 avril à 11 heures du matin s'ouvre la première séance dans l'imposant bureau d'Eichmann dans un bâtiment du *Reichssicherheitshauptamt* (RSHA, la direction de la Sûreté du Reich), au 116 de la Kurfürstenstrasse (les lieux seront détruits en 1966; on y trouve de nos jours un «théâtre érotique», la *Kleine Nachtrevue*). Serebrenik sera accompagné par un collègue du consistoire, deux représentants de l'union des Juifs du Reich (*Reichsvereinigung der Juden*) dont le Dr Epstein auquel Serebrenik avait eu affaire en d'autres occasions, et par un mystérieux conseiller commercial (*Kommerzienrat*) de la communauté juive de Vienne, le Dr Storfer, qui paraît vivre à son aise à l'hôtel Adlon. Nous reprendrons ici les mots du grand rabbin, qui déposera en 1960 son témoignage pour le procès d'Eichmann à Jérusalem en 1961:

«À 11 heures précises, on nous ordonna d'entrer dans le bureau d'Eichmann [...] La pièce mesurait quatre mètres sur quatre environ et était luxueusement meublée. Un homme était assis à son bureau en train d'écrire [...] Je m'étais avancé jusque près du bureau [...] Sans lever les yeux, l'homme cria: *Trois pas en arrière, Juif...!* L'homme était Eichmann. Il portait des vêtements civils. Il leva à peine les yeux mais me parut bel homme. *Ainsi donc, c'est vous, le Herr Oberrabiner*, dit-il d'emblée, ajoutant que le Luxembourg était un Gau allemand qui devra devenir *judenrein so oder so* [d'une manière ou d'une autre] [...] Il me demanda ce que j'avais à en dire, étant donné qu'il avait été informé de l'*étrange rôle* que je jouais à Luxembourg, de mes relations avec les consulats latino-américains et de mon influence auprès du Joint à Luxembourg. D'ailleurs est-ce que je ne pouvais pas m'occuper de 4 000 Juifs allemands bloqués dans des trains à Berlin, à cause de *ces stupides Espagnols*? »

Le dénommé Storfer avait de son côté remis la veille une note à Eichmann concernant l'émigration des Juifs du Luxembourg qui, selon lui, devait être gérée par lui et le Dr Epstein. Pendant cet échange, et plus tard dans la journée, Eichmann montrera qu'il a une connaissance fine de la façon dont Robert Serebrenik avait organisé les départs notamment à Lisbonne. Ce dernier écrira d'ailleurs : « [À Lisbonne], j'avais été constamment pris en filature par les agents du consulat allemand… »)

Eichmann dit à la fin de ce premier entretien : « Vous jouez à un drôle de jeu avec moi. On ne peut pas échapper à la Gestapo. Vous devez trouver une autre façon de sortir les Juifs du Luxembourg. Vous avez onze jours pour le faire. Sinon, j'ai déjà fait des préparatifs pour faire "travailler" les Juifs. » Le grand rabbin demande du temps pour préparer un aide-mémoire exposant ses idées sur le transfert des Juifs vers Lisbonne. Eichmann lui dit de revenir avec la note dans l'après-midi.

Les travaux reprennent à 15 heures. Eichmann met les participants au garde-à-vous et se met à éructer : « Il faut arrêter ça. Si vous ne faites pas ce que je vous dis, dans le temps imparti, tous les Juifs le paieront cher. »

Serebrenik remet sa note, qui faisait le point sur la réduction du nombre des Juifs depuis 1940 et l'état actuel de la communauté juive : 947 personnes (soit quatre fois moins en l'espace d'un an), dont 305 grabataires, malades, vieillards et indigents, 150 personnes âgées de soixante ans ou plus, 61 de moins de dix-huit ans. S'y ajoutent des préconisations sur l'obtention de visas et les moyens de transport.

Eichmann y apporte quelques modifications. Il exige que Serebrenik lui procure des dollars. Il ordonne l'arrêt complet de l'expulsion de Juifs vers la France non occupée et en rend le grand rabbin responsable. Par ailleurs, Eichmann donne son accord pour le départ des Juifs du Luxembourg vers le Portugal : ce sera le convoi du 26 mai 1941 et peut-être aussi le « dernier train » d'octobre 1941 vers Lisbonne. Il encourage Serebrenik à faire usage de ses bonnes relations avec le Joint. Celui qui sera bientôt le grand organisateur de la Shoah conclut en disant au grand rabbin qu'il n'a pas beaucoup de temps puisque toutes les issues seront bientôt fermées...

Robert Serebrenik rentre au Luxembourg le 26 avril. Il est sauvagement agressé deux semaines plus tard, la synagogue faisant l'objet d'une attaque en règle. Elle sera fermée le 16 mai avant d'être détruite. Serebrenik, averti par Hoiningen de sa liquidation prochaine, se joint au convoi du 26 mai vers Lisbonne. Il refera sa vie à New York, animant la synagogue Ramath Orah sur Park Avenue et la 110ᵉ Rue. En avril 1944, un malfaisant peindra une croix gammée sur le mur de l'édifice : Robert Serebrenik l'effacera lui-même.

La dernière issue se referme

Albert Nussbaum, *transmigration head* du Joint à partir de mai 1941, s'établit provisoirement à Lisbonne.

265

Il y devient directeur de la *Comissão portuguesa de assistência aos Judeus refugiados* (COMASSIS). Le Portugal cesse cependant d'être une voie de sortie importante à partir de juin 1941 avec le refus de plus en plus systématique des États-Unis et de leurs alliés latino-américains d'octroyer des visas à des ressortissants (y compris juifs) issus de territoires contrôlés par les nazis, par crainte d'infiltrations subversives ; et davantage encore lorsque les Allemands interdisent l'émigration des Juifs hors des zones occupées par le Reich : à partir de la mi-octobre, tout est prêt pour la Shoah. Parmi les Juifs qui vivent dans les pays occupés par l'Axe, seuls seraient autorisés à partir ceux qui seraient échangés avec des ressortissants allemands internés par les Alliés, ou livrés en contrepartie de devises fortes ou d'actifs industriels : ces opérations portaient sur de petits nombres (quelques centaines de personnes dans chaque catégorie en Europe occupée). Vers la fin de la guerre, l'humour désespérément noir de ces temps avait voulu formuler sous des termes contrastés le destin de ces rares *Austauschobjekte* (objets d'échange) et celui du plus grand nombre, les *Austauschwitz*[73].

Nussbaum estimait qu'il ne pouvait plus faire grand-chose après l'arrivée au Portugal des derniers réfugiés munis des derniers visas délivrés par les États-Unis ou les pays d'Amérique latine, et le franchissement *in extremis* de la frontière franco-espagnole par le « dernier convoi » luxembourgeois le 5 novembre. L'entrée en guerre des États-Unis, en décembre 1941, et de la plupart de leurs partenaires latino-américains pendant les mois suivants, allait aussi provoquer la fermeture de leurs lignes de navigation civiles. Resteront disponibles pour la traversée de l'Atlantique depuis Lisbonne trois paquebots portugais, le *Serpa Pinto*, le *Mouzinho de Albuquerque* et le *Nyassa*. Albert Nussbaum quitte ainsi Lisbonne pour l'Amérique latine le 28 janvier 1942 sur le navire portugais *Nyassa*. Alors qu'il y avait environ 10 000 réfugiés au Portugal, dont 90 % environ de Juifs à la fin 1940, ils ne seront plus que 800 à la mi-1942. En comptant large, de 13 000 à 15 000 réfugiés juifs passeront par le Portugal entre 1939 et 1944[74].

CHAPITRE 13

L'emprunt fait à Hannah Arendt

Le piège des formules chocs

Hannah Arendt (1906-1975), élève et amante de son professeur Martin Heidegger à la fin des années 1920, devenue la philosophe et la politologue émérite du totalitarisme après son départ de l'Allemagne nazie, écrivait que «les mots justes trouvés au bon moment sont de l'action». Elle en fera la brillante démonstration avec le concept de «banalité du mal» développé dans son *Eichmann à Jérusalem*. Cette formule a fait florès, reprise dans les contextes les plus divers, occupant un champ sémantique dépassant de loin la pensée de son auteur. Que dit en substance Hannah Arendt : Eichmann, comme d'autres criminels nazis, n'est manifestement pas un psychopathe ; c'est dans ce sens qu'elle peut affirmer qu'Eichmann est un homme normal. Il savait ce qu'il faisait.

L'on peut certes critiquer la philosophe lorsqu'elle dépeint Eichmann comme un exécuteur d'ordres plutôt qu'un donneur d'ordres : dans ce sens, elle est tombée dans le panneau de la défense d'Eichmann qui cherchait à minorer son rôle et donc sa responsabilité. Nous savons qu'il n'en était rien, et que lui et ses collaborateurs et collaboratrices procédaient avec enthousiasme à l'organisation du massacre des innocents. Mais elle n'écrit pas que les crimes de cet Adolf étaient banals, ou que la normalité de cet homme (normal dans le sens où il ne souffrait pas de troubles psychiatriques) signifierait que nous aurions tous de l'Eichmann en nous puisque nous aussi sommes normaux. La philosophe dit exactement le contraire lorsqu'elle rappelle qu'Eichmann faisait consciemment et volontairement ce qu'il faisait, et que, à l'inverse, il n'est pas possible de transformer tous les hommes en bourreaux. Pour la philosophe, il demeure toujours un espace pour des choix moraux, y compris dans un régime totalitaire.

Pour moi, c'est cela qui explique sa charge souvent injuste à l'encontre des conseils juifs (*Judenräte*) mis en place par les nazis, au point de perdre de vue que le nazisme pouvait créer des situations impossibles. Nous avons vu le cas des jeunes Luxembourgeois, qui pouvaient soit prendre le maquis et refuser ainsi l'incorporation dans la Wehrmacht – refuser donc de trahir leur pays et de tirer sur leurs libérateurs, mais en provoquant la déportation de leurs proches vers l'Est –, soit accepter l'inacceptable pour sauver leurs proches (cf. chapitres 3 et 10). Il reste que Hannah Arendt, dans ses excès mêmes, souligne la primauté du libre arbitre et refuse, ce faisant, toute équivalence morale (ou plutôt immorale) entre les bourreaux et les victimes.

Hannah Arendt a été piégée par le succès même de l'expression «banalité du mal» qui est désormais devenue un aphorisme signifiant que le mal est si banal que n'importe qui peut être amené à faire n'importe quoi. Non seulement chaque bureau peut abriter un bourreau, mais un Eichmann sommeillerait en chacun de nous. Le remarquable roman de Jonathan Littell, *Les Bienveillantes*, prix Goncourt 2006 et best-seller aussi prodigieux qu'inattendu, porte à son paroxysme ce présupposé, ce soleil noir qui fascine, du mal absolu qui ne demande qu'à être réveillé en chacun de nous. Cette dérive est d'autant plus irrésistible que l'Histoire est pleine d'exemples de gens ordinaires qui deviennent des bourreaux alors que, contrairement à Eichmann, ils ne croient pas à la cause qu'ils servent. Il est facile de croire le pire.

Le problème, c'est que ce détournement de sens est lourd de conséquences. Pris au pied de la lettre, il signifierait qu'il n'y a pas de différence fondamentale entre les victimes et les bourreaux, que tout est affaire de circonstances et de contingence. Appliqué à l'entretien entre Eichmann et Serebrenik, cela signifierait que les deux sont parfaitement interchangeables, que chacun ne jouait qu'un rôle imposé, que Serebrenik avait le beau rôle, seulement parce qu'il était juif et non parce qu'il était un homme moral. C'est là qu'un personnage comme le baron vient fort heureusement casser cette vision désespérante. Lui, comme d'autres, choisit le camp du bien alors que rien en apparence ne l'y prédisposait (cf. chapitres 1 et 2).

Deux autres noms viennent nourrir la vulgate du bourreau qui seront en chacun de nous, ceux de Steven Milgram (1933-1984) et de Christopher Browning (né en 1944). Milgram est connu pour avoir procédé au début des années 1960 aux tests portant désormais son nom. Dans cette expérience, des sujets participent, sous l'autorité d'une personne reconnue comme légitime, à une séquence dans laquelle il leur est demandé d'appliquer des traitements de plus en plus cruels, sous la forme de décharges électriques, à des inconnus afin de mesurer les capacités d'apprentissage de ces derniers : s'ils apprennent mal ou lentement, la puissance de la décharge suivante est augmentée. En l'occurrence, les décharges électriques sont factices comme le sont les réactions apparentes des cobayes humains qui y sont soumis. Et le but réel de l'expérience est en fait de mesurer le degré d'obéissance à un ordre contraire à la morale. Sans rentrer ici dans le protocole de l'expérience, force est de constater qu'une proportion élevée de participants, qui ont été sélectionnés au hasard, sont prêts à pousser les décharges jusqu'à un niveau mortel (censément à 450 volts). Si le test a été souvent critiqué pour les failles de son protocole ou l'exploitation de ses résultats, il permet néanmoins de tirer la conclusion que, dans certaines circonstances, des personnes supposées morales peuvent être amenées à faire des choix profondément immoraux. Ces conditions, sur lesquelles je reviendrai, sont spécialement prévalentes dans un système totalitaire.

Comme l'expérience était conduite en milieu démocratique et universitaire, à Yale en l'occurrence, il était tentant d'ériger ces résultats du test de Milgram en loi universelle : nous, qui vivons sans contrainte dans un environnement démocratique et humaniste, n'en sommes pas moins tous des bourreaux en puissance. C'était oublier l'autre conclusion : au fil de l'expérience, un nombre croissant de participants refuse d'obéir aux ordres ; le choix moral se manifeste.

Christopher Browning est un historien expérimenté et attentif, spécialiste notamment de la prise de décision durant la Shoah. Comme Hannah Arendt, il va donner un titre-choc à l'un de ses livres : *Des hommes ordinaires.* *Le 101e bataillon de réserve de la police allemande et la Solution finale en Pologne* (paru en 1992 aux États-Unis) ; ce bataillon étant l'unité dans laquelle ont servi les militaires luxembourgeois volontaires mentionnés plus haut (cf. chapitre 10). Et comme Hannah Arendt, il sera piégé par son titre détourné du sens qu'il voulait lui donner.

L'historien opère avec nuances, rappelant que le groupe de départ n'était pas ordinaire : ceux qui le rejoignaient se doutaient qu'ils n'étaient pas là pour cueillir des marguerites. Il montre combien la politique de ressources humaines (inhumaines en l'occurrence) facilitait la dé-sélection de ceux qui n'avaient pas de dispositions pour tirer sur des nourrissons lancés en l'air comme des pigeons d'argile : personne n'a été fusillé sous le Troisième Reich pour manque de zèle dans le massacre à froid des innocents. À la sortie, le groupe est formé d'hommes motivés pour leur tâche infâme. Les hommes qui le composent ne sont ordinaires qu'au sens où Hannah Arendt écrit que les nazis n'étaient pas des fous.

La puissance du mal

Si le libre arbitre demeure, il est non moins clair que, dans certaines circonstances, des faibles, des indifférents et des opportunistes feront le choix du mal et non celui du bien : un Hoiningen qui laisserait les Juifs face au Gauleiter, un consul qui se contenterait d'une interprétation *a minima* de sa tâche, un général qui s'installerait dans la villa d'une famille déportée et qui enverrait à sa propre famille restée au pays les meubles et tableaux volés à leurs propriétaires légitimes.

Les régimes totalitaires, plus que d'autres, réunissent les conditions qui favorisent de tels choix délibérés ou par défaut. Ces régimes ont la puissance nécessaire pour imposer ce que les Mexicains du temps du parti unique appelaient le *pan o palo*, le pain de la corruption ou le bâton de la répression. Cette formule peut être étendue par l'État-dictature non seulement aux sujets de la dictature, mais aussi à ceux qui sont exclus de la communauté nationale.

La Pologne occupée par les nazis de 1939 à la Libération était détruite en tant qu'État et ses élites professionnelles, intellectuelles et religieuses systématiquement massacrées. Cela n'empêcherait pas le Reich d'y procéder à une version extrême du pan o palo. D'un côté, les biens des trois millions de Juifs (plus de 10 % de la population de la Pologne occupée) étaient en partie cédés aux Polonais, et il fallait une certaine abnégation pour refuser à sa famille le toit et les meubles d'une famille d'autant plus qu'on se doutait qu'elle ne reviendrait jamais, alors que la guerre vous avait traité durement. Et de l'autre, c'était la peine de mort pour tous ceux qui aideraient un Juif, tous, y compris les proches : voilà un niveau d'intimidation que le nazisme n'appliquera jamais en Europe de l'Ouest. Dans ces conditions, je suis frappé d'admiration en constatant que plus de 6 600 Justes ont pu être reconnus en Pologne par Yad Vashem, le chiffre le plus élevé d'Europe. Dans ces conditions, je m'explique mieux les pogroms qui ensanglantent la Pologne après la Libération, notamment à Kielce (42 morts en juillet 1946) : près de 200 000 survivants de la Shoah ont le « mauvais goût » de revenir en Pologne pour tenter d'y reconstruire leur vie, si possible dans leurs murs. Ceux qui y avaient pris leur place ne craignaient pas seulement de perdre leurs biens mal acquis. Ces Polonais-là ne pouvaient pardonner aux Juifs d'avoir survécu à la Shoah, ces Juifs qui les mettaient ainsi en face de leurs responsabilités. L'antisémitisme sans Juifs qui se manifeste aujourd'hui encore en Pologne en est la conséquence. C'est dire la puissance du mal.

Le totalitarisme a pour avantage supplémentaire de bénéficier de la puissance d'une idéologie qui légitime son action. L'être humain est un animal social et donc porté à une certaine grégarité : l'idéologie, quelle qu'elle soit, permet de cristalliser cette grégarité. Pour sa part, le contenu de l'idéologie exerce par définition un attrait certain sur une fraction notable de la population : sans cela il n'y aurait pas de prise de pouvoir durable.

Le communisme, le nazisme, l'islamisme radical ont dû leur puissance pas seulement au pan o palo, mais tout autant à ce champ de force et d'attraction alimentant le zèle des adhérents et le conformisme des indifférents. Il aura fallu soixante-dix ans pour que l'État soviétique s'effondre sous le poids de ses contradictions, et il aura fallu une coalition mondiale embrassant les démocraties occidentales et l'URSS pour venir militairement à bout du nazisme, au prix d'une soixantaine de millions de morts.

Il n'est pas difficile de décrire la puissance du mal. Pourtant, il ne triomphe ni partout ni toujours, même dans les espaces où il règne en maître.

Les failles du mal

Visiblement le mal a quelques failles intrinsèques. L'une d'entre elles tient aux contradictions internes de l'idéologie du régime, de la dissonance cognitive entre le mythe mobilisateur et les résultats constatés. Le rêve communiste devient cauchemar stalinien puis stagnation brejnévienne. L'Allemagne des nazis, fière, prospère, ethniquement « pure », rétablie dans ses droits supposés, fait place aux villes bombardées, à la jeunesse sacrifiée sur les champs de bataille et aux millions d'esclaves étrangers nécessaires pour faire tourner ce qui reste alors de l'appareil industriel.

Si en l'URSS le mythe mobilisateur est démobilisé bien avant l'effondrement économique et sociétal, il n'en va pas de même pour l'Allemagne nazie. La mobilisation des esprits, et donc des corps, persiste jusqu'aux derniers jours, qu'il s'agisse du bureaucrate qui rédige le

20 avril 1945 dans les décombres de Berlin la dernière annotation sur le dossier de recherche de Hoiningen ou des centaines de milliers de morts dans les combats visiblement vains que livrent les Allemands en 1945, ajoutés à l'hécatombe des déportés lors des marches de la mort.

L'idéologie et le mal absolu auront eu la vie plus dure que les replis militaires et les réalités économiques. Avec la Shoah, c'est cette atroce résilience qui fait de l'Allemagne nazie un astre noir qui la distingue des autres projets totalitaires. Il faudra envahir militairement l'Allemagne et en détruire physiquement les institutions pour venir à bout du nazisme. Ce n'est donc pas forcément dans cette direction que l'on trouvera les failles qui permettront la manifestation du bien à l'intérieur du gouvernement des assassins.

Une autre faille existe, et elle tient en première instance à la normalité de l'homme, au fait que l'être humain est normalement capable de choix moraux, bons ou mauvais, au sens où l'entend Hannah Arendt. Cela ne suffit cependant pas : encore faut-il que la disposition au bien l'emporte fondamentalement sur la capacité à choisir le mal. Or, à y regarder de plus près, tel paraît être le cas, sous deux aspects complémentaires.

Tout d'abord, et contrairement au préjugé selon lequel nous serions tous des bourreaux en puissance, l'analyse empirique montre que, dans les projets génocidaires, les bourreaux efficaces ne sont pas très nombreux, et que leur sélection n'est pas aléatoire. Le livre de Didier Epelbaum, *Des hommes vraiment ordinaires ?*

Les bourreaux génocidaires, procède, à travers plusieurs génocides du XXᵉ siècle (des Arméniens, des Juifs, des Tutsis), à un examen difficile à réfuter du recrutement, de l'organisation et de la motivation des bourreaux. C'est à lui que je dois d'employer la formule de «cidocratie».

Je me permets de citer les dernières lignes de cet ouvrage fondateur:

«[Les] recruteurs de la cidocratie [...] ont bien créé des bourreaux à partir d'hommes ordinaires en leur forçant la main, mais ces derniers constituent une force d'appoint, jamais un noyau dur [...] Les maîtres bourreaux savent que la propension au mal existe chez tous, mais à des niveaux inégaux [...] Mais une partie importante de la population éprouve une aversion, une allergie [...] elle s'identifie à la souffrance d'autrui.

«Fracasser des bébés et violer à tour de bras.

«Oui, plutôt mourir[75].»

Epelbaum s'intéresse aux bourreaux proprement dits, ceux qui exécutent les victimes de leurs mains. Un autre livre, non traduit en français, aborde le sujet sous l'angle des criminels de bureau. Yaacov Lozowick, dans *Hitler's Bureaucrats: The Nazi Security Police and the Banality of Evil*, arrive à une conclusion similaire. Comme Didier Epelbaum, il conduit une étude empirique fouillée de l'écosystème bureaucratique et idéologique dans lequel opérait Adolf Eichmann.

L'auteur distingue quatre degrés dans le mal: l'indifférence, l'égoïsme, le manque de cœur (*heartlessness*) et la malveillance (*malevolence*). Non seulement l'auteur montre que le massacre est surtout affaire de spécialistes motivés et organisés, mais il apparente la tendance au mal moins à une pente glissante où l'on devient bourreau de plus en plus facilement au fil des transgressions qu'à une escalade en haute montagne : « Vous ne pouvez pas accéder au sommet par distraction. Vous devez y mettre du vôtre. »

Il résume ainsi sa pensée : « Nous sommes tous sujets à l'indifférence. La plupart d'entre nous sont coupables d'égoïsme. Chacun d'entre nous peut commettre une injustice, et beaucoup d'entre nous sont capables d'un certain niveau de nuisance. Mais cela ne nous enseigne rien sur notre capacité à commettre des meurtres, encore moins des meurtres de masse, et bien moins encore, un holocauste. Les gens malveillants ne viennent pas de nulle part, ils décident d'être ainsi [...] Plutôt que d'essayer d'expliquer que nous sommes tous capables de faire ce qu'ont fait les SS, mieux vaut se demander ce qui en a fait de telles aberrations[76]. » Ici, le mal n'est pas banal, il est aberrant.

L'autre élément qui confirme la primauté du bien par rapport au mal aberrant est paradoxalement contenu dans l'idéologie des génocidaires. Bien sûr la haine est au rendez-vous dans le récit totalitaire : « Le sang juif giclera sous nos couteaux » d'un chant SA, la dénonciation des « vipères lubriques » par le procureur des procès de Moscou, les émissions de Radio Mille Collines au Rwanda tout cela en témoigne. Il faut exciter les bourreaux... Cependant, le corpus idéologique central des États totalitaires, celui qui veut provoquer l'adhésion populaire la plus large et dans la durée est invariablement bâti autour d'un discours positif et enchanteur (au sens où l'entendait Max Weber) représentant le bien.

Saul Friedländer, analyste incontournable de la persécution des Juifs en Allemagne, évoque la nature qui se veut rédemptrice du narratif nazi, y compris dans sa dimension antisémite. Le paradis sur terre des communistes et le paradis d'Allah des jihadistes sont des utopies qui disent le bien pour mieux justifier le mal qui est fait. Mais surtout il n'est apparemment pas de vice efficace qui ne rende pas d'abord un hommage appuyé à la vertu : et tant pis si cet hommage est un viol, on prétendra que la belle était consentante. Le mal a la faiblesse fondamentale de ne pas être aussi aisément avouable que le bien.

L'infâme discours de Himmler à Poznan en octobre 1943[77] offre un condensé que l'on n'osera pas qualifier de chimiquement pur de cette double caractéristique : le mal est pratiquement indicible et doit être justifié en invoquant le bien. Voilà ce qui est dit dans ce qui est apparemment le seul discours explicite d'un chef nazi sur la Shoah, prononcé toutefois dans le huis clos des spécialistes de la mort : « Entre nous, nous allons l'aborder franchement, mais en public nous ne devrons jamais en parler [...] Je voudrais parler de l'extermination du peuple juif [...] nous avons réalisé cette mission par amour pour notre peuple. »

Oui, vous avez bien lu : « par amour »... L'incarnation du mal absolu qu'est Heinrich Himmler ne parvient à justifier son œuvre de mort à ses yeux comme à ceux de ses complices les plus proches qu'en prétendant lui donner les apparences de l'amour.

La force du bien

Les journalistes, représentatifs en cela de la société humaine dont ils se font les porte-voix, parlent plus volontiers des trains qui déraillent que des trains qui arrivent à l'heure : ce qui est considéré comme normal ne vaut pas le dérangement. De la même façon, il s'écrit beaucoup plus de livres sur les drames de la Seconde Guerre mondiale que sur la très ennuyeuse mais néanmoins très importante construction européenne. Dans le cas français, il existe légitimement davantage de recherches sur les victimes de la barbarie nazie que sur les entreprises réussies de sauvetage : le livre de Jacques Semelin, *Persécutions et entraides dans la France occupée. Comment 75 % des Juifs en France ont échappé à la mort*, est une exception qui n'a pas eu le succès de librairie et de notoriété qu'il méritait. Peut-être est-ce encore un signe de la normalité du bien, ce dont on ne se plaindra pas.

Cette recherche sur le bien mérite pourtant d'être faite, et, en son absence relative, je ne ferai qu'esquisser quelques pistes pouvant y contribuer. Je note au demeurant que les auteurs que j'ai déjà cités évoquent aussi le bien, en contrepoint de leurs réflexions sur le mal. À cet égard, dans *Eichmann à Jérusalem* Hannah Arendt a écrit deux phrases très riches sur le sauvetage des Juifs au Danemark : « [...] il est tentant de faire de cette histoire une lecture obligatoire pour tous ceux qui veulent apprendre quelque chose de l'immense potentiel de puissance inhérente à l'action non-violente et à la résistance à un adversaire possédant des moyens de violence infiniment supérieurs. [...] le peuple du Danemark a refusé de mettre en œuvre la Solution finale [...] mais aussi, quand le Reich a voulu sévir en faisant le travail lui-même, il s'aperçut que son propre personnel au Danemark avait été infecté par cela et était incapable de surmonter son aversion humaine par le manque de pitié idoine comme l'avaient fait leurs pairs dans des parties plus coopératives [de l'Europe occupée] » (ma traduction de l'original en anglais).

Ainsi Hannah Arendt dit tout à la fois que le bien est infectieux ; que le passage à l'acte meurtrier implique que soit surmontée l'aversion naturelle vis-à-vis de tels actes ; et que la Solution finale a été contrariée au Danemark par des moyens non violents plus puissants que la vive force. Cela fait beaucoup, et nous renvoie à notre club des sauveurs au Luxembourg.

Certes, les conditions au Luxembourg étaient nettement plus difficiles que celles de la patrie de Hamlet : le Danemark n'était séparé de la Suède neutre que par un bras de mer qu'il était aisé de traverser, ce que parviendront à faire la grande majorité des Juifs en 1943 ; le Danemark n'était pas sous un régime de pure occupation ni d'annexion, c'était un protectorat qui avait conservé jusqu'à l'été 1943 l'intégralité de ses institutions administratives et politiques au point de voir la victoire des sociaux-démocrates aux élections législatives de mars 1943 (!) ; et lorsque les SS tentèrent de rafler les Juifs du Danemark, on est déjà en septembre 1943, à un moment où même certains SS, dont Werner Best, le plénipotentiaire allemand à Copenhague, commencent à songer à une après-guerre sans les nazis… Aucune de ces conditions ne prévalait au Luxembourg. Pourtant, il aura aussi son sauvetage, grandement facilité par cette contagion du bien chez l'occupant, à commencer par Hoiningen.

Il me semble que plusieurs conditions expliquent ce relatif succès du bien. D'abord, les personnes concernées sont des personnes structurées par une éthique personnelle, éventuellement renforcée par un code de comportement collectif. Le baron n'est pas religieux, et son idéologie (nationaliste, réactionnaire et légitimiste) ne le prépare pas à l'insoumission vis-à-vis de la politique et des chefs du Reich, mais il a un libre arbitre qui s'ajoute à l'impératif moral que résume la formule « noblesse oblige ». Serebrenik, dans son témoignage, évoque cela en parlant du baron, « un homme noble, non seulement de sang, mais aussi par ses sentiments et ses actes », citant à son propos l'*Adel verpflichtet* allemand, plus exigeant encore que notre « noblesse oblige ». Les sauveurs semblent frappés par une forme de grâce.

Ensuite, lui et les autres membres du club, sauveurs et sauvés, revendiquent leur responsabilité, nonobstant le réseau de contraintes serré dans lequel ils opèrent. Ils ne se conçoivent pas comme des victimes, mais comme des acteurs. Pour eux le bien sera réellement banal, au sens où Hannah Arendt emploie ce mot.

Par ailleurs, les sauveurs ne sont pas des loups solitaires et cela d'abord pour des raisons instrumentales : le sauvetage transfrontière est complexe. Il ne s'agit pas tant d'essayer de cacher des Juifs que d'organiser des déplacements répétés et longs vers le salut. Cela passe par la constitution d'un groupe plus ou moins structuré et organisé. Le groupe a aussi l'avantage intrinsèque de faciliter la diffusion de l'infection du bien : chacun de ses membres dispose d'un capital social parfois important et qui sera valorisé par le partage : c'est ce que nous avons vu avec le sauvetage de la petite Cartal. Et les entreprises menées de concert et les risques courus ensemble soudent les membres du groupe et les poussent à l'émulation.

Le phénomène bien connu de la cohésion des petites unités militaires ou militantes ne semble cependant pas être présent dans le cas d'espèce : Hoiningen, Platt Waller, Dagmar Schmidt, Serebrenik, Sauerbruch, mon père, ne se sont pas retrouvés collectivement après la guerre. Ils ne vont pas former un groupe d'anciens combattants. Ils ne semblent pas avoir agi parce qu'ils s'aimaient particulièrement les uns les autres ni avoir appris à s'aimer davantage dans l'épreuve. L'état de grâce disparaît une fois que l'entreprise commune est devenue sans objet. Le bien pour le bien.

Enfin, pas d'efficacité sans liaisons, y compris physiques. La préservation d'une certaine liberté de mouvement, grandement facilitée par les fonctions du baron, est vitale.

Dans un environnement totalitaire à l'intérieur duquel la population est politiquement et militairement neutralisée, les artisans du bien sont plus ou moins condamnés à la non-violence, l'objectif du sauvetage dans un territoire dominé par l'ennemi étant contrarié et non pas aidé par la confrontation militaire. Leur combat est aussi fortement asymétrique, au sens où on applique dans l'analyse stratégique ce qualificatif à des groupes terroristes ou à des guérilleros : les moyens militaires de l'oppresseur ne sont pas à leur portée. Mais dans les circonstances où ils se trouvent, les moyens de l'insurrection ou de la guerre irrégulière, comme celle des maquisards, leur sont également interdits étant donné les buts recherchés. L'élimination physique du Führer, à laquelle Franz va être mêlé par raccroc, n'est pas opérationnellement de même nature que l'organisation du sauvetage. Les moyens asymétriques du bien passeront donc par la non-violence et la contagion, à la manière de l'exemple danois donné par Hannah Arendt.

Cela ne suffit pas à détruire le monstre totalitaire : dans le cas du Troisième Reich, cela se fera par la voie des armes. Mais cette non-violence permet parfois de sauver son prochain et aussi de préparer le « jour d'après ». Il ne peut y avoir de bonne paix dans une société apaisée si trop d'acteurs du drame ne peuvent plus se regarder dans la glace. Cela vaut aussi dans la durée. Quel avenir attend un pays ou une famille qui ne peut pas raconter son histoire à ses enfants ou ses petits-enfants, par crainte de rouvrir les blessures ? Ou qui, par crainte de ne pouvoir se confronter à ses pages noires, se prive de la possibilité et de la crédibilité de mettre en exergue ses motifs de fierté ?

Pour qui en douterait, la remise en cause de la démocratie libérale qui se produit aujourd'hui en Europe centrale, et notamment en Pologne et en Hongrie, est directement corrélée à l'incapacité de ces pays à procéder à la domestication de l'Histoire, la Vergangenheitsbewältigung. Cette tâche, dont les modalités diffèrent nécessairement d'une société humaine à l'autre, est toujours difficile, douloureuse et jamais vraiment achevée. L'Allemagne et la France parmi d'autres en savent quelque chose ; mais elles savent aussi, à travers leurs expériences historiques différentes, que cela est indispensable.

ÉPILOGUE

L'odyssée du baron s'achève. Malgré le souffle tempétueux des vents d'Éole et de l'Histoire, Ulysse a revu Ithaque et retrouvé sa Pénélope : l'histoire ne dit pas si Franz a dû affronter d'éventuels prétendants pour la reconquérir. L'œil noir d'*Eichmann*-Polyphème s'est éteint sur l'échafaud en Israël. *Germania*-Circé n'a pas su transformer le baron en pourceau. Le chant des sirènes du nazisme ne l'a pas attiré vers les récifs du mal...

Pour la plupart, les héros et les demi-héros nommés dans ce récit connaissent un *happy end* digne d'Hollywood. En fait ce sont souvent des hommes et des femmes ordinaires, comme le rappelle Albert Camus : «Les héros ont notre langage, nos faiblesses, nos forces. Leur univers n'est ni plus beau, ni plus édifiant que le nôtre. Mais eux, du moins, courent jusqu'au bout de leur destin.» Le général Kurt Schmidt est un des très rares à quitter la scène avant la fin du drame.

La chance y est pour beaucoup. «Anne-Marie

Langlois » aurait pu être raflée comme tant d'autres dans sa situation ; l'abbé Pierre aurait pu être tué dans les combats du maquis ; Robert Serebrenik frôle la mort quand il est roué de coups par les gestapistes en mai 1941 ; et le baron n'a dû qu'à un concours exceptionnel de circonstances de ne pas finir étranglé par une corde de piano pendu à un croc de boucher à la prison de Plötzensee.

Cependant, eux et les autres ont aussi aidé la chance. Hoiningen de par son caractère n'inspire pas *a priori* de l'affection, mais il semble faire ressortir chez son prochain sa part de bonté, par exemple chez un Sauerbruch, personnage dont on connaît la complexité. Les interactions entre les personnages de ce drame ont favorisé non seulement le sauvetage de ceux qu'ils voulaient aider, mais aussi leur propre survie.

La chance n'est donc pas le hasard. Hoiningen et l'écosystème dans lequel il gravite est fait de volonté. Ils et elles ne se contentent pas de louvoyer ou, *a fortiori*, de subir. C'est la première leçon que je retiendrai de cette odyssée.

L'importance de la structuration des individus par un système de valeurs positives en serait une autre. Le baron si peu catholique, le diplomate sudiste, l'aumônier, le résistant, la fille du chef juif d'un Freikorps, la femme du général, le pasteur écossais ne partagent certes pas la même idéologie ni la même religion. Leur attachement à la démocratie est très inégal. Leur activité les amène parfois à devoir rompre avec leur héritage de caste. Platt Waller largue peu ou prou, et sans forcément s'en rendre compte, les amarres de l'Alabama raciste et antisémite. Hoiningen est de fait en rupture de ban avec son milieu d'origine qui, visiblement, continue de lui en vouloir aujourd'hui, consciemment ou non. Mon père, archéo-catholique avec tout ce que cela peut supposer d'antijudaïsme virera sa cuti, là encore sans même en être pleinement conscient ; la conscience lui en viendra plus tard, au moment où il commencera à regarder l'Histoire en face.

Pourtant, ils sont mus par une combinaison assez similaire d'éthique de responsabilité et d'éthique de conviction. Ce ne sont pas des cyniques. La formule «noblesse oblige» ne s'applique pas au pied de la lettre, puisque seul Hoiningen fait partie de cette confrérie-là : pourtant elle paraît résumer leur approche de la situation exceptionnelle dans ces années de feu. Aussi, on ne manquera pas de souligner l'importance capitale de la transmission éthique dans nos sociétés, transmission qui implique aussi une certaine compréhension de notre passé.

Pas d'avenir qui vaille sans un présent honorable, et pas de présent honorable sans mémoire de tout ce qui a contribué à nous façonner. Je ne me lasserai pas de répéter combien il est essentiel de maîtriser notre rapport au passé. Cela peut prendre des formes diverses, y compris parfois la nécessité de donner du temps au temps dans le travail de mémoire : quand les plaies sont à la fois vives, profondes et larges, mieux vaut ne pas risquer de les rouvrir prématurément.

Je ne critiquerai pas ici ou ailleurs les pays qui ont fait le choix de ne pas précipiter le mouvement. Tout le monde n'a pas pu procéder comme l'Allemagne d'après

1989 à une « déstasification » immédiate, transparente et salutaire : elle a pu le faire précisément parce qu'elle avait aussi procédé à sa Vergangenheitsbewältigung, sa domestication de l'Histoire, par rapport aux horreurs incommensurables du nazisme. Des pays comme la Pologne ou la Hongrie ne parviennent pas à apaiser leur relation au passé de la guerre froide en partie parce qu'ils n'ont fait que très imparfaitement leur travail de mémoire par rapport aux drames de la Seconde Guerre mondiale.

Pour des pays dont le corps social tout entier et chaque famille prise individuellement ont été placés dans une situation de choix impossible par le projet totalitaire d'un Reich annexionniste, comme ce fut le cas pour le Luxembourg, la prudence face à la mémoire était une option naturelle.

Cela vaut *mutatis mutandis* pour les pays comme la France qui furent soumis à l'occupant même si leur existence même n'était pas en jeu. Il n'était assurément pas commode de faire vivre ensemble les Français Libres qui plaçaient la lutte de la nation contre l'occupant au premier rang et ceux qui avaient trop de mal à oublier que la France avait été un État avant d'être une nation, avec un régime de Vichy qui prétendait incarner la continuité de l'État. Mais comme le montre fort bien l'exemple français, il arrive toujours un moment où il faut prendre le passé à bras-le-corps : pour utiliser à nouveau la formule d'Henry Rousso, on ne peut vivre éternellement avec un passé qui ne passe pas.

Le grand-duché, dont nous avons rappelé les épreuves, est aujourd'hui placé dans ce type de situation. Il est d'ailleurs en bonne compagnie. Je pense notamment à l'Espagne qui commence à rompre son pacte du silence, dont je n'ai par ailleurs aucun mal à admettre qu'il fut nécessaire dans les premières décennies de l'après-franquisme. Je sais aussi ce qui se passe dans les Balkans et aujourd'hui en Europe centrale quand le travail de mémoire devient une pure instrumentalisation d'un passé fantasmé alimentant les conflits du présent, et se traduit par une incapacité à dompter la part démoniaque du passé.

D'où peut-être une dernière leçon qui aurait pu intéresser le baron Franz von Hoiningen. Il y a une immense noblesse à faire le bien, surtout si cela implique de tourner le dos au système de croyances de son clan, de sa tribu. Cependant, l'action doit être prolongée par sa narration. Le taiseux baron, mais pas seulement lui, n'y était pas porté. Il est temps d'en parler. Et, en parlant, peut-être susciterons-nous d'autres vocations : des langues de proches se délieront, des archives familiales ou publiques s'ouvriront. En d'autres mots, et en retournant l'adage familier : pas seulement des actes, aussi des paroles. Telle est la condition d'une transmission durable.

Homère, pour autant qu'il ait réellement existé, paraît avoir été de cet avis. Qui lui donnerait tort trois mille ans plus tard ?

ANNEXE

Les Juifs du Luxembourg

Juifs recensés en 1935 : 3 144 (870 citoyens grand-ducaux ; 2 274 ressortissants étrangers)

Juifs présents à la veille de l'offensive du 10 mai 1940 : 3 997 (981 citoyens luxembourgeois, 3 016 ressortissants étrangers et apatrides)

- Exode vers la France : environ 1 700 dont 485 à 585 citoyens luxembourgeois (zone occupée : 285 ; zone non occupée : 200 à 300)

Juifs présents au Luxembourg à la fin du printemps 1940 : 2 300 environ

- Départs collectifs hors du Luxembourg jusqu'au 16 octobre 1941 : environ 1 520 dont jusqu'à 890 quittent l'Europe occupée (pour les États-Unis : 463, pour la Suisse 124, pour Cuba 102)

Juifs présents au Luxembourg au 16 octobre 1941 : 760 environ

- Déportés vers les ghettos (Litzmannstadt/Łódź;
  Theresienstadt/Terezin; Izbica...) et les camps de
  la mort (vers Auschwitz/Oswiecim, directement ou
  via Theresienstadt et Litzmannstadt; vers Kulmhof/
  Chelmno depuis Litzmannstadt): 658 (rescapés: 47)
- 62 Juifs conjoints de non-Juifs (« Mischehe ») résidents
  « légaux »
- 4 clandestins

Juifs présents au Luxembourg en 1947: 870 (487
  citoyens luxembourgeois, 383 ressortissants étrangers)

LES JUIFS DU LUXEMBOURG
DEVANT LA MORT 1940-1945

Population juive à la veille de l'offensive du 10 mai
  1940: 3 997 environ

Personnes décédées au Luxembourg 1940-1944: 58

Belgique: décédés sur place ou morts en déportation: 31
  à 57

France: décédés sur place: 100 environ

Morts en déportation:
- depuis la France, environ 370 dont 184 nommément
  désignés (une majorité des Juifs du Luxembourg
  étaient des ressortissants d'autres pays, donc, le cas
  échéant, désignés en fonction de leurs pays d'origine
  dans les registres de la déportation)
- depuis le Luxembourg, morts dans les ghettos
  (Litzmannstadt, Theresienstadt, Izbica) ou les camps
  de la mort (Auschwitz essentiellement): 640

Morts en transit vers les pays de refuge neutres ou alliés : environ 20

Total des morts : près de 1 250

Sources des tableaux en annexe : Archives du Consistoire israélite du Luxembourg. Paul Cerf, *L'Étoile juive au Luxembourg*, RTL Éditions, 1986 (notamment pp. 44, 66, 136, 137, 177) ; Laurent Moyse, *Du rejet à l'intégration. Histoire des Juifs du Luxembourg des origines à nos jours*, Éditions Saint-Paul, p. 242 (résidents Juifs au Luxembourg) ; Vincent Artuso, « La "Question juive" au Luxembourg (1933-1941). L'État luxembourgeois face aux persécutions antisémites nazies », rapport remis au Premier ministre, p. 221 (réfugiés hors de l'Europe occupée).

REMERCIEMENTS

Mon père Georges Heisbourg a été ma source d'inspiration première, du fait de son parcours dans ces temps troublés mais peut-être davantage encore du fait de sa carrière d'historien amorcée sur le tard. Il a non seulement contribué à enrichir le regard de ses concitoyens sur son pays (cf. Sources) mais, ce faisant, il a aussi transformé le sien. Il a été dans les dernières années de sa vie l'exemple de ce qui peut se passer de bon quand on prend le passé à bras-le-corps.

Ce récit n'aurait pas pu exister sans l'énergie inépuisable et l'aide inappréciable de mon ami Claude Marx, rescapé de la Shoah et président du Consistoire israélite du Luxembourg ; et de mon frère Pierre qui sait, par la gentillesse, la patience et l'affabilité, entrouvrir les bouches les plus hermétiquement verrouillées. Comme ce récit est aussi une affaire de famille, il est naturel que celle-ci soit particulièrement à l'honneur : ma mère Hélène née Pinet, qui a non seulement restitué pour moi l'air de ces temps qu'elle a connus, mais aussi donné des conseils précieux, telle l'évocation de la phrase du général de Gaulle sur le silence citée au début de ce livre; ma femme Élyette née Lévy, qui a eu la vaillance de débarrasser les manuscrits successifs de leurs scories innombrables et d'enrichir le texte notamment à travers ce que son père avait vécu pendant les années noires; ma sœur Jeanne, qui m'a aidé à m'y retrouver dans les arcanes de l'*Almanach de Gotha*; mon fils cadet Jean-David, qui a relu l'essai avec les yeux d'un jeune de l'époque actuelle.

Les sources d'archives ont joué un rôle essentiel dans ce récit. Invariablement, j'ai reçu le meilleur accueil et une aide d'autant plus importante de la part des archivistes que la politique d'accès aux fonds demeure parfois contrainte (cf. Sources). Au Luxembourg, ce sont les Archives nationales et spécialement Corinne Schroeder; et Jean-Claude Müller, chef du service de la mémoire de la Seconde Guerre mondiale au gouvernement luxembourgeois qui tente d'amener le grand-duché à adopter les normes des pays voisins en la matière. Remerciements renouvellés à Claude Marx qui m'a ouvert l'accès aux archives du Consistoire israélite du Luxembourg ainsi qu'aux archives personnelles de Marcel Salomon en Israël. En Allemagne, il s'agit d'abord de la mine d'or qu'est la Bundesarchiv (en l'occurrence à Fribourg et Berlin-Lichterfelde), avec l'aide d'Andrea Frank, Michael Schelter, Christiane Bozet, ainsi que les avis éclairés de Corinna von List (à la WASt). C'est aussi la découverte des extraordinaires archives de l'Église évangélique à Berlin (Dr Wolfgang Krogel, et mon ami, le général e.r. Klaus Wittmann).

Mon travail a été considérablement facilité par mon installation à Berlin à l'automne 2017 en tant que *Richard von Weizsäcker Fellow* dans le cadre de la *Bosch Academy*, phalanstère multidisciplinaire de talents dont peut s'enorgueillir l'Allemagne. En France, le service historique de la Défense à Vincennes (Fréderic Quéguineur) et celui de Caen (Pascal Hureau) ont généreusement nourri mes recherches. Une mention particulière doit être faite s'agissant de Vincent Artuso, l'un des chefs de file, avec Denis Scuto, de ce que j'appelle la « jeune école » des historiens luxembourgeois, qui a été généreux avec son temps, ses sources et ses analyses.

Que soient remerciés tous ceux qui m'ont aidé et conseillé dans mes recherches, ou qui m'ont apporté leurs témoignages oraux. Tous ne souhaitent pas forcément apparaître, tant sont mal éteintes les braises d'un passé brûlant, mais je dois des remerciements particuliers à Anne-Marie née Löwensohn (décédée en 2015), membre fondatrice de ma « famille putative » Vitkine, et à Guy de Muyser (né en 1926) qui se souvient notamment de ses visites avant l'Occupation tant chez le baron que chez Platt Waller : ils ont partagé leurs souvenirs avec patience et générosité. Merci aussi à Georg von Hobe-Gelting, petit-fils du baron, sans lequel Franz von Hoiningen serait demeuré un homme sans visage : et je ne désespère pas que son cœur et sa bouche se délient davantage encore. Je dois à Astrid Lebourgeois la belle citation de Hannah Arendt (cf. chapitre 13) et à Sophie-Caroline de Margerie la découverte du livre de Sigrid MacRae (cf. bibliographie).

Mes remerciements s'adressent aussi à l'équipe édito-
riale des éditions Stock et en tout premier lieu à Manuel
Carcassonne et François Azouvi. Ce dernier est aussi un
explorateur éclairé et assidu des chemins de la mémoire
de la Shoah. Et une attention particulière à Émilie
Pointereau dont le regard d'aigle éditorial est sans égal.
Merci également aux deux correcteurs, Patrick Mahuet
et Sophie Harinck pour leur relecture aussi experte
qu'attentive.

Merci à tous. Naturellement, pour reprendre la formule consacrée, toutes les erreurs de fait ou d'interprétation dans ce récit incombent à l'auteur seul.

À l'inverse, je n'assume aucune responsabilité pour
d'éventuelles lacunes résultant de choix publics ou privés
de rétention d'information (cf. partie II).

SOURCES

Le répertoire des sources n'inclut pas un certain nombre d'articles de presse, de textes non publiés, de documents émanant de collections particulières ou que je détiens à titre personnel. Ces textes sont, en tant que de besoin, référencés dans le corps du texte ou dans les notes numérotées du texte (cf. Notes, *infra*). Cet essai n'étant pas une thèse de doctorat, les références aux sources d'archives ne sont ni systématiques ni détaillées.

1. ARCHIVES

Archives nationales du Luxembourg (ANL) :
- CdZ (Chef der Zivilverwaltung, c'est-à-dire le Gauleiter et ses services) E-1059 concernant les papiers militaires et les données personnelles du baron von Hoiningen à la légation allemande en 1938-1940.
- CdZ A-1958 décorations.
- CdZ A-1969-03 professions judiciaires (1941-1943).

- 382 séquestre von Hoiningen-Huene (DB1B381102 ; E15688).

Bundesarchiv (BARCH) :
- NS 9 (Auslandsorganisation der NSDAP), Akten 9/420, 12952bis 15959. Contient notamment la liste des membres du NSDAP à Luxembourg.
- NS 43 (Aussenpolitisches Amt der NSDAP), Akten 43/165, 251 und 381.
- Akte R 9361 II /435819.
- PERS 15/148965 (alte Signatur : FF 7748). Celui-ci contient l'ensemble de la procédure du passage en cour martiale, y compris les éléments d'enquête préalable, les dépositions, les données biographiques, etc., soit plusieurs centaines de pages au total en comptant les dossiers ci-dessous. Ce sont ces dossiers qui permettent notamment de reconstituer le devenir personnel et professionnel du baron von Hoiningen.
- PERS 15/144901 (alte Signatur : FF 3697) avec l'ensemble des pièces établies à partir de l'évasion du baron.
- Z 493.
- RW 5 OKW/Amt Ausland/Abwehr.

Evangelische Landeskirchliches Archiv in Berlin (ELAB)
- 14/22324 à 22327 : correspondances concernant le pasteur Anders avant guerre.
- 15/104 et 105 : recherches concernant Anders après guerre.

Service historique de la Défense (SHD)
- GR 28 P 8 2938 le dossier concernant le baron à la Gestapo de Trèves.
- GR 28 P7 56 exploitation par les services français des dossiers de la Gestapo de Trèves et comptes rendus d'interrogatoire. Avis aux chercheurs : 20 mètres linéaires de dossiers de la Gestapo de Trèves viennent d'être numérisés sous la cote générale GR 28 P 8.
Archives personnelles de Marcel Salomon comprenant des notes d'Albert Nussbaum des années 1940-1941.

2. BIBLIOGRAPHIE COMMENTÉE

H. G. Adler, *Theresienstadt 1941-1945. The Face of a Coerced Community*, Cambridge, Cambridge University Press, 2017 (traduit de l'allemand). La réédition du livre fondateur de 1955 ayant contribué à inspirer les réflexions de Hannah Arendt sur le rôle des Judenräte.

Diane Afoumado, *Indésirables. 1938 : la conférence d'Évian et les réfugiés juifs*, Mémorial de la Shoah/ Calman-Lévy, 2018 (pp. 62-63 sur la non-invitation du Luxembourg).

Anonyme, *Lëtzebuerg 44/45. Fotodokumenter iwwer d'Joër vun der Liberation*, Luxembourg, Éditions Guy Binsfeld, non daté (années 1970 ?).

Hannah Arendt, *Eichmann à Jérusalem. Rapport sur la banalité du mal*, Paris, Gallimard, 1966 (traduit de l'anglais). Voir notamment pp. 171-175 de la version anglaise (Penguin) de 1963 sur le Danemark. Ni banal ni ordinaire.

Archives nationales du Luxembourg, *Collaboration : nazification ? Le cas du Luxembourg à la lumière des situations française, belge et néerlandaise*, Luxembourg, Actes du colloque international, 2006.

Vincent Artuso, *La Collaboration au Luxembourg durant la Seconde Guerre mondiale (1940-1945). Accommodation, Adaptation, Assimilation*, Frankfurt am Main, Luxemburg-Studien 4, Peter Lang, 2013.

    La « Question juive » au Luxembourg (1933-1941). L'État luxembourgeois face aux persécutions antisémites nazies, Université de Luxembourg, 2015. Rapport remis au Premier ministre. Étude essentielle du contexte luxembourgeois.

François Azouvi, *Les Mythes du grand silence. Auschwitz, les Français et la mémoire*, Paris, Fayard, 2012. Ou comment la mémoire peut elle aussi perdre la mémoire.

Michael Balfour, *Withstanding Hitler*, Londres, Routledge, 2013 (p. 148 sur Sauerbruch et Stauffenberg).

Wolfgang Benz et Walter H. Pehle (eds.), *Encyclopedia of German Resistance to the nazi Movement*, New York, Continuum, 1997.

Paul Cerf, *Longtemps j'aurai mémoire. Documents et témoignages sur les Juifs du grand-duché de Luxembourg durant la Seconde Guerre mondiale*, Luxembourg, Éditions de Lëtzebuerger Land, 1974.

    De l'épuration au grand-duché de Luxembourg après la Seconde Guerre mondiale, Luxembourg, Imprimerie Saint-Paul, 1980.

    L'Étoile juive au Luxembourg, Luxembourg, RTL Éditions, 1986. L'ouvrage-clé sur le sort des Juifs du Luxembourg.

Donald Currie Caskie, *The Tartan Pimpernel*, Londres, Oldbourne Press, 1964. Les aventures d'un résistant écossais chez les nazis.

Olivier Cogne et al., *1939-1944 Grenoble en résistance. Parcours urbains*, Éditions Le Dauphiné libéré, 2004. S'y retrouver dans la ville résistante.

Auguste Collart, *Aus der Shroer Zeit. Vun 1940-1945*, tiré à part de l'*Obermosel-Zeitung*, Grevenmacher, 1946. Les tribulations du commensal du baron à Berlin.

Éric Conan et Henry Rousso, *Vichy, un passé qui ne passe pas*, Paris, Fayard, 1994. Piqûres de rappel.

Eckart Conze et al., *Das Amt und die Vergangenheit – Deutsche Diplomaten im Dritten Reich und in der Bundesrepublik*, Munich, Blessing, 2012 (pp. 141 et 336 sur Oswald von Hoyningen).

Didier Epelbaum, *Des hommes vraiment ordinaires? Les bourreaux génocidaires*, Stock, Paris 2015. Incontournable.

William Allen Fletcher et Jena Tucker Fletcher (eds.), *Defiant Diplomat George Platt Waller – American Consul in Nazi Occupied Luxembourg, 1939-1941*, Newark, University of Delaware Press, 2012.

Irene Flumser Pimentel et Margerida de Magalhaes Ramalhao, *O comboio de Luxemburgo – Os refugiados judeus que Portugal nao salvou em 1940*, Lisbonne, A Esfera dos Livros, 2016.

Robert Falco, *Juge à Nuremberg. Souvenirs inédits du procès des criminels nazis*, Nancy, Arbre bleu éditions, 2012. Rudolf Dix en scène.

Saul Friedländer, *Nazi Germany and the Jews: The Years of Persecution 1933-1939*, New York, Harper

Collins, 1997. Des lignes essentielles sur la dimension «rédemptrice» du nazisme.

Georg Gauglitz, *Berliner Strassennamen – Themenstadtplan*, Berlin, Gauglitz, 2015/16. Pour s'y retrouver avec les changements de noms de rues à Berlin.

E. Glass (Dr.), *Luxemburg und das Reich*, Gaupropaganda und Gaupresseamt, Gau Moselland, 1941. Le Luxembourg imaginé par les nazis.

(Gotha), *Gothaisches Genealogisches Taschenbuch des Freiherrlichen Häuser 1916*, volume 66, part. 1.

(Government of Luxembourg), *Luxembourg and the German Invasion – Before and After. The Luxembourg Grey Book*, London, New York, Melbourne, Hutchinson, non daté (1941?).

Georges Heisbourg, *La Dissolution de l'association catholique des étudiants luxembourgeois (A.V.) par l'occupant en 1940*, tiré à part d'auteur, Luxembourg, 1983.

  Le Gouvernement luxembourgeois en exil, 4 volumes (1940; 1941; 1942; 1943-1944), Luxembourg, Imprimerie Saint-Paul, 1986 à 1991. Travail fondateur qui analyse entre autres et de manière approfondie l'action de la Commission administrative au Luxembourg occupé.

  «Dans la gueule du loup», *Hémecht*, numéro 4, 2005 (les entretiens de Georges Heisbourg avec le baron avant la fuite).

  Réminiscences, publication d'auteur, Luxembourg, 2005. Éléments autobiographiques.

Raul Hilberg, *The Destruction of the European Jews*, New Haven, Yale University Press, 2003 (édition revue de l'original de 1961); toujours pivotal.

Oliver Hilmes, *Berlin 1936. Sixteen Days in August*, Londres, The Bodley Head, 2018 (traduit de l'allemand). Comprend un détour savoureux par le sulfureux restaurant Lehmann.

F. H. Hinsley, *British Intelligence in the Second World War*, Cambridge, Cambridge University Press, 1990 (5 volumes). Les Luxembourgeois de Peenemünde, entre autres.

Peter Hoffmann, *Widerstand, Staatsstreich, Attentat*, Munich Piper Verlag, 1968. L'ouvrage demeure incontournable sur l'attentat du 20 juillet 1944.

André Hohengarten, *Die Stadt Luxemburg unter dem Hakenkreutz (1940-1945). Ein alternativer Stadtführer*, Esch-sur-Alzette, Éditions Le Phare, 2014. S'y retrouver dans la ville de Luxembourg sous l'Occupation.

Heinz Höhne, *The Order of the Death's Head: The Story of Hitler's SS*, Londres Secker & Warburg, 1969 (traduit de l'allemand). Reste incontournable.

Gordon J. Horwitz, *Ghettostadt. Lodz and the Making of a Nazi City*, Cambridge, Harvard University Press, 2008.

Eric T. Jennings, *Escape from Vichy. The Refugee Exodus to the Caribbean*, Cambridge, Harvard University Press, 2018. Avec des développements éclairants sur l'art et la manière de quitter le piège européen.

Marcel Kahn, *Souvenirs de mes années noires 1940-1945*, texte d'auteur; non daté (vers 2015). Souvenirs d'un garçon juif luxembourgeois réfugié dans la Drôme et engagé dans le maquis.

Steve Kayser, *Le Luxembourg d'une guerre à l'autre. L'indépendance du grand-duché dans la tourmente (1914-1945)*, Luxembourg, Imprimerie centrale, 2016.

Victor Klemperer, *Munich 1919. Diary of a Revolution*, Cambridge Polity, 2017 (traduit de l'allemand). L'ambiance de la révolution et de la contre-révolution.

Tony Krier (photographe), *Luxembourg martyr 1940-1945*, tome I, non daté (fin des années 1940 ?).

Charles et Graziella Lehrmann, *La Communauté juive du Luxembourg dans le passé et le présent*, Esch-sur-Alzette, Imprimerie coopérative luxembourgeoise, 1953.

Jonathan Littell, *Les Bienveillantes*, Paris, Gallimard, 2006. Le roman du soleil noir du mal.

Neil Lochery, *Lisbon : War in the Shadows of the City of Light. 1939-1945*, New York, Public Affairs, 2011. Où il est question de la fuite des Juifs et d'Oswald von Hoyningen.

Yacoov Lozowick, *Hitler's Bureaucrats. The Nazi Security Police and the Banality of Evil*, New York, Continuum, 2000 (traduit de l'hébreu). Ouvrage fondamental.

Sigrid MacRae, *A World Elsewhere. An American Woman in Wartime Germany*, New York, Viking, 2014. Une vie de château du temps de guerre décrite par la femme américaine d'un Hoyningen.

Benoît Majerus et al., *Guerre(s) au Luxembourg 1914-1918 – Krieg(e) in Luxemburg*, Luxembourg, Capyrabooks, 2014.

Donald M. McKale, *The Swastika Outside Germany*, Kent, The Kent State University Press, 1977. Rare et lacunaire tentative d'étude de l'Auslandsorganisation du parti nazi.

E. T. Melchers (lt. colonel), *Les Deux Libérations du Luxembourg 1944-1945*, Luxembourg, Éditions du Centre, 1959. Et donc deux occupations…

Kriegsschauplatz Luxemburg August 1914 – Mai 1940, Luxembourg, Sankt-Paulus Druckerei, 1962. Les invasions allemandes de 1914 et 1940 sous l'angle militaire.

Bombenangriffe auf Luxemburg in Zwei Weltkriegen, Sankt-Paulus Druckerei, Luxembourg, 1984. Les bombardements aériens et d'artillerie au Luxembourg.

Avraham Milgram, *Portugal, Salazar, and the Jews*, Jérusalem, Yad Vashem Publications, 2012. Indispensable sur le sujet avec des éléments quantitatifs plus fouillés que dans d'autres études.

Musée d'Histoire de la Ville de Luxembourg, «...et wor alles net esou einfach. Questions sur le Luxembourg et la Deuxième Guerre mondiale». Contributions historiques accompagnant l'exposition. Luxembourg, 2002. Riche recueil d'essais.

Pharus-Plan, *Berlin 1940 Reprint eines Historischen Pharus-Planes*, 2013. Pour s'y retrouver dans le Berlin des années de guerre.

Oscar Reile, *L'Abwehr. Le contre-espionnage allemand en France*, Paris, Éditions France-Empire, 1970 (traduit de l'allemand). Des pages intéressantes sur la Gestapo de Trèves par l'ancien chef de l'Abwehr en France.

David Rieff, *In Praise of Forgetting : Historical Memory and its Ironies*, New Haven, Yale University Press, 2016. Importante réflexion récente sur le bon et le moins bon usage du travail de mémoire.

Saarländische Biografie, www.saarland-biografien. de/Cartal-Gerhard, 27 avril 2018. La trajectoire du père de Danielle-Selma Cartal.

Denis Scuto, *Chroniques sur l'an 40. Les autorités luxembourgeoises et le sort des juifs persécutés*, Luxembourg, Fondation Robert-Krieps, 2016. Des volées de bois vert douloureuses et nécessaires.

Jorge Semprun, *L'Écriture ou la Vie*, Paris, Gallimard, 1994. Comme son titre l'indique.

Paul Spang, *Von der Zauberflöte zum Standgericht. Naziplakate in Luxembourg, 1940-1944*, Luxembourg, Sankt-Paulus Druckerei, 1982. Le nazisme en affiches.

Jacques Semelin, *Persécutions et entraides dans la France occupée. Comment 75 % des Juifs français ont échappé à la mort*, Seuil, Paris, 2013. La banalité du bien, souvent.

Patrick Straumann, *Lisbonne, ville ouverte*, Éditions Chandeigne, Paris, 2018. Récits autour de la filière lisboète.

Bernard Thomas, *Le Luxembourg dans la ligne de mire de la Westforschung 1931-1940. La «Westforschung» et l'«identité nationale» luxembourgeoise*, Luxembourg, Éditions d'Lëtzebuerger Land, 2011. L'Allemagne post-wilhelminienne s'intéresse au Luxembourg...

Pierre Vallaud, *L'Exode. Mai-juin 1940*, Paris, Perrin, 2000. Retour sur la grande transhumance du printemps 1940.

Antoine Vitkine, *Mein Kampf, histoire d'un livre*, Paris, Flammarion, 2009. Nul ne pouvait en ignorer, en France comme ailleurs.

Robert Waite, *Vanguard of Nazism: The Free Corps Movement in Post War Germany 1918-1923*, Cambridge, Harvard University Press, 1970. Travail dépassé mais encore utile.

Bernard Wasserstein, *The Ambiguity of Virtue: Gertrude van Tijn and the Fate of the Dutch Jews*, Cambridge, Harvard University Press, 2014. Livre remarquable sur un thème voisin de la banalité du bien. Riches informations sur les filières de sauvetage.

Josiane Weber, *Familien der Oberschicht in Luxemburg. Elitenbildung und Lebenswelten 1850-1900*, Luxembourg, Éditions Guy Binsfeld, 2014. Les rois de la mine et de l'acier vus de près, y compris la famille la Fontaine.

Ronald Weber, *The Lisbon Route: Entry and Escape in Nazi Europe*, Plymouth, Ivan R. Dee, 2011. Une des rares études d'ensemble de la filière portugaise mais avec des lacunes substantielles.

Thomas Weber, *Becoming Hitler: The Making of a Nazi*, Oxford, Oxford University Press, 2017. Hitler à Munich à l'époque de la révolution et des Freikorps. Un regard neuf sur la contre-révolution.

F. J. Wil (pseudo.), *Auf Odysseus' Spuren. Historische Phantasie mit Skizzen des Verfassers*, Afforten am Albis (Suisse), Aehren Verlag, 1950. Le livre de Franz von Hoiningen.

INDEX DES NOMS DE PERSONNES, LIEUX ET ORGANISATIONS

314

317

318

NOTES

1. L'affaire Palatucci, du nom d'un milicien italien de Fiume honoré en 2005. Patricia Cohen, « Italian Praised for Saving Jews Is Now Seen as Nazi Collaborator ? », *The New York Times*, 19 juin 2013.

2. Le commandant Karl Plagge est reconnu comme Juste parmi les nations en 2004 pour avoir contribué au sauvetage de plus de 250 Juifs à Vilnius. www.yadvashem.org/righteous/stories/plagge.html.

3. BARCH 15/148965 nourrissant les chapitres 1 à 5.

4. Voir « Geschichte », http://hoyningen-huene.eu/index.php/haeuser-uebersicht-2/

5. Cf. entrée Wikipédia en langue anglaise de Peter Berlin.

6. Cf. entrée « Hoiningen genannt Hüne » dans « (Gotha), Gothaisches Genealogisches Taschenbuch » ; in Bibliographie.

7. Cf. sur la situation à Munich, Victor Klemperer, *Munich 1919* ; in Bibliographie.

8. Cf. Thomas Weber, *Becoming Hitler*, notamment p. 62; in Bibliographie.

9. ANL CdZ A-1958 entre autres : télex de la CdZ à la Gauhaupstelle à Coblence : «*Verleihung des Komturkreuzes vom Deutschen Adler*».

10. BARCH NS 9, Akten 9/420.

11. Cf. Abschrift 7. April 1935 an das Wehrkreiskommando Trier Werbestelle, Giessen. Signée Franz Frhr.v.Hoiningen-Huene, Kgl.Preuss.Hptm.s.D.

12. BARCH NS 9, Akten 9/420, 12952 bis 12959.

13. Cf. Laurent Moyse, *Du rejet à l'intégration*, tableau p. 242; in Sources.

14. Cf. Vincent Artuso, *La « Question juive » au Luxembourg*; in Sources.

15. Cf. Jean-Yves Mary, «10 mai 1940 au Luxembourg», in *Musée d'Histoire de la Ville de Luxembourg*, «... et wor alles net esou einfach»; in Bibliographie.

16. SHD GR 28 P7 56; et Oskar Reile, *L'Abwehr*; in Bibliographie.

17. Cf. Heinrich Freiherr v. Hoyningen-Huene : «Briefe aus dem Feldzug in Frankreich, Mai bis Juni 1940», *Geschichte und Politik in der Schule*, n. 43, 2006 (pp. 17-37), Verband der Lehrer für Geschichte und Politik Hamburg; et Sigrid MacRae, *A World Elsewhere*, p. 119; in Bibliographie.

18. Cf. Georges Heisbourg, *La Dissolution*; in Bibliographie.

19. Cf. Robert Serebrenik to Paul Cerf, «The Jews in Nazi-Occupied Luxembourg from May 10, 1940 to May 26, 1941», New York November 3, 1963.

20. *Ibid.*

21. Cf. William Allen Fletcher, *Defiant Diplomat*, pp. 103-104 ; in Bibliographie.

22. Lettre de Salomon Trone à James Rosenberg et Joseph Rosen, Lisbonne, 12 mars, 1941 ; et Marion Kaplan, *Dominican Haven*, pp. 53-54, 74, 90, 196, 214.

23. Cf. sources concernant les chiffres en Annexe.

24. Sur cette relation, voir les pages très critiques de Avraham Milgram dans *Portugal, Salazar, and the Jews*, pp. 35-36 (cf. Bibliographie).

25. Cf. Ronald Weber, *The Lisbon Route*, pp. 117-118, 153 ; et Neil Lochery, *Lisbon*, pp. 28-29, 154, 214 ; in Bibliographie.

26. Cf. sources concernant les chiffres en Annexe.

27. Cf. Serebrenik, *op. cit.*

28. Cf. Gordon Horwitz, *Ghettostadt*, pp. 134 et 137 ; in Bibliographie.

29. Cf. Georges Heisbourg, *La Dissolution, op. cit.* ; in Bibliographie.

30. Abschrift Luxemburg, den 4.12.1940, Einsatzkommando der Sicherheitspolizei und des SD in Luxemburg, Der SD-Führer An den Chef der Zivilverwaltung, Betr. : Schulungslager luxemburger Studenten auf Burg Stahleck.

31. Georges Heisbourg, *Dans la gueule du loup* ; in Bibliographie.

32. Lettre du consul des États-Unis d'Amérique George P. Waller à M. Georges Heisbourg, le 3 juillet 1941.

33. Cf. Judith Freider, « Les prisonniers de guerre luxembourgeois en URSS », in *Musée d'Histoire de la Ville de Luxembourg, op. cit.* ; in Bibliographie.

34. BARCH PERS 15/148965, notamment «Gründe : Festellungen zur Person», 22. April 1943, signé par le baron.

35. Cf. Peter Hoffmann, *Widerstand*, pp. 178, 184, 202, 270, 295, 360, 361 de la version anglaise ; in Bibliographie.

36. Cf. Oliver Hilmes, *Berlin 1936*, pp. 142-143 ; in Bibliographie.

37. BARCH PERS 15/148965, notamment Aktennotiz, Moulins, den 16.12.1941, signée Peyn.

38. Cf. Liste des membres du complot du 20 juillet 1944, entrée de Wikipédia.

39. BARCH PERS 15/148965.

40. Un épais dossier sur Anders a été conservé dans les archives de l'Église évangélique. ELAB 14/2234-2237.

41. BARCH PERS 15/148965, notamment lettre du 8.IX.1942 de la Gestapo de Potsdam, dossier n.2555/42IIB.

42. BARCH 15/148965, notamment «Gründe».

43. BARCH 15/148965, notamment interrogatoire du baron du 20 octobre 1942.

44. BARCH 15/148965, notamment déposition des commandants von Horwarth et Humm.

45. Cf. Robert Falco, *Juge à Nuremberg*, pp. 100, 124, 127 ; in Bibliographie.

46. BARCF PERS 15/148965, notamment lettre du comte Podewils à Rudolf Dix.

47. Cf. Victor Klemperer, *Je veux témoigner jusqu'au bout*, Paris Seuil, 2000 (traduction).

48. BARCH PERS 15/148965, dont Rudolf Dix « An das Gericht der Wehrmachtkommandantur Berlin », 8 mai 1943.

49. Cf. Paul Weindling, *Victims and Survivors of Nazi Human Experiments*: *Science and Suffering in the Holocaust*, New York, Bloomsbury, 2014, pp. 22, 52, 87, 200.

50. Cf. Peter Hoffmann, *op. cit.*, pp. 374 et 376; in Bibliographie.

51. Cf. F. J. Wil (pseudo), *Auf Odysseus' Spuren*; in Bibliographie.

52. BARCH PERS 15/144901 pour les réactions allemandes à l'évasion du baron.

53. Entrée concernant Hans von Hoiningen, « Deutsches Verwaltungspersonal im besetzten Frankreich (1940-1945) », Forschungsdatenbank des Deutsches Historisches Institut, Paris.

54. « Luxemburgische Gendarmerie öffentliches Sicherheitsdienst », document 1509, « Betrifft Eireisegesuch des deutschen Staatsangehörigen Hans von Hoiningen-Hüne und Frau Edith Kurtz, beide aus Berlin », 23 mai 1947.

55. Cf. Bibliographie.

56. SHE GR 28 P8 2938.

57. *Op. cit.*, p. 355; in Bibliographie.

58. Caton (pseudo.), *Qui choisir? Comment acheter votre président de la République sans risque*, Paris, Robert Laffont, 1987.

59. « Et si tu ne veux pas, j'utiliserai la force », dans *Le Roi des aulnes*, Goethe, 1782, adaptation de Charles Nodier.

60. « Kriegs- & nazi-Opfer » en l'occurrence.

61. Cf. Frédéric Laux, « La participation du Luxembourg à l'occupation de l'Allemagne (1945-1955) », in *Musée d'Histoire de la Ville de Luxembourg, op. cit.* ; in Bibliographie.

62. Sur cette femme admirable dont on peut dire qu'elle a sauvé son pays deux fois, on pourra visionner le « Secrets d'histoire » qui lui a été consacré par Stéphane Bern (2014).

63. Sur cette période, voir le tome I de Georges Heisbourg, *Le Gouvernement luxembourgeois en exil, 1940* ; in Bibliographie.

64. Cf. F. H. Hinsley, *British Intelligence in the Second World War* ; in Bibliographie.

65. Cf. Paul Cerf, *De l'épuration* ; in Bibliographie.

66. Cf. William Allen Fletcher, *op. cit.*, p. 37 ; in Bibliographie.

67. Cf. Anne-Marie Vitkine née Löwensohn interviewée par Catherine Bernstein le 2 mars 2006, in *Mémoires de la Shoah*, DVD, Fondation pour la Mémoire de la Shoah.

68. Cf. Georges Heisbourg, *Réminiscences*, pp. 16-20 ; in Bibliographie.

69. *Ibid.*

70. *Ibid.*

71. Salomon Trone, *op. cit.*

72. Épisode reconstitué grâce à Paul Cerf in *L'Étoile juive, op. cit.*, pp. 86-89 ; Rama Thorah, « Our Luxembourg Heritage », www.ramathorah.org/our-history, téléchargé 28 mars 2018 ; The Nizkor Project, « The Trial of Adolf Eichmann Session 37 Part 2 of 5 », www.nizkor.org/hweb/people/e/eichmann-adolf/

transcripts/Sessions/Session-037-02.html, téléchargé le 28 mars 2018.

73. Cité dans Bernard Wasserstein, *The Ambiguity of Virtue* (cf. Bibliographie).

74. Avraham Milgram, *Portugal, Sodayar and the Jews*, *op. cit.*, p. 295.

75. Didier Epelbaum, *Des hommes vraiment ordinaires?*, p. 283 ; in Bibliographie.

76. Yaacov Lozowick, *Hitler's Bureaucrats*, pp. 277-279 ; in Bibliographie.

77. Reproduit par la CICAD (Coordination inter-communautaire contre l'antisémitisme et la diffamation), «Discours de Himmler devant les officiers SS à Poznan, 4 octobre 1943».

TABLE

*Cet ouvrage a été composé
par MauryàMalesherbes
et achevé d'imprimer en France
par CPI BUSSIÈRE (18200 Saint-Amand-Montrond)
pour le compte des Éditions Stock
21, rue du Montparnasse, 75006 Paris
en avril 2019*

Imprimé en France

Dépôt légal : avril 2019
N° d'édition : 04 - N° d'impression : 2044242
66-07-7709/9